U0915417

2023

中国县域统计年鉴（县市卷）

CHINA STATISTICAL YEARBOOK（COUNTY-LEVEL）

国家统计局农村社会经济调查司　编

中国统计出版社
China Statistics Press

图书在版编目（CIP）数据

中国县域统计年鉴 . 2023. 2, 县市卷 / 国家统计局农村社会经济调查司编 . -- 北京 : 中国统计出版社，2023.12
ISBN 978-7-5230-0385-5

Ⅰ . ①中 … Ⅱ . ①国 … Ⅲ . ①县级经济－经济统计－中国－ 2023 －年鉴 Ⅳ . ① F127-54

中国国家版本馆 CIP 数据核字 (2023) 第 243022 号

中国县域统计年鉴 2023（县市卷）

编　　者 / 国家统计局农村社会经济调查司
责任编辑 / 冯诗萌
封面设计 / 李雪燕
出版发行 / 中国统计出版社有限公司
通信地址 / 北京市丰台区西三环南路甲 6 号　邮政编码 /100073
发行电话 / 邮购（010）63376909　书店（010）68783171
网　　址 / http://www.zgtjcbs.com
印　　刷 / 河北鑫兆源印刷有限公司
经　　销 / 新华书店
开　　本 / 880×1230 毫米　1/16
字　　数 / 892 千字
印　　张 / 28
版　　别 / 2023 年 12 月第 1 版
版　　次 / 2023 年 12 月第 1 次印刷
定　　价 / 628.00 元（全套）

《中国县域统计年鉴2023（县市卷）》编辑委员会

编 者 说 明

一、《中国县域统计年鉴 2023（县市卷）》是一部全面反映我国县域社会经济发展状况的资料性年鉴，收录了 2022 年全国 2000 多个县域单位的基本情况、综合经济、农业、工业、教育、卫生、社会保障等方面的资料。

二、本卷的资料范围包括全国除香港特别行政区、澳门特别行政区和台湾省以外的县、旗、县级市和上报资料完整的市辖区，行政区划截止到 2022 年 12 月 31 日。

三、本卷的主要内容包括两个部分：一是县（市）社会经济主要指标；二是按地方一般公共预算收入分组的县（市）资料；篇末另附主要指标解释。

四、本卷的资料来自 2022 年县（市）社会经济统计年报。

五、本卷空栏有如下情况：

（1）该项数据较小，不够规定单位。

（2）该项指标在当年没有统计任务，没有统计数据。

（3）该项指标未掌握确切数据。

六、咨询服务电话：010-68782899。

编　者

2023 年 11 月

目录

一、县（市）社会经济主要指标

二、按地方一般公共预算收入分组县（市）资料

附录：主要指标解释

1

县（市）社会经济主要指标

2022年县(市)社会经济主要指标

北京市

指　　标	单位	大兴区	怀柔区	平谷区	密云区	延庆区
一、基本情况						
行政区域面积	平方公里	1036	2123	948	2226	1995
乡	个		2	2	1	4
镇	个	14	12	14	17	11
街道办事处	个	8	2	2	2	3
户籍人口	万人	78	29	41	44	29
二、综合经济						
地区生产总值	万元	10919009	4515496	4086498	3619491	2102553
第一产业增加值	万元	153309	55359	135142	140993	73623
第二产业增加值	万元	3803150	1635143	921801	959444	412791
第三产业增加值	万元	6962550	2824994	3029555	2519054	1616139
地方一般公共预算收入	万元	1044324	434689	275721	396936	242937
地方一般公共预算支出	万元	2921360	1206691	1240888	1381163	1221854
住户存款余额	万元	25316747	4780841	4727164	6130433	4333812
年末金融机构各项贷款余额	万元	36483781	3687226	3018058	5327336	2879961
三、农业、工业和通讯						
设施农业种植占地面积	公顷	3502	234	972	576	862
油料产量	吨	2488	242	362	1347	450
棉花产量	吨			5		
规模以上工业企业	个	301	159	117	131	44
固定电话用户	户	181019	86400	99797	84859	11823
四、教育、卫生和社会保障						
普通中学在校学生	人	31064	11428	12322	16566	9676
小学在校学生	人	77750	18114	21680	23785	13837
医疗卫生机构床位	张	8256	2248	2090	1897	1180
提供住宿的民政服务机构	个	52	20	38	134	21
提供住宿的民政服务机构床位数	张	10035	2005	4684	7446	3369

2022年县(市)社会经济主要指标

天津市、河北省

指　　标	单位	宝坻区	宁河区	静海区	蓟州区	藁城区
一、基本情况						
行政区域面积	平方公里	1468	1032	1476	1590	836
乡	个			2	1	1
镇	个	18	13	16	25	12
街道办事处	个	6	2	2	1	
户籍人口	万人	76	41	64	87	86
二、综合经济						
地区生产总值	万元	4441200	3235058	4765300	2793282	5741618
第一产业增加值	万元	470700	381951	299400	535524	519416
第二产业增加值	万元	1661000	1462069	2319800	609911	3270076
第三产业增加值	万元	2309500	1391038	2146100	1647847	1952126
地方一般公共预算收入	万元	301877	145372	379293	205373	469087
地方一般公共预算支出	万元	444729	339793	733836	928035	571358
住户存款余额	万元	5876400	4095700	7750300	6729200	5465059
年末金融机构各项贷款余额	万元	7913900	3294900	6732700	6313600	3310597
三、农业、工业和通讯						
设施农业种植占地面积	公顷	582	1046	1016	1378	2464
油料产量	吨	258	523	1006	818	1159
棉花产量	吨	29	2756	148		
规模以上工业企业	个	370	209	936	140	284
固定电话用户	户		103253	218716	189312	46500
四、教育、卫生和社会保障						
普通中学在校学生	人	40738	21760	44606	47821	43436
小学在校学生	人	38830	26172	53331	53248	71903
医疗卫生机构床位	张	2635	1487	2006	2245	2241
提供住宿的民政服务机构	个	29	3	7	51	28
提供住宿的民政服务机构床位数	张	2494	340	5690	3328	4641

2022年县(市)社会经济主要指标

河北省

指　　标	单位	鹿泉区	栾城区	井陉县	正定县	行唐县
一、基本情况						
行政区域面积	平方公里	603	326	1385	487	1025
乡	个	3	3	7	3	11
镇	个	9	4	10	5	4
街道办事处	个				2	
户籍人口	万人	45	37	33	52	45
二、综合经济						
地区生产总值	万元	3800163	2028025	1193678	3383729	1484560
第一产业增加值	万元	196693	165745	127670	393049	488385
第二产业增加值	万元	1545102	876235	434101	874999	275635
第三产业增加值	万元	2058368	986045	631907	2115681	720540
地方一般公共预算收入	万元	400644	207946	115472	548938	87025
地方一般公共预算支出	万元	594090	335518	294083	828007	357997
住户存款余额	万元	4320156	2921503	2159809	6572867	2634826
年末金融机构各项贷款余额	万元	4200346	2552137	1020494	5248489	1043638
三、农业、工业和通讯						
设施农业种植占地面积	公顷	607	340	27	698	129
油料产量	吨	2068	213	2387	8292	15887
棉花产量	吨	7		41		
规模以上工业企业	个	152	134	50	154	58
固定电话用户	户	23565	20584	16687	42657	10937
四、教育、卫生和社会保障						
普通中学在校学生	人	31473	17973	13046	33277	25387
小学在校学生	人	42230	32528	14758	49356	35829
医疗卫生机构床位	张	2351	1197	1595	2655	1904
提供住宿的民政服务机构	个	15	7	7	23	13
提供住宿的民政服务机构床位数	张	2286	1858	563	3680	1028

2022年县(市)社会经济主要指标

河北省

指　　标	单位	灵寿县	高邑县	深泽县	赞皇县	无极县
一、基本情况						
行政区域面积	平方公里	1056	222	296	1210	524
乡	个	9		2	7	5
镇	个	6	5	4	4	6
街道办事处	个			1		
户籍人口	万人	35	20	25	28	53
二、综合经济						
地区生产总值	万元	1358331	885183	918715	947337	1584095
第一产业增加值	万元	384326	201331	187907	281578	388922
第二产业增加值	万元	279345	280782	333100	263495	500314
第三产业增加值	万元	694660	403070	397708	402264	694859
地方一般公共预算收入	万元	86095	69306	66284	63882	138367
地方一般公共预算支出	万元	307471	216289	219896	245386	398595
住户存款余额	万元	2095057	1288333	1929292	1533198	3347778
年末金融机构各项贷款余额	万元	1383636	681566	672415	870256	1357641
三、农业、工业和通讯						
设施农业种植占地面积	公顷	3000	3067	361	78	2137
油料产量	吨	5620	795	2931	11175	10729
棉花产量	吨	62			10	
规模以上工业企业	个	61	62	56	38	192
固定电话用户	户	8000	6227	5611	7909	13550
四、教育、卫生和社会保障						
普通中学在校学生	人	20419	14038	9101	18957	28428
小学在校学生	人	26088	18046	15509	27497	39397
医疗卫生机构床位	张	1758	727	1429	1491	2371
提供住宿的民政服务机构	个	11	5	11	9	14
提供住宿的民政服务机构床位数	张	1119	546	1439	723	1701

2022年县(市)社会经济主要指标

河北省

指　　标	单位	平山县	元氏县	赵　县	辛集市	晋州市
一、基本情况						
行政区域面积	平方公里	2648	675	674	951	619
乡	个	11	7	2	7	1
镇	个	12	8	9	8	9
街道办事处	个					
户籍人口	万人	50	45	62	63	57
二、综合经济						
地区生产总值	万元	3151265	1958281	1735310	4313138	1923419
第一产业增加值	万元	207949	269436	335499	564560	444183
第二产业增加值	万元	1957769	630567	497814	2548506	558059
第三产业增加值	万元	985547	1058278	901996	1200072	921177
地方一般公共预算收入	万元	252954	156945	96957	281568	135582
地方一般公共预算支出	万元	523299	320946	327657	610687	402850
住户存款余额	万元	3165001	2396453	2669527	5896372	4340596
年末金融机构各项贷款余额	万元	2254469	2385600	1387469	3614230	2010769
三、农业、工业和通讯						
设施农业种植占地面积	公顷	200		474		230
油料产量	吨	8228	4686	330	20403	5793
棉花产量	吨	22	54		44	
规模以上工业企业	个	53	102	106	275	212
固定电话用户	户	21506	14530	13022	19046	15126
四、教育、卫生和社会保障						
普通中学在校学生	人	29534	23968	31433	34114	25787
小学在校学生	人	37744	35173	45209	45247	37706
医疗卫生机构床位	张	1931	2196	3328	2690	1851
提供住宿的民政服务机构	个	6	7	29	16	16
提供住宿的民政服务机构床位数	张	652	628	1716	1771	2179

2022年县(市)社会经济主要指标

河北省

指　　标	单位	新乐市	丰南区	丰润区	曹妃甸区	滦南县
一、基本情况						
行政区域面积	平方公里	525	1288	1210	1569	1223
乡	个	3	1	2		
镇	个	8	14	18	5	16
街道办事处	个	1	1	3	3	1
户籍人口	万人	52	53	79	22	56
二、综合经济						
地区生产总值	万元	1726641	10060500	10033470	10102900	3141127
第一产业增加值	万元	380280	601390	404837	515687	987159
第二产业增加值	万元	520808	5743501	6521425	5812313	917058
第三产业增加值	万元	825553	3715609	3107208	3774900	1236910
地方一般公共预算收入	万元	132790	390261	306461	1032952	176224
地方一般公共预算支出	万元	361934	623643	458139	1147596	462902
住户存款余额	万元	3005291	5904297	8790787	3502793	4312065
年末金融机构各项贷款余额	万元	1535703	4895717	5607659	14394536	2339453
三、农业、工业和通讯						
设施农业种植占地面积	公顷	130	3467	4481	645	4841
油料产量	吨	12184	38880	29864	646	70865
棉花产量	吨		8948	12		13
规模以上工业企业	个	138	263	281	234	136
固定电话用户	户	13262	44097	63901	49186	26920
四、教育、卫生和社会保障						
普通中学在校学生	人	37611	25577	40001	12735	29821
小学在校学生	人	45292	38631	60029	18971	31721
医疗卫生机构床位	张	2509	1784	4197	1921	3423
提供住宿的民政服务机构	个	15	8	14	8	12
提供住宿的民政服务机构床位数	张	2345	462	2566	1135	2433

2022年县(市)社会经济主要指标

河北省

指　　标	单位	乐亭县	迁西县	玉田县	遵化市	迁安市
一、基本情况						
行政区域面积	平方公里	1022	1461	1170	1514	1227
乡	个	2	3	3	5	
镇	个	11	14	17	20	17
街道办事处	个	1	1	1	2	4
户籍人口	万人	44	39	70	75	78
二、综合经济						
地区生产总值	万元	5022475	3602364	3312136	5503687	12811243
第一产业增加值	万元	948038	242992	701830	622864	358200
第二产业增加值	万元	2726283	2295957	1518418	2498424	8554620
第三产业增加值	万元	1348154	1063415	1091888	2382399	3898423
地方一般公共预算收入	万元	143900	120324	152974	185818	666342
地方一般公共预算支出	万元	399649	333638	434616	484711	924738
住户存款余额	万元	4640363	3759619	6410725	6664833	9846030
年末金融机构各项贷款余额	万元	3056786	2479702	3207253	3794399	8482802
三、农业、工业和通讯						
设施农业种植占地面积	公顷	14696	66	2469	741	314
油料产量	吨	11567	8119	2676	40477	32507
棉花产量	吨			57		
规模以上工业企业	个	107	64	212	163	164
固定电话用户	户	85122	27257	40225	49000	50600
四、教育、卫生和社会保障						
普通中学在校学生	人	17280	24702	37120	52579	50253
小学在校学生	人	15157	29632	52099	58657	73454
医疗卫生机构床位	张	2946	2856	3444	3741	5588
提供住宿的民政服务机构	个	11	34	45	40	50
提供住宿的民政服务机构床位数	张	1756	2188	3319	1869	4489

2022年县(市)社会经济主要指标

河北省

指　　标	单位	滦州市	抚宁区	青龙满族自治县	昌黎县	卢龙县
一、基本情况						
行政区域面积	平方公里	1027	968	3510	1009	956
乡	个		1	13	5	2
镇	个	10	6	11	11	10
街道办事处	个	4	1	1		
户籍人口	万人	57	33	56	51	41
二、综合经济						
地区生产总值	万元	5010142	1416986	1419229	3510461	1375441
第一产业增加值	万元	494415	377889	564727	773877	419310
第二产业增加值	万元	3110498	369430	324310	1510563	385000
第三产业增加值	万元	1405229	669667	530192	1226021	571131
地方一般公共预算收入	万元	260001	84120	62226	182692	58257
地方一般公共预算支出	万元	435471	242316	326891	386972	277531
住户存款余额	万元	4314808	2954523	2305083	5584696	2662894
年末金融机构各项贷款余额	万元	2488512	2134056	1593609	2576634	1306515
三、农业、工业和通讯						
设施农业种植占地面积	公顷	1080	1119	164	2076	442
油料产量	吨	64895	12549	4146	45406	20246
棉花产量	吨					
规模以上工业企业	个	92	48	41	54	40
固定电话用户	户	39690	14800	18011	29500	8545
四、教育、卫生和社会保障						
普通中学在校学生	人	26796	15018	18409	30493	18062
小学在校学生	人	41235	18019	32902	28930	18644
医疗卫生机构床位	张	3640	1459	2900	3038	1726
提供住宿的民政服务机构	个	14	2	3	18	6
提供住宿的民政服务机构床位数	张	1481	728	710	1867	1309

2022年县(市)社会经济主要指标

河北省

指　　标	单位	肥乡区	永年区	临漳县	成安县	大名县
一、基本情况						
行政区域面积	平方公里	503	761	742	481	1053
乡	个		8	4	3	8
镇	个	9	9	10	6	12
街道办事处	个					
户籍人口	万人	41	98	76	46	93
二、综合经济						
地区生产总值	万元	1904285	2833982	1967487	2048838	1962564
第一产业增加值	万元	346450	475956	287106	334349	354112
第二产业增加值	万元	678586	1258499	848739	1045851	656917
第三产业增加值	万元	879249	1099527	831642	668638	951535
地方一般公共预算收入	万元	130954	236485	95337	161215	83750
地方一般公共预算支出	万元	314888	438859	362513	338562	410626
住户存款余额	万元	1653290	5187307	2529960	1797903	3245832
年末金融机构各项贷款余额	万元	1660829	4451008	1504896	1383613	3026641
三、农业、工业和通讯						
设施农业种植占地面积	公顷	4666	4333		1831	1494
油料产量	吨	4689	2383	4473	6272	84954
棉花产量	吨	5267	455	116	8266	115
规模以上工业企业	个	79	194	79	110	95
固定电话用户	户	3714	30594	16315	7509	24491
四、教育、卫生和社会保障						
普通中学在校学生	人	29566	63068	49231	24180	60003
小学在校学生	人	41506	95796	69071	46459	74264
医疗卫生机构床位	张	1447	3751	2764	2987	4468
提供住宿的民政服务机构	个	3	17	5	12	13
提供住宿的民政服务机构床位数	张	690	1229	1438	914	1061

2022年县(市)社会经济主要指标

河北省

指　　标	单位	涉　县	磁　县	邱　县	鸡泽县	广平县
一、基本情况						
行政区域面积	平方公里	1499	714	449	336	314
乡	个	8	5	2	1	
镇	个	8	6	5	6	7
街道办事处	个	1				
户籍人口	万人	44	49	26	34	31
二、综合经济						
地区生产总值	万元	2126123	1126428	1222295	1166760	1013590
第一产业增加值	万元	148916	153798	209423	200155	126509
第二产业增加值	万元	1014801	438872	557502	496753	335550
第三产业增加值	万元	962406	533758	455370	469852	551531
地方一般公共预算收入	万元	179513	119463	86398	76711	110222
地方一般公共预算支出	万元	372829	325100	222377	268068	281963
住户存款余额	万元	3123630	2940122	1293412	1533362	1373011
年末金融机构各项贷款余额	万元	2343179	2685903	1027973	1061302	1013095
三、农业、工业和通讯						
设施农业种植占地面积	公顷	43	125	213	417	
油料产量	吨	1040	619	2378	67	3824
棉花产量	吨		11	13159	564	2355
规模以上工业企业	个	96	57	102	116	57
固定电话用户	户	62163	25321	4667	7400	4525
四、教育、卫生和社会保障						
普通中学在校学生	人	27775	46150	22886	27903	26546
小学在校学生	人	37814	49056	26093	37767	34077
医疗卫生机构床位	张	3120	2913	1575	1247	1904
提供住宿的民政服务机构	个	2	14	4	2	9
提供住宿的民政服务机构床位数	张	200	903	287	330	1050

2022年县(市)社会经济主要指标

河北省

指　　标	单位	馆陶县	魏　县	曲周县	武安市	信都区
一、基本情况						
行政区域面积	平方公里	456	864	677	1818	1942
乡	个	2	6	2	7	6
镇	个	6	15	8	15	11
街道办事处	个					8
户籍人口	万人	36	105	54	85	77
二、综合经济						
地区生产总值	万元	1150367	2199246	1403808	8015984	3677047
第一产业增加值	万元	276810	459695	302769	356610	157345
第二产业增加值	万元	287276	746623	527514	4957437	1744707
第三产业增加值	万元	586281	992928	573525	2701937	1774995
地方一般公共预算收入	万元	91690	169476	92253	478163	337712
地方一般公共预算支出	万元	290370	604993	285410	664414	522138
住户存款余额	万元	1664606	3349520	2243374	8127433	
年末金融机构各项贷款余额	万元	1210461	2679397	2146139	8602566	
三、农业、工业和通讯						
设施农业种植占地面积	公顷		1743	1765	246	58
油料产量	吨	6198	6422	1358	4488	4964
棉花产量	吨	548	494	9937	1901	19
规模以上工业企业	个	72	123	123	172	75
固定电话用户	户	3801	14318	11678	34000	
四、教育、卫生和社会保障						
普通中学在校学生	人	30176	69166	36596	62850	47759
小学在校学生	人	34744	96681	61788	91139	76032
医疗卫生机构床位	张	1454	4714	2242	5365	6157
提供住宿的民政服务机构	个	15	9	9	14	14
提供住宿的民政服务机构床位数	张	1238	5060	961	1480	1683

2022年县(市)社会经济主要指标

河北省

指　　标	单位	任泽区	南和区	临城县	内丘县	柏乡县
一、基本情况						
行政区域面积	平方公里	431	405	797	788	268
乡	个	3	3	3	4	2
镇	个	5	5	5	5	4
街道办事处	个					
户籍人口	万人	39	40	22	30	20
二、综合经济						
地区生产总值	万元	742695	957460	591955	755172	562697
第一产业增加值	万元	178302	279802	108974	165031	134878
第二产业增加值	万元	245461	248847	154588	181081	225544
第三产业增加值	万元	318932	428811	328393	409060	202275
地方一般公共预算收入	万元	55188	70611	37257	71915	28040
地方一般公共预算支出	万元	222239	231723	181759	205271	138610
住户存款余额	万元	1652908	1887672	1521511	1821169	994019
年末金融机构各项贷款余额	万元	1852823	1891800	997900	1175962	784134
三、农业、工业和通讯						
设施农业种植占地面积	公顷	252	2428		126	107
油料产量	吨	2438	2882	5940	14944	2166
棉花产量	吨					29
规模以上工业企业	个	71	66	53	32	60
固定电话用户	户	10302	12034	11079	22017	6970
四、教育、卫生和社会保障						
普通中学在校学生	人	15349	13789	19311	19020	9561
小学在校学生	人	35903	37759	20499	27136	15457
医疗卫生机构床位	张	1463	1934	1101	1413	1063
提供住宿的民政服务机构	个	4	7	7	10	5
提供住宿的民政服务机构床位数	张	771	767	791	614	487

2022年县(市)社会经济主要指标

河北省

指　　标	单位	隆尧县	宁晋县	巨鹿县	新河县	广宗县
一、基本情况						
行政区域面积	平方公里	749	1111	631	366	504
乡	个	5	2	2	4	4
镇	个	7	14	8	2	4
街道办事处	个		1			
户籍人口	万人	57	87	43	17	33
二、综合经济						
地区生产总值	万元	1275258	3300174	1141060	609204	704171
第一产业增加值	万元	298883	383647	333332	154069	146376
第二产业增加值	万元	452872	1768174	290405	244082	263701
第三产业增加值	万元	523503	1148353	517323	211053	294094
地方一般公共预算收入	万元	80675	162666	63106	29998	47605
地方一般公共预算支出	万元	286247	490615	265705	152322	229071
住户存款余额	万元	2517871	4570926	2247156	1178430	1239923
年末金融机构各项贷款余额	万元	2012187	3543268	1567302	692263	963718
三、农业、工业和通讯						
设施农业种植占地面积	公顷	67		89	144	493
油料产量	吨	6553	3668	14191	5007	13005
棉花产量	吨	417	76	141	594	5201
规模以上工业企业	个	75	348	81	72	67
固定电话用户	户	8997	31779	14354	10067	8800
四、教育、卫生和社会保障						
普通中学在校学生	人	23569	51342	26225	6277	16254
小学在校学生	人	48309	84938	39428	9920	28270
医疗卫生机构床位	张	2739	4895	2318	774	1017
提供住宿的民政服务机构	个	13	2	33	3	11
提供住宿的民政服务机构床位数	张	1128	380	2256	350	1603

2022年县(市)社会经济主要指标

河北省

指　　标	单位	平乡县	威　县	清河县	临西县	南宫市
一、基本情况						
行政区域面积	平方公里	406	1012	501	542	861
乡	个	2	4		2	5
镇	个	4	12	6	7	6
街道办事处	个	1				4
户籍人口	万人	37	64	45	39	50
二、综合经济						
地区生产总值	万元	1056697	1284481	1696213	916212	1344076
第一产业增加值	万元	199558	345498	84740	184460	238587
第二产业增加值	万元	391171	343782	717826	248323	487861
第三产业增加值	万元	465968	595201	893647	483429	617628
地方一般公共预算收入	万元	52787	78065	119175	63926	62431
地方一般公共预算支出	万元	280325	359146	287458	254296	256243
住户存款余额	万元	1782402	2686583	3484939	1685964	3001253
年末金融机构各项贷款余额	万元	1397667	2106989	2319081	1168479	1952919
三、农业、工业和通讯						
设施农业种植占地面积	公顷	88		36	203	336
油料产量	吨	20674	6820	1987	3484	11523
棉花产量	吨	84	23810	1582	1673	17530
规模以上工业企业	个	99	111	161	73	69
固定电话用户	户	16146	11874	20450	18330	50113
四、教育、卫生和社会保障						
普通中学在校学生	人	18561	39183	35293	24560	32984
小学在校学生	人	34558	60788	54856	37325	45012
医疗卫生机构床位	张	1428	2185	2194	2106	1684
提供住宿的民政服务机构	个	8	44	15	4	6
提供住宿的民政服务机构床位数	张	895	4568	1398	988	2537

2022年县(市)社会经济主要指标

河北省

指　　标	单位	沙河市	满城区	清苑区	徐水区	涞水县
一、基本情况						
行政区域面积	平方公里	887	658	867	723	1662
乡	个	2	6	5	4	3
镇	个	6	6	13	10	12
街道办事处	个	5	1			
户籍人口	万人	47	41	69	64	36
二、综合经济						
地区生产总值	万元	2197870	1501902	1700034	2076292	1052546
第一产业增加值	万元	80734	271162	389903	245667	207616
第二产业增加值	万元	936027	455055	535968	836271	179016
第三产业增加值	万元	1181109	775685	774163	994354	665914
地方一般公共预算收入	万元	134362	77905	160794	228395	68345
地方一般公共预算支出	万元	317589	236934	381002	414254	248816
住户存款余额	万元	3802010	2873641	3659189	4221127	2170196
年末金融机构各项贷款余额	万元	3060138	1705102	1631193	2603866	1703170
三、农业、工业和通讯						
设施农业种植占地面积	公顷	43	1286		1557	2
油料产量	吨	2200	1466	5612	2368	10701
棉花产量	吨	19				
规模以上工业企业	个	110	131	93	109	27
固定电话用户	户	34864	24148	28119	39460	18312
四、教育、卫生和社会保障						
普通中学在校学生	人	31586	27132	44274	41906	19980
小学在校学生	人	52443	34033	53335	51985	23734
医疗卫生机构床位	张	2156	2237	2090	3895	1373
提供住宿的民政服务机构	个	6	6	9	6	10
提供住宿的民政服务机构床位数	张	586	999	1041	1520	1337

2022年县(市)社会经济主要指标

河北省

指　　标	单位	阜平县	定兴县	唐　县	高阳县	容城县
一、基本情况						
行政区域面积	平方公里	2496	714	1414	441	311
乡	个	5	5	9		3
镇	个	8	11	11	7	5
街道办事处	个				1	
户籍人口	万人	23	61	59	32	29
二、综合经济						
地区生产总值	万元	606471	2004744	1505836	1221091	1300605
第一产业增加值	万元	188361	393220	439415	78171	30186
第二产业增加值	万元	106049	714561	509119	595780	639608
第三产业增加值	万元	312061	896963	557302	547140	630811
地方一般公共预算收入	万元	175965	108358	71380	94353	31966
地方一般公共预算支出	万元	318118	336913	345006	283880	409010
住户存款余额	万元	1422810	2725798	3258391	2561997	4056190
年末金融机构各项贷款余额	万元	1067773	1772981	1766295	1073730	13404172
三、农业、工业和通讯						
设施农业种植占地面积	公顷	273	650	490	222	126
油料产量	吨	1165	16863	3286	567	250
棉花产量	吨			3	19	
规模以上工业企业	个	35	75	58	162	25
固定电话用户	户	12527	23703	22000	27466	25776
四、教育、卫生和社会保障						
普通中学在校学生	人	14456	40729	36831	24375	11645
小学在校学生	人	16381	42731	45605	29816	18506
医疗卫生机构床位	张	1187	2401	3082	1810	929
提供住宿的民政服务机构	个	2	2	6	4	1
提供住宿的民政服务机构床位数	张	1000	590	1241	740	180

2022年县(市)社会经济主要指标

河北省

指　　标	单位	涞源县	望都县	安新县	易　县	曲阳县
一、基本情况						
行政区域面积	平方公里	2431	358	781	2535	1076
乡	个	7	1	4	18	6
镇	个	10	7	9	9	12
街道办事处	个					
户籍人口	万人	28	27	52	57	66
二、综合经济						
地区生产总值	万元	827073	813406	992236	1300268	1405032
第一产业增加值	万元	96517	198633	54731	346306	220168
第二产业增加值	万元	266959	244469	342870	256191	445186
第三产业增加值	万元	463597	370304	594635	697771	739678
地方一般公共预算收入	万元	141264	40357	27285	82331	103953
地方一般公共预算支出	万元	410713	188268	535045	370150	357367
住户存款余额	万元	1417574	1818033	3031836	3167336	3286923
年末金融机构各项贷款余额	万元	938456	1109197	2723374	1668552	1011208
三、农业、工业和通讯						
设施农业种植占地面积	公顷		388	120		206
油料产量	吨	68	1046	53	7086	8937
棉花产量	吨			14		
规模以上工业企业	个	27	39	49	51	67
固定电话用户	户	14843	15093	25589	31413	30490
四、教育、卫生和社会保障						
普通中学在校学生	人	20191	13062	24733	33996	54464
小学在校学生	人	19316	18325	39854	36939	63366
医疗卫生机构床位	张	2198	1418	1444	3291	3010
提供住宿的民政服务机构	个	3	6	1	7	7
提供住宿的民政服务机构床位数	张	562	1350	276	971	687

2022年县(市)社会经济主要指标

河北省

指　　标	单位	蠡　县	顺平县	博野县	雄　县	涿州市
一、基本情况						
行政区域面积	平方公里	653	712	331	677	751
乡	个	2	3		4	1
镇	个	11	7	7	8	10
街道办事处	个					3
户籍人口	万人	54	31	27	50	70
二、综合经济						
地区生产总值	万元	1401485	938435	701683	1113324	4001930
第一产业增加值	万元	248211	330816	211777	50414	281889
第二产业增加值	万元	468760	221500	187969	450502	1005719
第三产业增加值	万元	684514	386119	301937	612408	2714322
地方一般公共预算收入	万元	80188	49730	32328	62278	342115
地方一般公共预算支出	万元	278847	236611	159840	510469	478686
住户存款余额	万元	2635609	1762937	1442987	3754961	6260300
年末金融机构各项贷款余额	万元	703215	954006	698673	4820563	6160697
三、农业、工业和通讯						
设施农业种植占地面积	公顷	773	4041	353	167	2133
油料产量	吨	8000	984		2639	9185
棉花产量	吨					
规模以上工业企业	个	91	71	55	95	114
固定电话用户	户	25832	18959	14453	20495	60962
四、教育、卫生和社会保障						
普通中学在校学生	人	32593	15592	15817	33398	32152
小学在校学生	人	43950	18989	16986	46836	50753
医疗卫生机构床位	张	1933	1685	1481	1294	4512
提供住宿的民政服务机构	个	1	8	5	6	8
提供住宿的民政服务机构床位数	张	635	1436	1162	452	811

2022年县(市)社会经济主要指标

河北省

指　　标	单位	定州市	安国市	高碑店市	万全区	崇礼区
一、基本情况						
行政区域面积	平方公里	1284	486	620	1147	2323
乡	个	5	3		7	8
镇	个	16	6	10	4	2
街道办事处	个	4	2	5		
户籍人口	万人	123	40	57	22	13
二、综合经济						
地区生产总值	万元	3825728	1301698	2368166	868402	380390
第一产业增加值	万元	938333	285066	176460	145457	110171
第二产业增加值	万元	1438272	331521	986088	256926	62883
第三产业增加值	万元	1449123	685111	1205618	466019	207336
地方一般公共预算收入	万元	309391	85060	172301	66700	97220
地方一般公共预算支出	万元	779608	256076	403093	191890	277900
住户存款余额	万元	7789239	3081215	5990104	754283	1419500
年末金融机构各项贷款余额	万元	4283651	1850916	7612065	724409	2117200
三、农业、工业和通讯						
设施农业种植占地面积	公顷	779	182	535	121	1251
油料产量	吨	21115	13337	4654	177	1017
棉花产量	吨					
规模以上工业企业	个	222	101	102	63	19
固定电话用户	户	46498	26789	32179	22290	6452
四、教育、卫生和社会保障						
普通中学在校学生	人	80992	26800	32038	9714	2326
小学在校学生	人	88698	24956	46171	12642	4136
医疗卫生机构床位	张	6976	1641	2096	1119	516
提供住宿的民政服务机构	个	19	15	2	9	4
提供住宿的民政服务机构床位数	张	1989	1912	426	1120	291

2022年县(市)社会经济主要指标

河北省

指　　标	单位	张北县	康保县	沽源县	尚义县	蔚　县
一、基本情况						
行政区域面积	平方公里	3854	3365	3363	2601	3198
乡	个	11	8	10	7	11
镇	个	7	7	4	7	11
街道办事处	个					
户籍人口	万人	36	26	22	18	49
二、综合经济						
地区生产总值	万元	1491704	739228	760638	583410	929916
第一产业增加值	万元	402375	316422	347420	256240	188254
第二产业增加值	万元	498845	211102	197203	156218	159539
第三产业增加值	万元	590484	211704	216015	170952	582123
地方一般公共预算收入	万元	72943	47291	50232	58461	60134
地方一般公共预算支出	万元	421910	324702	298408	271963	414081
住户存款余额	万元	2255354	820132	1035897	834760	2866447
年末金融机构各项贷款余额	万元	3289819	547275	866952	757104	1890274
三、农业、工业和通讯						
设施农业种植占地面积	公顷	1177	153	51	455	348
油料产量	吨	14584	34866	7882	3491	325
棉花产量	吨					
规模以上工业企业	个	65	39	21	25	26
固定电话用户	户	11000	35020	2458	2700	15629
四、教育、卫生和社会保障						
普通中学在校学生	人	28799	3053	8521	3193	22579
小学在校学生	人	20713	4302	9152	3859	31609
医疗卫生机构床位	张	1815	700	962	664	2672
提供住宿的民政服务机构	个	6	11	5	7	10
提供住宿的民政服务机构床位数	张	457	553	400	381	793

2022年县(市)社会经济主要指标

河北省

指　　标	单位	阳原县	怀安县	怀来县	涿鹿县	赤城县
一、基本情况						
行政区域面积	平方公里	1839	1698	1801	2802	5273
乡	个	9	7	6	3	9
镇	个	5	4	11	14	9
街道办事处	个					
户籍人口	万人	26	23	37	35	28
二、综合经济						
地区生产总值	万元	558974	967033	1451294	990009	688688
第一产业增加值	万元	158868	101453	248814	155681	295584
第二产业增加值	万元	114522	556035	171944	247824	75130
第三产业增加值	万元	285584	309545	1030536	586504	317974
地方一般公共预算收入	万元	51031	50475	171851	83425	50067
地方一般公共预算支出	万元	318358	221488	385984	337504	291874
住户存款余额	万元	1513919	1481043	3197000	2116765	1647909
年末金融机构各项贷款余额	万元	1184045	1009659	3427000	1718986	1082991
三、农业、工业和通讯						
设施农业种植占地面积	公顷	171	4639	85	367	1277
油料产量	吨	1649	4162	1246	548	2055
棉花产量	吨					
规模以上工业企业	个	20	20	34	27	22
固定电话用户	户	5839	6373	41105	17000	3800
四、教育、卫生和社会保障						
普通中学在校学生	人	8565	8008	21800	17638	6567
小学在校学生	人	12883	9246	29244	20357	11071
医疗卫生机构床位	张	1050	1174	1419	1739	1290
提供住宿的民政服务机构	个	6	8	17	12	9
提供住宿的民政服务机构床位数	张	690	1136	1109	1121	756

2022年县(市)社会经济主要指标

河北省

指 标	单位	承德县	兴隆县	滦平县	隆化县	丰宁满族自治县
一、基本情况						
行政区域面积	平方公里	3648	3117	2993	5474	8739
乡	个	11	5	6	10	15
镇	个	12	15	13	14	11
街道办事处	个			1	1	1
户籍人口	万人	43	32	33	44	40
二、综合经济						
地区生产总值	万元	1466521	1348905	1896978	1749224	1568221
第一产业增加值	万元	564950	321819	442071	728067	411089
第二产业增加值	万元	314148	470587	774206	336199	556886
第三产业增加值	万元	587423	556499	680701	684958	600246
地方一般公共预算收入	万元	72839	69311	222770	68768	66538
地方一般公共预算支出	万元	330329	276033	317203	439713	498647
住户存款余额	万元	2410179	2314377	2073663	2251602	2242745
年末金融机构各项贷款余额	万元	1897930	1855310	2001769	1739692	3032298
三、农业、工业和通讯						
设施农业种植占地面积	公顷	1122	92	1120	2382	1171
油料产量	吨	221	73	712	6179	10094
棉花产量	吨					
规模以上工业企业	个	46	31	41	36	40
固定电话用户	户	14345	10520	8865	13290	12636
四、教育、卫生和社会保障						
普通中学在校学生	人	26818	14650	20430	19602	28008
小学在校学生	人	25097	16578	19024	26216	26949
医疗卫生机构床位	张	2780	1575	2150	2538	2001
提供住宿的民政服务机构	个	8	3	7	5	4
提供住宿的民政服务机构床位数	张	995	239	1081	864	960

2022年县(市)社会经济主要指标

河北省

指　　标	单位	宽城满族自治县	围场满族蒙古族自治县	平泉市	沧　县	青　县
一、基本情况						
行政区域面积	平方公里	1936	9037	3294	1520	992
乡	个	8	23	4	12	2
镇	个	10	14	15	7	8
街道办事处	个	1				
户籍人口	万人	26	53	47	73	44
二、综合经济						
地区生产总值	万元	1565744	1954724	1697308	2621850	2310819
第一产业增加值	万元	247404	821401	606345	316465	498971
第二产业增加值	万元	649671	437542	362201	1028832	786269
第三产业增加值	万元	668669	695781	728762	1276553	1025579
地方一般公共预算收入	万元	126951	70022	69431	151019	127341
地方一般公共预算支出	万元	251524	399817	357210	413421	340420
住户存款余额	万元	2777622	2697161	3318390		3343940
年末金融机构各项贷款余额	万元	2498540	2073080	2659461	2345000	1829111
三、农业、工业和通讯						
设施农业种植占地面积	公顷	432	876	348	740	7819
油料产量	吨	1177	8460	214	1062	1457
棉花产量	吨					
规模以上工业企业	个	68	51	57	208	150
固定电话用户	户	9051	18368	14389	24747	30350
四、教育、卫生和社会保障						
普通中学在校学生	人	17826	37337	27005	42485	21873
小学在校学生	人	21604	36518	25082	62823	40218
医疗卫生机构床位	张	1488	2803	2338	4191	2006
提供住宿的民政服务机构	个	4	16	23	7	5
提供住宿的民政服务机构床位数	张	730	1275	2515	881	1210

2022年县(市)社会经济主要指标

河北省

指　　标	单位	东光县	海兴县	盐山县	肃宁县	南皮县
一、基本情况						
行政区域面积	平方公里	710	868	795	516	790
乡	个	1	2	2	1	1
镇	个	8	5	10	8	8
街道办事处	个					
户籍人口	万人	38	23	49	37	39
二、综合经济						
地区生产总值	万元	1903577	730789	1480599	1587159	1275846
第一产业增加值	万元	154990	141646	120179	298852	236837
第二产业增加值	万元	661583	224573	556649	231738	461058
第三产业增加值	万元	1087004	364570	803771	1056569	577951
地方一般公共预算收入	万元	87189	63656	85489	139795	67669
地方一般公共预算支出	万元	297606	222535	354478	319527	296221
住户存款余额	万元	3047234	1212447	2314857	2647194	2362014
年末金融机构各项贷款余额	万元	1480155	964401	1530458	1421908	1373334
三、农业、工业和通讯						
设施农业种植占地面积	公顷		25	216	168	140
油料产量	吨	1249	617	256	811	1757
棉花产量	吨	3878	17	6	15	2626
规模以上工业企业	个	178	48	117	42	121
固定电话用户	户	20437	20868	27014	20394	14285
四、教育、卫生和社会保障						
普通中学在校学生	人	16132	13160	32539	29238	25122
小学在校学生	人	32415	16854	47122	39256	33154
医疗卫生机构床位	张	2021	1099	2215	2215	1565
提供住宿的民政服务机构	个	10	3	14	2	14
提供住宿的民政服务机构床位数	张	951	640	1859	204	1054

2022年县(市)社会经济主要指标

河北省

指　　标	单位	吴桥县	献　县	孟村回族自治县	泊头市	任丘市
一、基本情况						
行政区域面积	平方公里	582	1173	387	1009	872
乡	个	5	8	2	3	3
镇	个	5	10	4	9	9
街道办事处	个				3	7
户籍人口	万人	27	65	23	62	81
二、综合经济						
地区生产总值	万元	1026559	2290237	1051940	2933914	7021580
第一产业增加值	万元	206408	391516	90122	225335	170628
第二产业增加值	万元	182560	996454	532426	1244409	3354952
第三产业增加值	万元	637591	902267	429392	1464170	3496000
地方一般公共预算收入	万元	52328	92423	53819	116243	442529
地方一般公共预算支出	万元	238317	389500	188490	392711	545812
住户存款余额	万元	1928853	3905337	1458404	4802779	8156745
年末金融机构各项贷款余额	万元	776772	1805765	770346	2186019	4190414
三、农业、工业和通讯						
设施农业种植占地面积	公顷	274	1813	46	173	297
油料产量	吨	5136	10611	721	827	1676
棉花产量	吨	1561	193		95	94
规模以上工业企业	个	43	88	101	257	449
固定电话用户	户	17335	28100	17818	26333	85142
四、教育、卫生和社会保障						
普通中学在校学生	人	12885	52317	13463	44822	65036
小学在校学生	人	15359	63229	22047	55705	106163
医疗卫生机构床位	张	1084	2139	811	2258	4486
提供住宿的民政服务机构	个	7	16	6	6	17
提供住宿的民政服务机构床位数	张	640	2218	453	1227	1981

2022年县(市)社会经济主要指标

河北省

指　　标	单位	冀州区	枣强县	武邑县	武强县	饶阳县
一、基本情况						
行政区域面积	平方公里	878	905	801	443	572
乡	个	4	2	2	1	
镇	个	6	9	7	5	7
街道办事处	个					
户籍人口	万人	34	40	31	20	28
二、综合经济						
地区生产总值	万元	1331730	1343814	1015373	832359	1107494
第一产业增加值	万元	144699	179612	292585	126898	387538
第二产业增加值	万元	442722	409586	245063	327787	229523
第三产业增加值	万元	744309	754616	477725	377674	490433
地方一般公共预算收入	万元	94808	113980	65737	51533	49359
地方一般公共预算支出	万元	279983	324332	249705	225660	217178
住户存款余额	万元	3162810	3533716	2212131	1515909	1955012
年末金融机构各项贷款余额	万元	1624753	2157754	1238057	1013104	1075045
三、农业、工业和通讯						
设施农业种植占地面积	公顷	163	236	20	41	6753
油料产量	吨	7073	9566	8678	2363	9634
棉花产量	吨	5638	8108	1773	1	
规模以上工业企业	个	113	127	67	64	52
固定电话用户	户	47658	34356	20135	13875	6943
四、教育、卫生和社会保障						
普通中学在校学生	人	32933	27317	35404	12012	11065
小学在校学生	人	20382	30920	19216	13272	20578
医疗卫生机构床位	张	1095	1333	1639	620	1362
提供住宿的民政服务机构	个	14	14	9	2	4
提供住宿的民政服务机构床位数	张	1572	1248	853	247	398

2022年县(市)社会经济主要指标

河北省

指　　标	单位	安平县	故城县	景　县	阜城县	深州市
一、基本情况						
行政区域面积	平方公里	496	941	1188	695	1245
乡	个	3	2	5	4	4
镇	个	5	11	11	6	13
街道办事处	个					
户籍人口	万人	33	52	53	34	54
二、综合经济						
地区生产总值	万元	1627122	1330342	1951702	962072	1798282
第一产业增加值	万元	168280	306585	215577	224596	449082
第二产业增加值	万元	664932	401274	729098	291155	551679
第三产业增加值	万元	793910	622483	1007027	446321	797521
地方一般公共预算收入	万元	112046	120164	119006	65304	128424
地方一般公共预算支出	万元	320490	393791	343888	287206	376130
住户存款余额	万元	3437449	3266496	4308737	2559978	3199548
年末金融机构各项贷款余额	万元	2297529	1908936	1964567	1228945	2204882
三、农业、工业和通讯						
设施农业种植占地面积	公顷		436	147		
油料产量	吨	2650	11414	1239	1756	22923
棉花产量	吨		8445	888	577	11
规模以上工业企业	个	151	92	159	64	105
固定电话用户	户	28650	42309	20031	20474	35000
四、教育、卫生和社会保障						
普通中学在校学生	人	38691	35478	35860	23914	25908
小学在校学生	人	28278	40926	39181	25937	33751
医疗卫生机构床位	张	1530	2217	2004	1471	1786
提供住宿的民政服务机构	个	14	11	15	20	15
提供住宿的民政服务机构床位数	张	1368	960	1578	1904	1825

2022年县(市)社会经济主要指标

山西省

指　　标	单位	清徐县	阳曲县	娄烦县	古交市	云州区
一、基本情况						
行政区域面积	平方公里	608	2084	1289	1512	1478
乡	个	5	5	4	6	6
镇	个	4	4	3	3	3
街道办事处	个				4	
户籍人口	万人	34	15	13	21	17
二、综合经济						
地区生产总值	万元	3561857	821011	450427	1008108	2032196
第一产业增加值	万元	154110	88556	47918	43407	126222
第二产业增加值	万元	2543105	544996	254885	706340	1235641
第三产业增加值	万元	864642	187459	147624	258361	670333
地方一般公共预算收入	万元	204837	67699	88030	283449	34537
地方一般公共预算支出	万元	408642	227274	240895	366616	217969
住户存款余额	万元	2963725	999722	543106	2261525	945905
年末金融机构各项贷款余额	万元	2608990	854436	489883	1019712	586778
三、农业、工业和通讯						
设施农业种植占地面积	公顷	1694	289	99	30	172
油料产量	吨	219	231	229	341	232
棉花产量	吨					
规模以上工业企业	个	121	71	20	56	98
固定电话用户	户	12697	9376	6762	4938	785
四、教育、卫生和社会保障						
普通中学在校学生	人	17339	9242	4499	11387	4940
小学在校学生	人	21965	9430	5579	13389	5566
医疗卫生机构床位	张	820	1099	424	1351	811
提供住宿的民政服务机构	个	4	5	3	1	4
提供住宿的民政服务机构床位数	张	570	628	1047	378	134

2022年县(市)社会经济主要指标

山西省

指　　标	单位	阳高县	天镇县	广灵县	灵丘县	浑源县
一、基本情况						
行政区域面积	平方公里	1598	1709	1284	2732	1968
乡	个	4	6	3	8	10
镇	个	7	5	5	3	6
街道办事处	个					
户籍人口	万人	26	22	18	25	34
二、综合经济						
地区生产总值	万元	799179	545925	603984	731313	569020
第一产业增加值	万元	239867	135771	107276	97057	132907
第二产业增加值	万元	230393	142739	227481	229372	109466
第三产业增加值	万元	328919	267415	269227	404884	326647
地方一般公共预算收入	万元	17821	19996	17737	25309	21257
地方一般公共预算支出	万元	248551	240972	231520	261051	287888
住户存款余额	万元	1220890	1047792	916996	1389415	1348200
年末金融机构各项贷款余额	万元	414586	491510	443702	709055	717800
三、农业、工业和通讯						
设施农业种植占地面积	公顷	1997	1051	316	104	23
油料产量	吨	1615	2338	3481	1906	1927
棉花产量	吨					
规模以上工业企业	个	32	18	28	31	16
固定电话用户	户	32560	3280	4335	2200	16450
四、教育、卫生和社会保障						
普通中学在校学生	人	8696	8285	8966	14115	13177
小学在校学生	人	12140	8325	8545	15736	12056
医疗卫生机构床位	张	1149	871	659	1470	1232
提供住宿的民政服务机构	个	9	9	21	5	3
提供住宿的民政服务机构床位数	张	1051	696	469	2804	350

2022年县(市)社会经济主要指标

山西省

指　　标	单位	左云县	平定县	盂县	上党区	屯留区
一、基本情况						
行政区域面积	平方公里	1294	1391	2523	482	1190
乡	个	5	2	5	3	3
镇	个	3	8	8	7	6
街道办事处	个				1	1
户籍人口	万人	13	32	31	35	28
二、综合经济						
地区生产总值	万元	1532225	1594577	1864174	3669742	2563843
第一产业增加值	万元	44411	62828	61826	119238	110089
第二产业增加值	万元	1001495	973097	1132278	2661685	2063306
第三产业增加值	万元	486319	558652	670070	888819	390448
地方一般公共预算收入	万元	234039	77402	140489	207014	163566
地方一般公共预算支出	万元	278028	284842	357235	361309	359688
住户存款余额	万元	1166340	2323275	2811550	2047058	1353087
年末金融机构各项贷款余额	万元	659634	1550673	2264023	1214322	926492
三、农业、工业和通讯						
设施农业种植占地面积	公顷	234	194	75	550	397
油料产量	吨	9187	47	109	98	
棉花产量	吨					
规模以上工业企业	个	48	101	66	95	54
固定电话用户	户	980	24765	10927	13589	20774
四、教育、卫生和社会保障						
普通中学在校学生	人	4319	10487	15944	15763	13150
小学在校学生	人	7846	16172	18813	19946	17988
医疗卫生机构床位	张	515	643	978	758	1082
提供住宿的民政服务机构	个	6	9	11	1	3
提供住宿的民政服务机构床位数	张	430	825	812	125	208

2022年县(市)社会经济主要指标

山西省

指　　标	单位	潞城区	襄垣县	平顺县	黎城县	壶关县
一、基本情况						
行政区域面积	平方公里	614	1178	1510	1113	1008
乡	个	1		6		3
镇	个	4	9	5	8	7
街道办事处	个	3				
户籍人口	万人	23	26	15	16	30
二、综合经济						
地区生产总值	万元	1891544	4489199	320478	589006	880410
第一产业增加值	万元	66533	86461	48261	43505	85654
第二产业增加值	万元	1332559	3660914	85582	293772	468074
第三产业增加值	万元	492452	741824	186635	251729	326682
地方一般公共预算收入	万元	79828	264291	19088	43480	40804
地方一般公共预算支出	万元	243984	352690	234518	185928	287738
住户存款余额	万元	1396700	2660326	587509	917807	1280084
年末金融机构各项贷款余额	万元	1023687	2559848	448621	564000	772865
三、农业、工业和通讯						
设施农业种植占地面积	公顷	138	222	98	66	425
油料产量	吨	362	2213	130	446	146
棉花产量	吨	4		24		
规模以上工业企业	个	77	77	26	20	38
固定电话用户	户	9272	19078	3441	4628	5781
四、教育、卫生和社会保障						
普通中学在校学生	人	9123	9681	4769	7762	11277
小学在校学生	人	11730	15481	4701	8605	15887
医疗卫生机构床位	张	985	1503	686	624	1383
提供住宿的民政服务机构	个	5	5	3	8	11
提供住宿的民政服务机构床位数	张	383	210	275	479	590

2022年县(市)社会经济主要指标

山西省

指　　标	单位	长子县	武乡县	沁　县	沁源县	沁水县
一、基本情况						
行政区域面积	平方公里	1031	1615	1320	2549	2658
乡	个	2	6	2	6	5
镇	个	9	6	9	6	7
街道办事处	个					
户籍人口	万人	37	21	17	16	20
二、综合经济						
地区生产总值	万元	2998925	1145673	426848	3048114	4267926
第一产业增加值	万元	155062	76427	92920	52824	133408
第二产业增加值	万元	2247489	706353	93190	2473798	3584818
第三产业增加值	万元	596374	362893	240738	521492	549700
地方一般公共预算收入	万元	295188	182644	10940	306523	400069
地方一般公共预算支出	万元	386858	333429	201534	355672	479009
住户存款余额	万元	1675061	1000336	741607	926220	1354415
年末金融机构各项贷款余额	万元	1134264	535192	524002	537824	756610
三、农业、工业和通讯						
设施农业种植占地面积	公顷	1697	79	166	139	277
油料产量	吨	176	445	54	619	1934
棉花产量	吨					12
规模以上工业企业	个	47	30	7	51	88
固定电话用户	户	11297	5029	6133	4709	10200
四、教育、卫生和社会保障						
普通中学在校学生	人	13695	7475	7469	5741	7347
小学在校学生	人	17590	8682	8256	9008	6930
医疗卫生机构床位	张	1163	475	689	769	1057
提供住宿的民政服务机构	个	14	5	7	13	6
提供住宿的民政服务机构床位数	张	609	800	488	647	477

2022年县(市)社会经济主要指标

山西省

指　　标	单位	阳城县	陵川县	泽州县	高平市	山阴县
一、基本情况						
行政区域面积	平方公里	1918	1751	2024	980	1645
乡	个	3	4		3	7
镇	个	12	7	16	9	5
街道办事处	个				3	
户籍人口	万人	38	25	49	48	24
二、综合经济						
地区生产总值	万元	3961241	735214	5564130	4273161	2252845
第一产业增加值	万元	151076	110152	189928	188792	163060
第二产业增加值	万元	2922357	245641	4527065	2864081	1176795
第三产业增加值	万元	887808	379421	847138	1220289	912990
地方一般公共预算收入	万元	419049	35938	514158	568970	249832
地方一般公共预算支出	万元	541815	280481	693356	638318	298109
住户存款余额	万元	2805518	1171096	956471	3409800	2239149
年末金融机构各项贷款余额	万元	1855642	330009	1844791	2225168	1143163
三、农业、工业和通讯						
设施农业种植占地面积	公顷	62	91	260	469	
油料产量	吨	5310	809	1953	98	2337
棉花产量	吨					
规模以上工业企业	个	135	31	173	118	76
固定电话用户	户	32000	17962	21170	10478	8660
四、教育、卫生和社会保障						
普通中学在校学生	人	11550	9681	13211	18673	9240
小学在校学生	人	14002	10147	16242	23703	10969
医疗卫生机构床位	张	2327	1208	2350	2205	1520
提供住宿的民政服务机构	个	9	5	11	9	2
提供住宿的民政服务机构床位数	张	640	550	1034	468	120

2022年县(市)社会经济主要指标

山西省

指　　标	单位	应　县	右玉县	怀仁市	太谷区	榆社县
一、基本情况						
行政区域面积	平方公里	1708	1969	1234	1046	1701
乡	个	9	4	5	5	3
镇	个	3	4	3	3	4
街道办事处	个		1	3		
户籍人口	万人	30	11	30	30	14
二、综合经济						
地区生产总值	万元	990063	1223311	3287479	1230049	438529
第一产业增加值	万元	309643	88588	221883	301296	65218
第二产业增加值	万元	148937	623162	1859661	300432	162883
第三产业增加值	万元	531483	511561	1205935	628321	210428
地方一般公共预算收入	万元	18368	72162	241353	60485	42100
地方一般公共预算支出	万元	261035	214308	359954	259386	192076
住户存款余额	万元	1639000	1046590	3625767	2903040	742773
年末金融机构各项贷款余额	万元	989100	685504	1552490	1475695	338515
三、农业、工业和通讯						
设施农业种植占地面积	公顷	1133	36	278	2578	1073
油料产量	吨	2327	19537	24	56	49
棉花产量	吨					
规模以上工业企业	个	55	31	144	106	22
固定电话用户	户	6084	4630	11538	4000	9404
四、教育、卫生和社会保障						
普通中学在校学生	人	13322	4030	45539	20647	6998
小学在校学生	人	13035	4888	31402	17623	7501
医疗卫生机构床位	张	1461	440	1906	2397	592
提供住宿的民政服务机构	个	3	7	7	11	1
提供住宿的民政服务机构床位数	张	698	114	641	3652	49

2022年县(市)社会经济主要指标

山西省

指　　标	单位	左权县	和顺县	昔阳县	寿阳县	祁　县
一、基本情况						
行政区域面积	平方公里	2022	2194	1946	2116	851
乡	个	3	3	5	5	1
镇	个	5	5	5	7	6
街道办事处	个		1			
户籍人口	万人	16	14	23	21	28
二、综合经济						
地区生产总值	万元	889872	1137710	1651636	2294934	1123215
第一产业增加值	万元	77293	68843	83530	183459	251811
第二产业增加值	万元	523750	781576	1204474	1635751	293740
第三产业增加值	万元	288829	287291	363632	475724	577664
地方一般公共预算收入	万元	63150	95769	115860	161200	48086
地方一般公共预算支出	万元	224358	227143	253161	267243	219950
住户存款余额	万元	1231936	1028876	1737494	2013808	1885348
年末金融机构各项贷款余额	万元	855611	605485	831362	1129977	1164620
三、农业、工业和通讯						
设施农业种植占地面积	公顷	188	110	59	106	845
油料产量	吨	413	2097	141	20	24
棉花产量	吨					
规模以上工业企业	个	36	28	38	66	72
固定电话用户	户	6804	7525	9810	14400	23496
四、教育、卫生和社会保障						
普通中学在校学生	人	8864	6224	10687	8185	13988
小学在校学生	人	10004	7010	10175	9662	15677
医疗卫生机构床位	张	443	670	1173	981	808
提供住宿的民政服务机构	个	8	2	3	2	7
提供住宿的民政服务机构床位数	张	565	100	772	130	478

2022年县(市)社会经济主要指标

山西省

指　　标	单位	平遥县	灵石县	介休市	临猗县	万荣县
一、基本情况						
行政区域面积	平方公里	1254	1202	741	1362	1076
乡	个	8	4	2	4	8
镇	个	5	6	7	10	6
街道办事处	个	3		5		
户籍人口	万人	54	26	45	55	44
二、综合经济						
地区生产总值	万元	1417363	3513226	3854992	2007787	1074958
第一产业增加值	万元	190246	65813	68919	679351	342383
第二产业增加值	万元	445001	2533124	2800747	374280	237180
第三产业增加值	万元	782116	914289	985326	954156	495395
地方一般公共预算收入	万元	65989	276488	344366	45480	23666
地方一般公共预算支出	万元	384463	365728	506350	343986	300303
住户存款余额	万元	2808396	3383169	4219063	2225817	1532034
年末金融机构各项贷款余额	万元	1561935	1606948	3450607	1350858	781940
三、农业、工业和通讯						
设施农业种植占地面积	公顷		97	52	6646	12
油料产量	吨	221	324	559	1414	2988
棉花产量	吨				30	194
规模以上工业企业	个	108	132	165	59	47
固定电话用户	户	23009	23320	28908	35000	12000
四、教育、卫生和社会保障						
普通中学在校学生	人	30306	17802	27191	20097	15246
小学在校学生	人	33986	17697	35360	27766	19607
医疗卫生机构床位	张	2275	1386	3067	2364	2286
提供住宿的民政服务机构	个	8	3	8	34	1
提供住宿的民政服务机构床位数	张	466	550	501	2997	256

2022年县(市)社会经济主要指标

山西省

指　　标	单位	闻喜县	稷山县	新绛县	绛　县	垣曲县
一、基本情况						
行政区域面积	平方公里	1168	686	597	978	1610
乡	个	2	2		2	5
镇	个	10	5	9	8	6
街道办事处	个					
户籍人口	万人	40	36	33	27	22
二、综合经济						
地区生产总值	万元	2252248	1272279	1835433	863431	987789
第一产业增加值	万元	261497	192301	261841	149026	110323
第二产业增加值	万元	1221623	534930	1102938	295196	470641
第三产业增加值	万元	769128	545048	470654	419209	406825
地方一般公共预算收入	万元	72275	62888	65759	20723	50788
地方一般公共预算支出	万元	295534	264379	238828	228308	242859
住户存款余额	万元	2128778	1495510	1726235	1319000	1342777
年末金融机构各项贷款余额	万元	1004241	783973	818105	522000	656486
三、农业、工业和通讯						
设施农业种植占地面积	公顷	2895	3	1241	92	94
油料产量	吨	1168	230	644	877	1549
棉花产量	吨					28
规模以上工业企业	个	52	46	48	59	33
固定电话用户	户	28738	9358	3464	8850	6940
四、教育、卫生和社会保障						
普通中学在校学生	人	16054	16180	17366	10655	10142
小学在校学生	人	24466	23661	20195	14812	12018
医疗卫生机构床位	张	2286	2264	1869	1230	1539
提供住宿的民政服务机构	个	10	17	9	11	13
提供住宿的民政服务机构床位数	张	863	1349	757	931	720

2022年县(市)社会经济主要指标

山西省

指　　标	单位	夏　县	平陆县	芮城县	永济市	河津市
一、基本情况						
行政区域面积	平方公里	1351	1174	1176	1208	593
乡	个	4	1	2		2
镇	个	7	8	8	7	3
街道办事处	个				3	4
户籍人口	万人	36	24	38	44	40
二、综合经济						
地区生产总值	万元	827827	720350	1274123	1727120	4234749
第一产业增加值	万元	291558	139662	369967	319998	139082
第二产业增加值	万元	165367	240963	340798	642341	2949177
第三产业增加值	万元	370902	339725	563358	764781	1146490
地方一般公共预算收入	万元	26187	35160	57962	40153	212724
地方一般公共预算支出	万元	265626	245085	305437	312252	443627
住户存款余额	万元	1314743	1282868	1115900	2166921	2520960
年末金融机构各项贷款余额	万元	799567	545781	1109223	1028335	1607245
三、农业、工业和通讯						
设施农业种植占地面积	公顷	3965	31	13	130	621
油料产量	吨	2432	4162	2718	2337	4307
棉花产量	吨				19	
规模以上工业企业	个	44	36	53	83	133
固定电话用户	户	6152	11130	5900	20587	24084
四、教育、卫生和社会保障						
普通中学在校学生	人	9701	7834	12836	14972	20992
小学在校学生	人	16470	11828	18538	25214	28590
医疗卫生机构床位	张	1285	1226	1946	2289	2476
提供住宿的民政服务机构	个	9	12	6	26	20
提供住宿的民政服务机构床位数	张	1241	850	443	2063	2256

2022年县(市)社会经济主要指标

山西省

指　　标	单位	定襄县	五台县	代　县	繁峙县	宁武县
一、基本情况						
行政区域面积	平方公里	851	2428	1729	2372	1944
乡	个	3	8	2	7	7
镇	个	5	6	7	4	5
街道办事处	个					
户籍人口	万人	22	28	20	28	16
二、综合经济						
地区生产总值	万元	795379	672337	902126	1012736	1233911
第一产业增加值	万元	71465	82828	53305	105758	35415
第二产业增加值	万元	435772	181957	554863	507856	844676
第三产业增加值	万元	288142	407552	293958	399122	353820
地方一般公共预算收入	万元	25698	32603	46043	42907	196357
地方一般公共预算支出	万元	203822	291069	233665	280646	297675
住户存款余额	万元	1642200	2118886	1989900	1960092	1270459
年末金融机构各项贷款余额	万元	725297	1269524	570700	934640	751213
三、农业、工业和通讯						
设施农业种植占地面积	公顷	147	130	33	111	200
油料产量	吨	534	54	135	618	770
棉花产量	吨					
规模以上工业企业	个	104	25	100	91	43
固定电话用户	户	22587	8262	4407	5150	3948
四、教育、卫生和社会保障						
普通中学在校学生	人	8573	10623	4367	14674	6192
小学在校学生	人	11755	11604	9514	20471	8131
医疗卫生机构床位	张	1129	891	618	1421	1194
提供住宿的民政服务机构	个	6	3	3	3	2
提供住宿的民政服务机构床位数	张	626	180	278	280	325

2022年县(市)社会经济主要指标

山西省

指　　标	单位	静乐县	神池县	五寨县	岢岚县	河曲县
一、基本情况						
行政区域面积	平方公里	2077	1471	1388	1984	1317
乡	个	6	5	7	7	5
镇	个	6	3	3	3	6
街道办事处	个					
户籍人口	万人	15	9	11	8	14
二、综合经济						
地区生产总值	万元	554551	332341	395771	505891	2076863
第一产业增加值	万元	56752	128580	73177	81919	58402
第二产业增加值	万元	264286	48422	24560	217669	1530138
第三产业增加值	万元	233513	155339	298034	206303	488323
地方一般公共预算收入	万元	34652	22323	25209	21908	292540
地方一般公共预算支出	万元	277657	199512	183492	174945	249912
住户存款余额	万元	627289	660507	1009934	611673	1691822
年末金融机构各项贷款余额	万元	287282	355585	368305	277877	807603
三、农业、工业和通讯						
设施农业种植占地面积	公顷	32	16	3	61	90
油料产量	吨	6911	3642	252	6725	2932
棉花产量	吨					1
规模以上工业企业	个	22	18	22	27	40
固定电话用户	户	5300	212	1346	1968	5864
四、教育、卫生和社会保障						
普通中学在校学生	人	4579	1448	3676	1323	5933
小学在校学生	人	7036	3243	5539	3972	7619
医疗卫生机构床位	张	877	599	610	521	465
提供住宿的民政服务机构	个	1	1	5	2	5
提供住宿的民政服务机构床位数	张	70	300	340	100	230

2022年县(市)社会经济主要指标

山西省

指　　标	单位	保德县	偏关县	原平市	曲沃县	翼城县
一、基本情况						
行政区域面积	平方公里	995	1667	2550	437	1168
乡	个	9	2	7	2	2
镇	个	4	6	7	5	7
街道办事处	个	1		4		
户籍人口	万人	16	10	47	23	30
二、综合经济						
地区生产总值	万元	1385364	381886	2234991	1815267	1063457
第一产业增加值	万元	68516	53591	221597	234914	157595
第二产业增加值	万元	990873	171844	1367357	1191464	412556
第三产业增加值	万元	325975	156451	646037	388889	493306
地方一般公共预算收入	万元	161626	18306	138870	61781	48034
地方一般公共预算支出	万元	260498	190787	370631	196792	233204
住户存款余额	万元	1333656	725178	3706807	1392046	1753454
年末金融机构各项贷款余额	万元	594327	238490	1630606	715886	582487
三、农业、工业和通讯						
设施农业种植占地面积	公顷	100	22	143	1393	371
油料产量	吨	481	2119	1200	1202	381
棉花产量	吨					
规模以上工业企业	个	32	14	68	39	42
固定电话用户	户	4823	906	20437	6282	7400
四、教育、卫生和社会保障						
普通中学在校学生	人	6042	2180	18793	9575	14792
小学在校学生	人	9797	3439	22951	15036	16854
医疗卫生机构床位	张	673	511	1934	1171	1696
提供住宿的民政服务机构	个	3	2	8	1	6
提供住宿的民政服务机构床位数	张	287	161	2053	50	418

2022年县(市)社会经济主要指标

山西省

指　　标	单位	襄汾县	洪洞县	古　县	安泽县	浮山县
一、基本情况						
行政区域面积	平方公里	1031	1495	1196	1960	940
乡	个	6	5	1		3
镇	个	7	10	5	6	4
街道办事处	个					
户籍人口	万人	50	76	9	8	12
二、综合经济						
地区生产总值	万元	1783952	2228700	734512	1172286	555584
第一产业增加值	万元	214863	157591	34508	56865	78820
第二产业增加值	万元	952888	1254376	529255	945403	314308
第三产业增加值	万元	616201	816733	170749	170018	162456
地方一般公共预算收入	万元	77227	122690	62594	99459	18329
地方一般公共预算支出	万元	320443	457436	196074	154009	150844
住户存款余额	万元	2694984	3140189	599388	510878	503369
年末金融机构各项贷款余额	万元	1597366	2050593	317033	402062	242351
三、农业、工业和通讯						
设施农业种植占地面积	公顷	499	238	10	50	128
油料产量	吨	1668	178	366	508	620
棉花产量	吨		6			
规模以上工业企业	个	67	92	35	23	25
固定电话用户	户	13236	19621	3394	3565	3084
四、教育、卫生和社会保障						
普通中学在校学生	人	21054	32691	3160	3114	4185
小学在校学生	人	28282	45258	5132	5200	5157
医疗卫生机构床位	张	1685	2793	395	514	347
提供住宿的民政服务机构	个	1	3	1	4	1
提供住宿的民政服务机构床位数	张	100	180	72	260	50

2022年县(市)社会经济主要指标

山西省

指　　标	单位	吉　县	乡宁县	大宁县	隰　县	永和县
一、基本情况						
行政区域面积	平方公里	1780	2025	962	1413	1214
乡	个	4	5	2	4	4
镇	个	3	5	3	3	2
街道办事处	个					
户籍人口	万人	11	24	7	11	6
二、综合经济						
地区生产总值	万元	343734	2596828	147750	262456	249418
第一产业增加值	万元	105734	61407	26175	86419	42861
第二产业增加值	万元	143838	2170802	58768	44082	133520
第三产业增加值	万元	94162	364619	62807	131955	73037
地方一般公共预算收入	万元	16807	322696	10323	13144	17666
地方一般公共预算支出	万元	161867	372214	162110	179458	138774
住户存款余额	万元	458032	1199259	219244	507546	263091
年末金融机构各项贷款余额	万元	322556	891044	144586	379908	185552
三、农业、工业和通讯						
设施农业种植占地面积	公顷	23	31	25	52	12
油料产量	吨	850	3394	433	697	611
棉花产量	吨			14		
规模以上工业企业	个	10	50	5	8	7
固定电话用户	户	3329	6027	1892	2766	884
四、教育、卫生和社会保障						
普通中学在校学生	人	3674	10348	1506	4270	1672
小学在校学生	人	5528	14160	2587	6760	3310
医疗卫生机构床位	张	519	1096	315	464	236
提供住宿的民政服务机构	个	3	4	4	1	2
提供住宿的民政服务机构床位数	张	155	402	207	80	140

2022年县(市)社会经济主要指标

山西省

指　　标	单位	蒲　县	汾西县	侯马市	霍州市	离石区
一、基本情况						
行政区域面积	平方公里	1513	875	220	765	1324
乡	个	3	2	3	3	2
镇	个	5	5		4	2
街道办事处	个			5	5	7
户籍人口	万人	11	15	24	30	29
二、综合经济						
地区生产总值	万元	1749270	295705	1706916	1151691	2501777
第一产业增加值	万元	41634	46433	46449	51628	34721
第二产业增加值	万元	1498892	85569	596211	706301	1495420
第三产业增加值	万元	208744	163703	1064256	393762	971636
地方一般公共预算收入	万元	207072	12787	55606	61070	316514
地方一般公共预算支出	万元	246554	167421	196128	210847	354192
住户存款余额	万元	576318	357587	2434702	2026794	4640626
年末金融机构各项贷款余额	万元	456254	91463	1542590	1405050	4095937
三、农业、工业和通讯						
设施农业种植占地面积	公顷	47	20	177	29	58
油料产量	吨	476	427		299	410
棉花产量	吨				2	
规模以上工业企业	个	56	11	50	27	40
固定电话用户	户	2335	2428	18359	22785	21682
四、教育、卫生和社会保障						
普通中学在校学生	人	3875	5849	8834	13061	37795
小学在校学生	人	6080	6455	16126	20108	51288
医疗卫生机构床位	张	626	423	1398	1446	1594
提供住宿的民政服务机构	个	3	2	1	5	9
提供住宿的民政服务机构床位数	张	369	90	100	427	523

2022年县(市)社会经济主要指标

山西省

指　　标	单位	文水县	交城县	兴　县	临　县	柳林县
一、基本情况						
行政区域面积	平方公里	1069	1827	3166	2977	1287
乡	个	5	1	8	10	5
镇	个	7	7	7	13	10
街道办事处	个					
户籍人口	万人	45	23	28	66	34
二、综合经济						
地区生产总值	万元	1101106	1071464	2195174	1607054	4169690
第一产业增加值	万元	217149	53565	70108	186098	64615
第二产业增加值	万元	451733	718005	1807429	957772	3433511
第三产业增加值	万元	432224	299894	317637	463184	671564
地方一般公共预算收入	万元	80882	90001	300044	172265	529992
地方一般公共预算支出	万元	353246	245825	480603	531158	499293
住户存款余额	万元	2138514	1615670	1296719	1691201	2079000
年末金融机构各项贷款余额	万元	1116328	894880	660545	1027001	1135000
三、农业、工业和通讯						
设施农业种植占地面积	公顷	96	241	199	230	629
油料产量	吨	153	96	2149	1122	1001
棉花产量	吨					11
规模以上工业企业	个	101	86	45	40	65
固定电话用户	户	18845	11042	4580	2714	30241
四、教育、卫生和社会保障						
普通中学在校学生	人	25869	13726	10343	17711	18694
小学在校学生	人	26854	16897	11667	21405	22571
医疗卫生机构床位	张	1441	1104	1350	2182	1651
提供住宿的民政服务机构	个	2	4	3	6	4
提供住宿的民政服务机构床位数	张	92	626	205	636	180

2022年县(市)社会经济主要指标

山西省

指　　标	单位	石楼县	岚　县	方山县	中阳县	交口县
一、基本情况						
行政区域面积	平方公里	1735	1513	1434	1439	1272
乡	个	4	5		1	1
镇	个	5	4	6	5	6
街道办事处	个					
户籍人口	万人	12	19	16	16	12
二、综合经济						
地区生产总值	万元	204807	786011	859147	2082009	593283
第一产业增加值	万元	60089	69737	52116	41252	40710
第二产业增加值	万元	16473	536499	667464	1776472	402831
第三产业增加值	万元	128245	179775	139567	264285	149742
地方一般公共预算收入	万元	5885	108418	31999	272101	53952
地方一般公共预算支出	万元	231036	257523	201945	249125	132114
住户存款余额	万元	421610	836878	521060	1268564	845400
年末金融机构各项贷款余额	万元	254288	765059	228155	447768	515971
三、农业、工业和通讯						
设施农业种植占地面积	公顷	19	49	33	230	350
油料产量	吨	200	294	323	18	56
棉花产量	吨					
规模以上工业企业	个	7	27	23	20	32
固定电话用户	户	2998	2000	3791	3289	22984
四、教育、卫生和社会保障						
普通中学在校学生	人	6090	9260	4451	7943	5452
小学在校学生	人	7958	12066	6789	10310	6704
医疗卫生机构床位	张	657	618	613	604	418
提供住宿的民政服务机构	个	1	3	7	2	1
提供住宿的民政服务机构床位数	张	100	120	186	85	50

2022年县(市)社会经济主要指标

山西省、内蒙古自治区

指　　标	单位	孝义市	汾阳市	土默特左旗	托克托县	和林格尔县
一、基本情况						
行政区域面积	平方公里	938	1181	2767	1407	3454
乡	个	3		2		4
镇	个	8	11	6	5	4
街道办事处	个	5	3			1
户籍人口	万人	49	43	35	20	20
二、综合经济						
地区生产总值	万元	4398614	2647006	2779675	1871100	2726400
第一产业增加值	万元	86982	102457	493444	271500	293500
第二产业增加值	万元	2986379	1588468	1419555	921800	1575300
第三产业增加值	万元	1325253	956081	866676	677800	857600
地方一般公共预算收入	万元	447690	273219	198710	80354	143127
地方一般公共预算支出	万元	545741	476968	384425	187439	284305
住户存款余额	万元	5366989	3185318	1176504	866057	970000
年末金融机构各项贷款余额	万元	2738760	1815160	977852	1046855	1340000
三、农业、工业和通讯						
设施农业种植占地面积	公顷	265	18	2172	334	114
油料产量	吨	36	26	5708	1968	1538
棉花产量	吨					
规模以上工业企业	个	172	71	54	36	41
固定电话用户	户	16126	38391	6547	10390	5100
四、教育、卫生和社会保障						
普通中学在校学生	人	31329	22100	11041	8885	8453
小学在校学生	人	38126	29900	13956	9296	9040
医疗卫生机构床位	张	1498	2778	839	876	680
提供住宿的民政服务机构	个	10	7	22	2	2
提供住宿的民政服务机构床位数	张	1647	677	1889	100	320

2022年县(市)社会经济主要指标

内蒙古自治区

指　　标	单位	清水河县	武川县	土默特右旗	固阳县	达尔罕茂明安联合旗
一、基本情况						
行政区域面积	平方公里	2818	4682	2368	5025	17410
乡	个	4	6	3		5
镇	个	4	3	5	6	7
街道办事处	个					
户籍人口	万人	14	16	35	19	11
二、综合经济						
地区生产总值	万元	705720	573600	2208596	951100	1077400
第一产业增加值	万元	87200	118000	528485	187700	199700
第二产业增加值	万元	290560	149000	884945	562100	594700
第三产业增加值	万元	327960	306600	795166	201300	283000
地方一般公共预算收入	万元	50805	27882	101452	80000	70402
地方一般公共预算支出	万元	208971	183932	283665	303264	220698
住户存款余额	万元	619558	638060	1408378	678344	503207
年末金融机构各项贷款余额	万元	408293	943687	1241791	722184	373781
三、农业、工业和通讯						
设施农业种植占地面积	公顷	3650	453	967	16	27
油料产量	吨	1979	35774	8515	21034	18798
棉花产量	吨					
规模以上工业企业	个	26	23	51	47	52
固定电话用户	户	755	2300	7620	2123	2576
四、教育、卫生和社会保障						
普通中学在校学生	人	3958	3470	7149	3746	1313
小学在校学生	人	3527	3168	11702	4495	2409
医疗卫生机构床位	张	591	484	959	321	649
提供住宿的民政服务机构	个	2	4	4	4	3
提供住宿的民政服务机构床位数	张	312	526	154	321	430

2022年县(市)社会经济主要指标

内蒙古自治区

指　　标	单位	阿鲁科尔沁旗	巴林左旗	巴林右旗	林西县	克什克腾旗
一、基本情况						
行政区域面积	平方公里	14555	6471	9837	3933	20673
乡	个	7	4	4	2	6
镇	个	7	7	5	7	7
街道办事处	个	2	2	2	2	
户籍人口	万人	29	33	18	22	24
二、综合经济						
地区生产总值	万元	1102178	1546333	699179	976080	1675302
第一产业增加值	万元	295548	352886	183356	195523	292232
第二产业增加值	万元	290185	567340	170980	335891	907122
第三产业增加值	万元	516446	626107	344843	444666	475948
地方一般公共预算收入	万元	38198	48942	61834	35761	70040
地方一般公共预算支出	万元	403326	387058	312321	306699	321103
住户存款余额	万元	1132340	1332822	766093	1026694	950377
年末金融机构各项贷款余额	万元	1021205	1514588	988672	927155	1004289
三、农业、工业和通讯						
设施农业种植占地面积	公顷	793	6444	73	3800	521
油料产量	吨	22613	7814	40393	5629	2364
棉花产量	吨					
规模以上工业企业	个	15	20	11	29	33
固定电话用户	户	4558	11000	4436	6973	4300
四、教育、卫生和社会保障						
普通中学在校学生	人	12076	15916	8160	8470	7525
小学在校学生	人	12732	14789	9192	9662	9643
医疗卫生机构床位	张	2230	1990	1002	1207	1517
提供住宿的民政服务机构	个	5	10	9	10	13
提供住宿的民政服务机构床位数	张	706	1098	541	780	1707

2022年县(市)社会经济主要指标

内蒙古自治区

指　　标	单位	翁牛特旗	喀喇沁旗	宁城县	敖汉旗	科尔沁左翼中旗
一、基本情况						
行政区域面积	平方公里	11882	3050	4311	8294	9572
乡	个	6	2	2	5	6
镇	个	8	7	13	11	11
街道办事处	个		2		2	
户籍人口	万人	47	34	60	59	51
二、综合经济						
地区生产总值	万元	1766656	1085710	2044392	1772702	1439806
第一产业增加值	万元	660916	209195	579596	672714	671208
第二产业增加值	万元	345010	406140	576259	322035	182317
第三产业增加值	万元	760730	470374	888537	777953	586281
地方一般公共预算收入	万元	49124	54872	67218	46661	39209
地方一般公共预算支出	万元	442608	319209	500371	477187	446217
住户存款余额	万元	1585732	1510318	2753576	2164506	849465
年末金融机构各项贷款余额	万元	1362642	1057198	1761222	1337216	725392
三、农业、工业和通讯						
设施农业种植占地面积	公顷	899	3322	14869	2700	43
油料产量	吨	15368	534	34	3806	19016
棉花产量	吨					
规模以上工业企业	个	26	22	30	29	15
固定电话用户	户	6157	5800	56000	108452	4530
四、教育、卫生和社会保障						
普通中学在校学生	人	15816	14581	28242	24266	15009
小学在校学生	人	20432	15326	34316	31970	19841
医疗卫生机构床位	张	1765	1172	3605	3840	1914
提供住宿的民政服务机构	个	6	13	25	22	15
提供住宿的民政服务机构床位数	张	633	1348	2851	1235	504

2022年县(市)社会经济主要指标

内蒙古自治区

指　　标	单位	科尔沁左翼后旗	开鲁县	库伦旗	奈曼旗	扎鲁特旗
一、基本情况						
行政区域面积	平方公里	11500	4354	4709	8135	16491
乡	个	5		3	6	8
镇	个	10	10	5	8	7
街道办事处	个			1		
户籍人口	万人	39	39	18	44	30
二、综合经济						
地区生产总值	万元	1340725	1465068	611841	1436021	1794216
第一产业增加值	万元	616030	641108	261411	490867	567771
第二产业增加值	万元	141908	210844	32368	307897	671887
第三产业增加值	万元	582787	613116	318062	637257	554558
地方一般公共预算收入	万元	26521	68297	13729	61740	87268
地方一般公共预算支出	万元	365398	363367	242416	418453	418189
住户存款余额	万元	851876	1513200	460835	1320702	962960
年末金融机构各项贷款余额	万元	850639	792549	431512	1021957	975288
三、农业、工业和通讯						
设施农业种植占地面积	公顷	20	203	147	173	80
油料产量	吨	76439	8392	214	6699	4002
棉花产量	吨					
规模以上工业企业	个	29	30	8	37	23
固定电话用户	户	15345	4250	3180	10906	4042
四、教育、卫生和社会保障						
普通中学在校学生	人	16097	16710	7453	21111	8235
小学在校学生	人	18978	18147	8762	26709	15376
医疗卫生机构床位	张	1297	1492	849	1763	1420
提供住宿的民政服务机构	个	11	11	17	8	4
提供住宿的民政服务机构床位数	张	446	1017	475	805	559

2022年县(市)社会经济主要指标

内蒙古自治区

指　　标	单位	霍林郭勒市	东胜区	达拉特旗	准格尔旗	鄂托克前旗
一、基本情况						
行政区域面积	平方公里	585	2145	8241	7692	12221
乡	个	1		1	3	
镇	个		3	8	7	4
街道办事处	个	4	12	6	4	
户籍人口	万人	8	28	37	34	8
二、综合经济						
地区生产总值	万元	2512342	9491419	4808275	13000714	2624584
第一产业增加值	万元	71702	23219	654575	180129	219136
第二产业增加值	万元	2025531	4359284	2678151	10092138	1959916
第三产业增加值	万元	415109	5108916	1475549	2728447	445532
地方一般公共预算收入	万元	164059	766620	333828	1592680	172062
地方一般公共预算支出	万元	245159	1279381	702085	1528367	435925
住户存款余额	万元	1144075	17445146	2265993	5914847	623449
年末金融机构各项贷款余额	万元	1245162	21731025	1646503	4756341	636113
三、农业、工业和通讯						
设施农业种植占地面积	公顷	45	653	1716	361	149
油料产量	吨	4483	531	16945	260	214
棉花产量	吨					
规模以上工业企业	个	44	81	68	132	18
固定电话用户	户	5935	70000	9487	53215	4500
四、教育、卫生和社会保障						
普通中学在校学生	人	6602	34784	16763	17907	3232
小学在校学生	人	9751	51101	25679	25883	6245
医疗卫生机构床位	张	809	4290	1859	1570	751
提供住宿的民政服务机构	个	3	20	3	8	2
提供住宿的民政服务机构床位数	张	128	2931	393	1434	880

2022年县(市)社会经济主要指标

内蒙古自治区

指　　标	单位	鄂托克旗	杭锦旗	乌审旗	伊金霍洛旗	海拉尔区
一、基本情况						
行政区域面积	平方公里	20364	18816	11674	5487	1440
乡	个	2	1	1		
镇	个	4	5	5	7	2
街道办事处	个					7
户籍人口	万人	10	14	12	18	29
二、综合经济						
地区生产总值	万元	6139516	1659276	4907000	12191939	2076858
第一产业增加值	万元	147446	346635	249400	128983	79646
第二产业增加值	万元	5061467	807948	3787400	9573958	597843
第三产业增加值	万元	930603	504693	870200	2488998	1399368
地方一般公共预算收入	万元	489256	104018	430220	1343959	69011
地方一般公共预算支出	万元	625318	474264	635856	1620656	284417
住户存款余额	万元	1550216	803290	1024800	4158355	4381992
年末金融机构各项贷款余额	万元	1654656	873076	1524300	3732097	3991474
三、农业、工业和通讯						
设施农业种植占地面积	公顷	18	280	787	175	375
油料产量	吨	6595	70321	553	630	6336
棉花产量	吨					
规模以上工业企业	个	116	39	32	75	25
固定电话用户	户	7698	4801	7955	16328	46880
四、教育、卫生和社会保障						
普通中学在校学生	人	5746	4171	5860	9792	17284
小学在校学生	人	11806	6781	11990	17349	18637
医疗卫生机构床位	张	570	612	809	1331	4030
提供住宿的民政服务机构	个	1	3	12	9	9
提供住宿的民政服务机构床位数	张	180	680	645	1108	1075

2022年县(市)社会经济主要指标

内蒙古自治区

指　　标	单位	阿荣旗	莫力达瓦达斡尔族自治旗	鄂伦春自治旗	鄂温克族自治旗	陈巴尔虎旗
一、基本情况						
行政区域面积	平方公里	11073	10356	54688	18657	17458
乡	个	4	4	2	6	4
镇	个	8	11	8	4	3
街道办事处	个					
户籍人口	万人	32	31	23	14	5
二、综合经济						
地区生产总值	万元	1190853	1093549	837470	1823282	1386778
第一产业增加值	万元	631781	744947	392751	122841	199636
第二产业增加值	万元	170699	66192	80368	1248742	1026907
第三产业增加值	万元	388373	282410	364351	451699	160235
地方一般公共预算收入	万元	29127	35780	26234	113891	79536
地方一般公共预算支出	万元	393910	401188	321410	284494	205324
住户存款余额	万元	1320062	909068	1357194	915751	269911
年末金融机构各项贷款余额	万元	902956	698299	877567	773647	245568
三、农业、工业和通讯						
设施农业种植占地面积	公顷	189	11	49	18	14
油料产量	吨			109	7279	61812
棉花产量	吨					
规模以上工业企业	个	10	5	4	13	10
固定电话用户	户	4886	4693	10533	9259	2049
四、教育、卫生和社会保障						
普通中学在校学生	人	12848	12703	6422	2702	873
小学在校学生	人	16447	14089	7741	3745	1623
医疗卫生机构床位	张	1275	1085	819	621	449
提供住宿的民政服务机构	个	10	7	13	5	2
提供住宿的民政服务机构床位数	张	1494	812	512	950	139

2022年县(市)社会经济主要指标

内蒙古自治区

指　　标	单位	新巴尔虎左旗	新巴尔虎右旗	满洲里市	牙克石市	扎兰屯市
一、基本情况						
行政区域面积	平方公里	20107	24840	466	27803	16784
乡	个	5	4			4
镇	个	2	3	1	10	8
街道办事处	个			5	6	7
户籍人口	万人	4	3	9	30	39
二、综合经济						
地区生产总值	万元	295445	854751	1043936	1190661	2002221
第一产业增加值	万元	137069	195636	32146	337338	700657
第二产业增加值	万元	46732	550015	119781	154302	738941
第三产业增加值	万元	111643	109100	892009	699022	562623
地方一般公共预算收入	万元	13798	39592	56560	32612	51932
地方一般公共预算支出	万元	151696	172642	392686	276357	402076
住户存款余额	万元	117708	155093	1592890	2426000	1877693
年末金融机构各项贷款余额	万元	100602	148612	1079515	927279	1435261
三、农业、工业和通讯						
设施农业种植占地面积	公顷	5	128	143	77	102
油料产量	吨	11319	13		82810	53
棉花产量	吨					
规模以上工业企业	个	6	17	10	8	12
固定电话用户	户	1920	1642	8000	10161	16939
四、教育、卫生和社会保障						
普通中学在校学生	人	757	730	6996	9095	13254
小学在校学生	人	1862	1786	5919	6627	16224
医疗卫生机构床位	张	188	141	850	2870	2128
提供住宿的民政服务机构	个	1	1	5	13	27
提供住宿的民政服务机构床位数	张	60	68	340	590	3150

2022年县(市)社会经济主要指标

内蒙古自治区

指　　标	单位	额尔古纳市	根河市	临河区	五原县	磴口县
一、基本情况						
行政区域面积	平方公里	28959	20010	2333	2503	3676
乡	个	4	1	2	1	1
镇	个	3	4	7	8	4
街道办事处	个	2	4	11		
户籍人口	万人	8	12	52	28	11
二、综合经济						
地区生产总值	万元	502887	362708	3473378	1224261	710210
第一产业增加值	万元	242193	61205	808767	447289	175130
第二产业增加值	万元	73018	82279	966497	165523	294073
第三产业增加值	万元	187677	219224	1698113	611450	241008
地方一般公共预算收入	万元	16464	7532	164594	31898	29400
地方一般公共预算支出	万元	186812	146006	549373	323108	229300
住户存款余额	万元	554401	889950	4947175	1500779	744663
年末金融机构各项贷款余额	万元	297557	310343	5193835	1173879	506279
三、农业、工业和通讯						
设施农业种植占地面积	公顷	59	239	1769	2447	1195
油料产量	吨	128298	1563	129036	235684	56519
棉花产量	吨					
规模以上工业企业	个	6	5	85	28	19
固定电话用户	户	3820	2800	78372	15102	13993
四、教育、卫生和社会保障						
普通中学在校学生	人	2045	805	23438	7674	1985
小学在校学生	人	2370	1315	31790	11801	2764
医疗卫生机构床位	张	401	434	5722	1549	1135
提供住宿的民政服务机构	个	2	2	14	5	4
提供住宿的民政服务机构床位数	张	100	96	2922	977	592

2022年县(市)社会经济主要指标

内蒙古自治区

指　　标	单位	乌拉特前旗	乌拉特中旗	乌拉特后旗	杭锦后旗	集宁区
一、基本情况						
行政区域面积	平方公里	7482	22868	24525	1752	531
乡	个	2	4	3		1
镇	个	9	6	3	9	1
街道办事处	个					8
户籍人口	万人	33	14	6	29	32
二、综合经济						
地区生产总值	万元	1806292	1131455	1078767	1412348	2471512
第一产业增加值	万元	551153	288983	67716	596230	53642
第二产业增加值	万元	631489	428947	847234	258917	1129006
第三产业增加值	万元	623650	413525	163817	557201	1288864
地方一般公共预算收入	万元	91188	93089	150472	33381	125237
地方一般公共预算支出	万元	329929	335981	272366	346393	341614
住户存款余额	万元	1708545	772043	398731	1680708	4480149
年末金融机构各项贷款余额	万元	1291173	672387	371215	1255315	3760618
三、农业、工业和通讯						
设施农业种植占地面积	公顷	1033	309	429	1210	64
油料产量	吨	148758	62913	4141	126377	144
棉花产量	吨					
规模以上工业企业	个	57	40	50	28	32
固定电话用户	户	20509	7959	7985	16511	41606
四、教育、卫生和社会保障						
普通中学在校学生	人	8885	2538	1447	7393	32251
小学在校学生	人	12857	4161	2315	10043	24760
医疗卫生机构床位	张	1664	519	312	1896	4109
提供住宿的民政服务机构	个	25	4	3	15	10
提供住宿的民政服务机构床位数	张	1659	620	240	1578	1031

2022年县(市)社会经济主要指标

内蒙古自治区

指　　标	单位	卓资县	化德县	商都县	兴和县	凉城县
一、基本情况						
行政区域面积	平方公里	3119	2534	4284	3513	3451
乡	个	3	3	4	4	2
镇	个	5	3	6	5	6
街道办事处	个					
户籍人口	万人	19	16	32	31	22
二、综合经济						
地区生产总值	万元	725938	579952	754159	732141	554424
第一产业增加值	万元	121258	100358	202230	166443	174838
第二产业增加值	万元	421118	297914	218175	214548	155387
第三产业增加值	万元	183562	181680	333754	351150	224199
地方一般公共预算收入	万元	21608	19174	25063	17943	26545
地方一般公共预算支出	万元	229728	204918	342549	277135	264496
住户存款余额	万元	645495	602032	1065148	1103127	866375
年末金融机构各项贷款余额	万元	327291	464742	483957	599122	538151
三、农业、工业和通讯						
设施农业种植占地面积	公顷	2	45	333	66	1300
油料产量	吨	6685	7854	29920	13313	6058
棉花产量	吨					
规模以上工业企业	个	18	32	40	25	7
固定电话用户	户	4167	6414	3756	2022	4612
四、教育、卫生和社会保障						
普通中学在校学生	人	2412	2634	5606	5014	4376
小学在校学生	人	2147	3677	7078	8117	4572
医疗卫生机构床位	张	683	614	1253	611	602
提供住宿的民政服务机构	个	3	3	6	4	2
提供住宿的民政服务机构床位数	张	249	65	871	465	410

2022年县(市)社会经济主要指标

内蒙古自治区

指　　标	单位	察哈尔右翼前旗	察哈尔右翼中旗	察哈尔右翼后旗	四子王旗	丰镇市
一、基本情况						
行政区域面积	平方公里	2454	4186	3910	24036	2722
乡	个	4	7	3	8	3
镇	个	5	5	5	5	5
街道办事处	个					5
户籍人口	万人	20	19	20	20	30
二、综合经济						
地区生产总值	万元	973326	619849	907908	718204	1141219
第一产业增加值	万元	173502	197858	206579	230693	144953
第二产业增加值	万元	484039	230416	467696	224210	631630
第三产业增加值	万元	315785	191575	233633	263301	364636
地方一般公共预算收入	万元	62366	14132	36069	26212	55643
地方一般公共预算支出	万元	266670	219618	252642	279091	299062
住户存款余额	万元	832692	600553	736290	785683	1410000
年末金融机构各项贷款余额	万元	603274	435151	475588	646744	766115
三、农业、工业和通讯						
设施农业种植占地面积	公顷	819	134	23465	100	300
油料产量	吨	3518	14679	5984	11829	6682
棉花产量	吨					
规模以上工业企业	个	53	25	34	25	51
固定电话用户	户	4343	2307	8669	2153	12400
四、教育、卫生和社会保障						
普通中学在校学生	人	2500	2217	2652	5213	7728
小学在校学生	人	3469	2483	3624	5431	9617
医疗卫生机构床位	张	503	550	532	709	1045
提供住宿的民政服务机构	个	3	1	2	1	5
提供住宿的民政服务机构床位数	张	382	288	300	80	422

2022年县(市)社会经济主要指标

内蒙古自治区

指　　标	单位	乌兰浩特市	阿尔山市	科尔沁右翼前旗	科尔沁右翼中旗	扎赉特旗
一、基本情况						
行政区域面积	平方公里	2728	7398	16964	15613	11116
乡	个			5	6	5
镇	个	4	4	9	6	8
街道办事处	个	10	4			
户籍人口	万人	32	4	33	25	38
二、综合经济						
地区生产总值	万元	2181492	220791	1287945	828304	1279300
第一产业增加值	万元	149799	51761	752120	417454	787000
第二产业增加值	万元	1004887	37442	181747	121046	93000
第三产业增加值	万元	1026805	131587	354078	289804	399300
地方一般公共预算收入	万元	100388	9585	47901	33541	50479
地方一般公共预算支出	万元	351176	177639	500007	451654	445106
住户存款余额	万元	2963790	271083	778346	558143	1220257
年末金融机构各项贷款余额	万元	4288488	369303	1086900	631563	1078575
三、农业、工业和通讯						
设施农业种植占地面积	公顷	433	1	171	29	237
油料产量	吨	804	5190	2682	9619	
棉花产量	吨					
规模以上工业企业	个	40	2	24	16	22
固定电话用户	户	32788	4506	7332	9359	11000
四、教育、卫生和社会保障						
普通中学在校学生	人	22943	492	11361	10182	13514
小学在校学生	人	22078	873	17100	12424	20003
医疗卫生机构床位	张	3974	320	1292	1697	1541
提供住宿的民政服务机构	个	10	1	15	11	4
提供住宿的民政服务机构床位数	张	1706	60	1339	933	428

2022年县(市)社会经济主要指标

内蒙古自治区

指　　标	单位	突泉县	二连浩特市	锡林浩特市	阿巴嘎旗	苏尼特左旗
一、基本情况						
行政区域面积	平方公里	4797	4013	14778	27495	34240
乡	个	3	1	3	4	4
镇	个	6		1	3	3
街道办事处	个			8		
户籍人口	万人	29	4	21	4	3
二、综合经济						
地区生产总值	万元	1017500	737615	3287643	482946	467782
第一产业增加值	万元	373900	10704	250125	131531	102372
第二产业增加值	万元	393600	161899	1738901	190284	242787
第三产业增加值	万元	250000	565012	1298617	161131	122623
地方一般公共预算收入	万元	38321	23870	332552	43067	39713
地方一般公共预算支出	万元	395802	230103	489534	156693	128329
住户存款余额	万元	960396	803306	3163994	233571	216548
年末金融机构各项贷款余额	万元	618410	868929	5027874	311848	214012
三、农业、工业和通讯						
设施农业种植占地面积	公顷	665	36	101		
油料产量	吨	385		2807		
棉花产量	吨					
规模以上工业企业	个	16	15	48	25	17
固定电话用户	户	5898	4500	22315	700	897
四、教育、卫生和社会保障						
普通中学在校学生	人	9772	3297	19675	924	931
小学在校学生	人	12361	4612	21415	1633	1785
医疗卫生机构床位	张	923	229	3506	228	160
提供住宿的民政服务机构	个	13	3	2	2	1
提供住宿的民政服务机构床位数	张	1213	150	1122	662	100

2022年县(市)社会经济主要指标

内蒙古自治区

指　　标	单位	苏尼特右旗	东乌珠穆沁旗	西乌珠穆沁旗	太仆寺旗	镶黄旗
一、基本情况						
行政区域面积	平方公里	22455	47554	22462	3426	5137
乡	个	4	4	2	2	2
镇	个	3	6	5	5	2
街道办事处	个					
户籍人口	万人	7	8	8	20	3
二、综合经济						
地区生产总值	万元	471595	1262127	2198639	591343	262832
第一产业增加值	万元	91827	325049	221764	182233	56671
第二产业增加值	万元	182106	612128	1720350	184901	109833
第三产业增加值	万元	197662	324950	256525	224209	96328
地方一般公共预算收入	万元	18613	186427	239086	10841	5149
地方一般公共预算支出	万元	167861	355889	309532	215107	91131
住户存款余额	万元	429229	612709	538520	755601	130167
年末金融机构各项贷款余额	万元	344587	592653	956832	729792	223969
三、农业、工业和通讯						
设施农业种植占地面积	公顷	8	31	10	95	
油料产量	吨	529	24557		24792	
棉花产量	吨					
规模以上工业企业	个	23	28	25	18	15
固定电话用户	户	8086	2390	3723	4981	882
四、教育、卫生和社会保障						
普通中学在校学生	人	2004	3489	2926	4371	898
小学在校学生	人	3125	5798	5283	4338	1424
医疗卫生机构床位	张	372	411	448	386	269
提供住宿的民政服务机构	个	3	5	4	2	2
提供住宿的民政服务机构床位数	张	649	1190	1123	326	423

2022年县(市)社会经济主要指标

内蒙古自治区

指　　标	单位	正镶白旗	正蓝旗	多伦县	阿拉善左旗	阿拉善右旗
一、基本情况						
行政区域面积	平方公里	6253	10206	3864	80412	73443
乡	个	3	4	2	6	4
镇	个	2	3	3	9	3
街道办事处	个					
户籍人口	万人	7	8	11	15	3
二、综合经济						
地区生产总值	万元	380074	711967	631844	3413162	259311
第一产业增加值	万元	84634	113275	134232	167049	44115
第二产业增加值	万元	153293	380393	277065	2406281	115958
第三产业增加值	万元	142147	218299	220547	839832	99238
地方一般公共预算收入	万元	12006	32221	30611	160529	14212
地方一般公共预算支出	万元	136022	175087	201472	459565	129398
住户存款余额	万元	219379	423258	614815	2566197	188925
年末金融机构各项贷款余额	万元	233897	671451	757322	3605389	140961
三、农业、工业和通讯						
设施农业种植占地面积	公顷	61	1	83		
油料产量	吨	2557	5357	5571	6687	6419
棉花产量	吨					
规模以上工业企业	个	17	13	12	148	20
固定电话用户	户	901	1466	2680	18611	1845
四、教育、卫生和社会保障						
普通中学在校学生	人	939	2092	5405	8901	602
小学在校学生	人	1504	3571	7989	10973	834
医疗卫生机构床位	张	248	456	485	1228	127
提供住宿的民政服务机构	个	2	3	3	5	1
提供住宿的民政服务机构床位数	张	211	1134	190	526	92

2022年县(市)社会经济主要指标

内蒙古自治区、辽宁省

指　　标	单位	额济纳旗	辽中区	康平县	法库县	新民市
一、基本情况						
行政区域面积	平方公里	114606	1470	2167	2320	3318
乡	个	6		7	5	4
镇	个	3	16	5	12	20
街道办事处	个	2	4	3	2	4
户籍人口	万人	2	44	33	42	64
二、综合经济						
地区生产总值	万元	400045	2241942	1251506	2099145	2956971
第一产业增加值	万元	34029	883721	403084	490483	906928
第二产业增加值	万元	95075	387597	299376	488404	697982
第三产业增加值	万元	270941	970624	549046	1120258	1352061
地方一般公共预算收入	万元	18513	99084	113909	115812	155990
地方一般公共预算支出	万元	174856	367515	384643	377935	488214
住户存款余额	万元	270409	3172317	1588828	1971578	4006509
年末金融机构各项贷款余额	万元	263420	1844710	841778	1219676	2853393
三、农业、工业和通讯						
设施农业种植占地面积	公顷		3549	247	582	11974
油料产量	吨		27498	44475	31506	10034
棉花产量	吨					
规模以上工业企业	个	17	117	48	94	120
固定电话用户	户	1741	59000	31211	20000	50332
四、教育、卫生和社会保障						
普通中学在校学生	人	766	9298	12270	7176	21361
小学在校学生	人	1425	14255	12488	11591	20100
医疗卫生机构床位	张	156	2292	1508	984	3186
提供住宿的民政服务机构	个	1	7	8	5	10
提供住宿的民政服务机构床位数	张	86	1555	1236	1190	1834

2022年县(市)社会经济主要指标

辽宁省

指　　标	单位	长海县	瓦房店市	庄河市	台安县	岫岩满族自治县
一、基本情况						
行政区域面积	平方公里	142	3747	4115	1394	4502
乡	个		8	6		3
镇	个	5	13	15	10	18
街道办事处	个		11	5	2	3
户籍人口	万人	7	95	86	35	49
二、综合经济						
地区生产总值	万元	1010778	10910060	5971018	1442088	1476149
第一产业增加值	万元	655113	1327641	1446452	380672	280099
第二产业增加值	万元	14439	6147919	2373404	339801	293003
第三产业增加值	万元	341226	3434500	2151162	721615	903047
地方一般公共预算收入	万元	48031	590558	615424	69511	75033
地方一般公共预算支出	万元	119738	943318	745820	297058	354564
住户存款余额	万元		8889282	7749186	2432600	3507640
年末金融机构各项贷款余额	万元	308000	6967488	3494268	915300	1701313
三、农业、工业和通讯						
设施农业种植占地面积	公顷	13	8608	3552	5832	1780
油料产量	吨	10	5931	27565	27022	6924
棉花产量	吨					
规模以上工业企业	个	4	259	149	74	62
固定电话用户	户	9000	121156	85328	22868	40398
四、教育、卫生和社会保障						
普通中学在校学生	人	2091	29722	22613	10644	11884
小学在校学生	人	2212	44902	27334	11184	19849
医疗卫生机构床位	张	306	8421	4089	1534	2021
提供住宿的民政服务机构	个	5	18	22	19	29
提供住宿的民政服务机构床位数	张	452	4717	3090	2300	2069

2022年县(市)社会经济主要指标

辽宁省

指　　标	单位	海城市	抚顺县	新宾满族自治县	清原满族自治县	本溪满族自治县
一、基本情况						
行政区域面积	平方公里	2566	1697	4285	3921	3342
乡	个		4	6	4	1
镇	个	21	4	9	10	10
街道办事处	个	5				1
户籍人口	万人	104	11	28	31	27
二、综合经济						
地区生产总值	万元	5630800	274245	535535	616036	1410100
第一产业增加值	万元	476229	110033	185100	194565	206732
第二产业增加值	万元	1828343	99554	77270	134742	490347
第三产业增加值	万元	3326228	64658	273165	286729	713021
地方一般公共预算收入	万元	300548	40008	46789	39981	72964
地方一般公共预算支出	万元	689739	120454	225664	201960	242337
住户存款余额	万元	11065114	374656	1898367	1956965	1983635
年末金融机构各项贷款余额	万元	5011230	194056	617047	1123089	900517
三、农业、工业和通讯						
设施农业种植占地面积	公顷	4800	132	229	368	119
油料产量	吨	1016	603	115	66	45
棉花产量	吨					
规模以上工业企业	个	320	14	19	18	37
固定电话用户	户	96800			20096	40119
四、教育、卫生和社会保障						
普通中学在校学生	人	38703	2491	7342	9924	8100
小学在校学生	人	49335	2387	8660	9612	8209
医疗卫生机构床位	张	6351	393	944	1313	1532
提供住宿的民政服务机构	个	43	4	14	17	8
提供住宿的民政服务机构床位数	张	4572	251	978	1201	681

2022年县(市)社会经济主要指标

辽宁省

指　　标	单位	桓仁满族自治县	宽甸满族自治县	东港市	凤城市	黑山县
一、基本情况						
行政区域面积	平方公里	3547	6107	2399	5515	2497
乡	个	4	3	1	1	4
镇	个	8	19	14	17	16
街道办事处	个	1		3	3	2
户籍人口	万人	28	40	58	53	56
二、综合经济						
地区生产总值	万元	1145534	1088703	2596377	1932326	1324605
第一产业增加值	万元	239663	323104	975069	358750	595943
第二产业增加值	万元	286358	263777	555192	643402	116249
第三产业增加值	万元	619513	501822	1066116	930174	612413
地方一般公共预算收入	万元	43744	55477	173813	116246	66666
地方一般公共预算支出	万元	239978	303488	498900	377377	374505
住户存款余额	万元	2028070	2824126	6897026	4664488	3554738
年末金融机构各项贷款余额	万元	718308	906406	3352349	2175205	1079121
三、农业、工业和通讯						
设施农业种植占地面积	公顷	130	53	9555	2861	2357
油料产量	吨	146	839	8645	1377	43290
棉花产量	吨					
规模以上工业企业	个	25	39	139	95	45
固定电话用户	户	24447	59000	124897	50390	30200
四、教育、卫生和社会保障						
普通中学在校学生	人	8679	14647	20334	18068	17246
小学在校学生	人	10732	10085	23258	17484	11842
医疗卫生机构床位	张	1340	2445	4484	3648	2273
提供住宿的民政服务机构	个	11	17	12	8	15
提供住宿的民政服务机构床位数	张	1369	1946	1215	888	1055

2022年县(市)社会经济主要指标

辽宁省

指　　标	单位	义　县	凌海市	北镇市	盖州市	大石桥市
一、基本情况						
行政区域面积	平方公里	2476	2579	1693	2946	1610
乡	个	3	2	3	3	
镇	个	13	15	11	16	13
街道办事处	个	2	3	4	8	4
户籍人口	万人	39	48	48	66	67
二、综合经济						
地区生产总值	万元	1121930	1607633	1184113	1759612	3063297
第一产业增加值	万元	429052	581056	484773	511664	472241
第二产业增加值	万元	258273	294746	112953	459721	1258873
第三产业增加值	万元	434605	731831	586387	788227	1332183
地方一般公共预算收入	万元	73676	124880	74300	84633	203404
地方一般公共预算支出	万元	311943	386276	322583	435497	415000
住户存款余额	万元	2199047	3180007	3772325	4053860	5744555
年末金融机构各项贷款余额	万元	968676	861483	1099634	2511034	3854552
三、农业、工业和通讯						
设施农业种植占地面积	公顷	535	479	10760	5716	980
油料产量	吨	70199	45337	56166	132	80
棉花产量	吨					
规模以上工业企业	个	51	51	40	85	260
固定电话用户	户	17094	23769	41500	153905	54000
四、教育、卫生和社会保障						
普通中学在校学生	人	5871	13534	15722	18063	20620
小学在校学生	人	11145	13423	15273	26273	27928
医疗卫生机构床位	张	1828	2100	2194	3197	5100
提供住宿的民政服务机构	个	12	21	9	32	44
提供住宿的民政服务机构床位数	张	1250	906	940	3340	1792

2022年县(市)社会经济主要指标

辽宁省

指　　标	单位	阜新蒙古族自治县	彰武县	辽阳县	灯塔市	大洼区
一、基本情况						
行政区域面积	平方公里	6218	3623	2499	1170	1717
乡	个	3	2	3	1	
镇	个	32	22	12	10	10
街道办事处	个	1			3	6
户籍人口	万人	69	39	45	42	39
二、综合经济						
地区生产总值	万元	1755085	1260194	1490250	1605752	3828886
第一产业增加值	万元	656966	591594	451020	364056	590438
第二产业增加值	万元	408642	215170	393549	486471	2121753
第三产业增加值	万元	689477	453430	645681	755225	1116695
地方一般公共预算收入	万元	94499	63345	90023	114609	91784
地方一般公共预算支出	万元	423131	308017	322536	277771	353860
住户存款余额	万元	2596964	1977276	3177077	3141471	2881307
年末金融机构各项贷款余额	万元	1347535	703198	1865691	1501267	3087011
三、农业、工业和通讯						
设施农业种植占地面积	公顷	1857	620	1628	1764	48
油料产量	吨	106022	79362	5352	8864	
棉花产量	吨					
规模以上工业企业	个	71	67	72	58	119
固定电话用户	户	59200	69221			40626
四、教育、卫生和社会保障						
普通中学在校学生	人	25804	9477	9938	7909	11966
小学在校学生	人	20666	16005	13925	13004	17325
医疗卫生机构床位	张	2778	1822	2334	2217	1899
提供住宿的民政服务机构	个	28	8	10	5	7
提供住宿的民政服务机构床位数	张	1534	1288	781	690	444

2022年县(市)社会经济主要指标

辽宁省

指　　标	单位	盘山县	铁岭县	西丰县	昌图县	调兵山市
一、基本情况						
行政区域面积	平方公里	1981	2250	2683	4324	262
乡	个		2	6		
镇	个	9	12	12	33	3
街道办事处	个	4		3		2
户籍人口	万人	27	37	32	96	21
二、综合经济						
地区生产总值	万元	1604194	1305540	601929	1500157	1205997
第一产业增加值	万元	476384	328214	273668	706794	40312
第二产业增加值	万元	625961	467186	94815	179161	780640
第三产业增加值	万元	501849	510140	233446	614202	385045
地方一般公共预算收入	万元	85165	64003	27030	65513	88644
地方一般公共预算支出	万元	350568	236156	274516	525742	153711
住户存款余额	万元	2708479		1426807	4039911	2642476
年末金融机构各项贷款余额	万元	1256238		574967	1450916	1109380
三、农业、工业和通讯						
设施农业种植占地面积	公顷	209	672		2	50
油料产量	吨	4180	404		101880	77
棉花产量	吨					
规模以上工业企业	个	86	108	17	43	38
固定电话用户	户	37396	17223		17211	21080
四、教育、卫生和社会保障						
普通中学在校学生	人	4425	4885	9527	29232	7486
小学在校学生	人	7183	6746	7782	25010	7116
医疗卫生机构床位	张	1363	1492	1592	4036	1160
提供住宿的民政服务机构	个	6	13	9	5	1
提供住宿的民政服务机构床位数	张	757	1117	1129	910	200

2022年县(市)社会经济主要指标

辽宁省

指　　标	单位	开原市	朝阳县	建平县	喀喇沁左翼蒙古族自治县	北票市
一、基本情况						
行政区域面积	平方公里	2838	3758	4868	2232	4419
乡	个	1	12	7	5	15
镇	个	16	14	17	14	12
街道办事处	个	3	1	4	2	4
户籍人口	万人	54	53	56	41	53
二、综合经济						
地区生产总值	万元	1213462	1159200	1382081	1125855	1486336
第一产业增加值	万元	430374	407577	409565	418024	446005
第二产业增加值	万元	218602	268562	373633	216675	415273
第三产业增加值	万元	564486	483061	598883	491156	625058
地方一般公共预算收入	万元	50508	60743	118823	58986	101671
地方一般公共预算支出	万元	262844	344781	458123	317900	499998
住户存款余额	万元	3176508	1378063	3931891	2206639	3087828
年末金融机构各项贷款余额	万元	1038027	660788	1512242	1033789	1051263
三、农业、工业和通讯						
设施农业种植占地面积	公顷	474	1655	2126	3393	2280
油料产量	吨	1284	2626	3536	558	2362
棉花产量	吨		3			
规模以上工业企业	个	46	55	66	64	66
固定电话用户	户	9531	43236	75110	46050	70470
四、教育、卫生和社会保障						
普通中学在校学生	人	17321	23238	23134	18269	18029
小学在校学生	人	17484	19842	24250	20893	19139
医疗卫生机构床位	张	3966	1225	2798	2635	2984
提供住宿的民政服务机构	个	2	10	14	6	6
提供住宿的民政服务机构床位数	张	400	833	2069	1060	924

2022年县(市)社会经济主要指标

辽宁省、吉林省

指　　标	单位	凌源市	绥中县	建昌县	兴城市	九台区
一、基本情况						
行政区域面积	平方公里	3282	2787	3195	2103	3375
乡	个	6	11	21	12	2
镇	个	16	14	7	7	2
街道办事处	个	5			5	15
户籍人口	万人	62	62	61	52	77
二、综合经济						
地区生产总值	万元	1673493	1850494	917968	1477992	2435459
第一产业增加值	万元	536581	653691	305369	355320	554492
第二产业增加值	万元	283448	431143	141528	349974	659077
第三产业增加值	万元	853464	765660	471071	772698	1221890
地方一般公共预算收入	万元	112600	99901	40550	100658	78285
地方一般公共预算支出	万元	399000	385639	323875	416487	603573
住户存款余额	万元	4212300	4643286	2281024	4499261	3898388
年末金融机构各项贷款余额	万元	1299800	2179408	919045	3022604	2043475
三、农业、工业和通讯						
设施农业种植占地面积	公顷	4824	4633	1141	1209	2268
油料产量	吨		107989	2078	204560	20
棉花产量	吨					
规模以上工业企业	个	52	54	27	58	133
固定电话用户	户	55000	25480	33070	115206	94946
四、教育、卫生和社会保障						
普通中学在校学生	人	31763	26211	25563	20456	30174
小学在校学生	人	32269	29162	26173	21928	24501
医疗卫生机构床位	张	4400	2691	2568	3089	3240
提供住宿的民政服务机构	个	16	12	12	6	16
提供住宿的民政服务机构床位数	张	803	1375	1475	930	1516

2022年县(市)社会经济主要指标

吉林省

指　　标	单位	农安县	榆树市	德惠市	公主岭市	永吉县
一、基本情况						
行政区域面积	平方公里	5415	4712	3461	4141	2399
乡	个	10	9	4	2	2
镇	个	12	15	12	18	6
街道办事处	个	4	4	4	10	
户籍人口	万人	111	119	86	101	32
二、综合经济						
地区生产总值	万元	3063227	2677733	2633337	3512958	708650
第一产业增加值	万元	1419762	1200972	915519	1064459	145218
第二产业增加值	万元	403369	302469	387067	700519	214206
第三产业增加值	万元	1240096	1174292	1330751	1747980	349226
地方一般公共预算收入	万元	106477	115688	82210	176748	43123
地方一般公共预算支出	万元	790268	785405	631848	737199	275732
住户存款余额	万元	5505063	4337950	4333221	6259489	2061466
年末金融机构各项贷款余额	万元	3320224	2817979	1727341	3976944	2140931
三、农业、工业和通讯						
设施农业种植占地面积	公顷	312	1647	1477	924	105
油料产量	吨	29731	180	304	1233	413
棉花产量	吨					
规模以上工业企业	个	96	55	67	139	38
固定电话用户	户	45896	72359	25204	72917	27200
四、教育、卫生和社会保障						
普通中学在校学生	人	52869	44798	36697	54867	5724
小学在校学生	人	41050	35771	32017	45786	9043
医疗卫生机构床位	张	3891	3485	3999	4595	1030
提供住宿的民政服务机构	个	12	17	12	16	13
提供住宿的民政服务机构床位数	张	803	1365	1204	3287	2407

2022年县(市)社会经济主要指标

吉林省

指　　标	单位	蛟河市	桦甸市	舒兰市	磐石市	梨树县
一、基本情况						
行政区域面积	平方公里	6370	6625	4559	3861	3572
乡	个	2	3	5	1	6
镇	个	8	6	10	13	15
街道办事处	个	7	5	5	4	3
户籍人口	万人	40	40	58	49	73
二、综合经济						
地区生产总值	万元	1005505	1067686	1300462	1376783	1705584
第一产业增加值	万元	306912	362038	593241	383966	947663
第二产业增加值	万元	200579	237797	190453	389644	162540
第三产业增加值	万元	498014	467851	516768	603173	595381
地方一般公共预算收入	万元	34894	57205	71721	71869	32472
地方一般公共预算支出	万元	355607	400059	456455	476535	570338
住户存款余额	万元	2302596	2327489	2711386	2096787	3140808
年末金融机构各项贷款余额	万元	947862	1321071	1539684	1693307	1170730
三、农业、工业和通讯						
设施农业种植占地面积	公顷	167	64	299	130	2318
油料产量	吨	136	1200		395	17058
棉花产量	吨					
规模以上工业企业	个	31	29	53	52	40
固定电话用户	户	8199	39305	43891	38406	38688
四、教育、卫生和社会保障						
普通中学在校学生	人	14219	16893	20298	17458	27176
小学在校学生	人	13577	16261	17027	17750	26090
医疗卫生机构床位	张	2199	1974	2662	2433	2876
提供住宿的民政服务机构	个	39	13	3	3	4
提供住宿的民政服务机构床位数	张	2658	2277	380	979	781

2022年县(市)社会经济主要指标

吉林省

指　　标	单位	伊通满族自治县	双辽市	东丰县	东辽县	通化县
一、基本情况						
行政区域面积	平方公里	2527	3097	2522	2189	3742
乡	个	3	4	2	4	5
镇	个	12	8	12	9	11
街道办事处	个	2	6	3		2
户籍人口	万人	43	38	38	32	22
二、综合经济						
地区生产总值	万元	1062612	1103080	1593890	1080043	902495
第一产业增加值	万元	501421	460008	285551	250867	115405
第二产业增加值	万元	81858	215128	378773	244433	355737
第三产业增加值	万元	479333	427944	929566	584743	431353
地方一般公共预算收入	万元	42627	43552	43457	47978	33735
地方一般公共预算支出	万元	446115	442042	364402	351863	266789
住户存款余额	万元	1820929	1898399	2097123	1395281	1545706
年末金融机构各项贷款余额	万元	752526	996435	1090679	950389	1263283
三、农业、工业和通讯						
设施农业种植占地面积	公顷	104	137	59	6	48
油料产量	吨	6	41333		1	127
棉花产量	吨					
规模以上工业企业	个	18	28	26	24	48
固定电话用户	户	15302	35989	21448	25422	37885
四、教育、卫生和社会保障						
普通中学在校学生	人	18218	14870	13979	10219	7004
小学在校学生	人	14264	16899	14205	8599	9702
医疗卫生机构床位	张	2063	1868	1688	1105	1267
提供住宿的民政服务机构	个	19	8	15	13	17
提供住宿的民政服务机构床位数	张	1191	1011	1144	1368	1051

2022年县(市)社会经济主要指标

吉林省

指　　标	单位	辉南县	柳河县	梅河口市	集安市	江源区
一、基本情况						
行政区域面积	平方公里	2276	3346	2179	3349	1348
乡	个	1	3	3	2	
镇	个	10	12	16	9	6
街道办事处	个	3	3	5	4	4
户籍人口	万人	31	35	58	21	19
二、综合经济						
地区生产总值	万元	985202	888304	2900938	757053	892490
第一产业增加值	万元	252402	241789	249717	89077	100075
第二产业增加值	万元	231754	205220	1336707	176211	157937
第三产业增加值	万元	501046	441295	1314514	491765	634478
地方一般公共预算收入	万元	47465	37823	275233	23967	24266
地方一般公共预算支出	万元	331060	314827	743398	310328	195532
住户存款余额	万元	1865999	1901457	4318301	1731715	1117769
年末金融机构各项贷款余额	万元	985234	1027564	2266272	1067185	649098
三、农业、工业和通讯						
设施农业种植占地面积	公顷	81	118	116	128	44
油料产量	吨	27	85	11	321	1436
棉花产量	吨					
规模以上工业企业	个	30	24	91	29	27
固定电话用户	户	42161	7332	77800	26359	21243
四、教育、卫生和社会保障						
普通中学在校学生	人	11649	12118	22672	5867	2188
小学在校学生	人	10425	13841	24812	6592	4187
医疗卫生机构床位	张	1712	1603	3625	967	2157
提供住宿的民政服务机构	个	23	9	18	13	4
提供住宿的民政服务机构床位数	张	1402	518	1327	524	385

2022年县(市)社会经济主要指标

吉林省

指　　标	单位	抚松县	靖宇县	长白朝鲜族自治县	临江市	前郭尔罗斯蒙古族自治县
一、基本情况						
行政区域面积	平方公里	6159	3084	2504	3009	6979
乡	个	3	1	1	1	13
镇	个	11	7	7	6	9
街道办事处	个				6	
户籍人口	万人	27	13	7	15	56
二、综合经济						
地区生产总值	万元	1156003	660512	377522	903526	1672203
第一产业增加值	万元	270936	80268	67707	102288	733892
第二产业增加值	万元	202618	183287	79668	318628	230905
第三产业增加值	万元	682449	396957	230147	482610	707406
地方一般公共预算收入	万元	36886	41402	10739	21223	111380
地方一般公共预算支出	万元	351289	212433	182533	187961	659707
住户存款余额	万元	1812974	639132	487710	1096911	4769194
年末金融机构各项贷款余额	万元	1360438	695036	207587	546145	3600388
三、农业、工业和通讯						
设施农业种植占地面积	公顷	6	66	35	21	522
油料产量	吨	1599	1801	33	321	218744
棉花产量	吨					
规模以上工业企业	个	37	26	8	25	53
固定电话用户	户	46775	20532	18456	23800	220045
四、教育、卫生和社会保障						
普通中学在校学生	人	10376	4563	1125	4545	24237
小学在校学生	人	11114	5621	2152	5664	25317
医疗卫生机构床位	张	2011	543	404	1122	2043
提供住宿的民政服务机构	个	3	3	3	11	24
提供住宿的民政服务机构床位数	张	214	118	145	478	1531

2022年县(市)社会经济主要指标

吉林省

指　　标	单位	长岭县	乾安县	扶余市	镇赉县	通榆县
一、基本情况						
行政区域面积	平方公里	5736	3617	4388	4719	8476
乡	个	10	4	5	4	8
镇	个	12	6	12	7	8
街道办事处	个	3	3	5	3	3
户籍人口	万人	64	27	70	25	35
二、综合经济						
地区生产总值	万元	1638709	831238	1619181	890054	1001839
第一产业增加值	万元	715856	232179	713506	350404	337363
第二产业增加值	万元	193440	266732	160920	102582	192046
第三产业增加值	万元	729413	332327	744755	437068	472430
地方一般公共预算收入	万元	106946	60818	109037	56271	31959
地方一般公共预算支出	万元	562625	307441	504226	356023	456268
住户存款余额	万元	2306208	1205517	2374875	1330288	1484497
年末金融机构各项贷款余额	万元	1602266	686358	1159916	1202401	1154715
三、农业、工业和通讯						
设施农业种植占地面积	公顷	237	291	1	1750	202
油料产量	吨	28030	21179	269496	10064	46555
棉花产量	吨					
规模以上工业企业	个	37	18	35	30	29
固定电话用户	户	58883	22393	64434	12301	25515
四、教育、卫生和社会保障						
普通中学在校学生	人	27226	9699	25578	9757	14264
小学在校学生	人	27627	8393	20550	9068	14398
医疗卫生机构床位	张	2294	981	1988	779	1838
提供住宿的民政服务机构	个	7	7	11	13	13
提供住宿的民政服务机构床位数	张	781	484	571	739	704

2022年县(市)社会经济主要指标

吉林省

指　　标	单位	洮南市	大安市	延吉市	图们市	敦化市
一、基本情况						
行政区域面积	平方公里	5017	4879	1748	1143	11957
乡	个	10	8			5
镇	个	6	10	4	4	11
街道办事处	个	8	5	6	3	4
户籍人口	万人	39	37	56	10	44
二、综合经济						
地区生产总值	万元	973945	1078164	3562148	287761	1677758
第一产业增加值	万元	380271	332958	49176	19723	265101
第二产业增加值	万元	75356	230546	1489574	107194	687654
第三产业增加值	万元	518318	514660	2023398	160844	725003
地方一般公共预算收入	万元	38801	107445	175466	15791	70241
地方一般公共预算支出	万元	423679	518420	561192	184110	530740
住户存款余额	万元	1724212	1822562	8152631	917209	3610128
年末金融机构各项贷款余额	万元	1156956	1459453	5502961	458535	2555837
三、农业、工业和通讯						
设施农业种植占地面积	公顷	1176	750	6	51	76
油料产量	吨	29542	19636		9	170
棉花产量	吨					
规模以上工业企业	个	29	27	51	21	78
固定电话用户	户	35817	61527	160282	16050	64467
四、教育、卫生和社会保障						
普通中学在校学生	人	12694	5905	24981	1689	15971
小学在校学生	人	14003	9429	32540	1948	16880
医疗卫生机构床位	张	1984	1588	4807	507	2384
提供住宿的民政服务机构	个	17	19	4	16	17
提供住宿的民政服务机构床位数	张	732	1676	468	1012	1850

2022年县(市)社会经济主要指标

吉林省

指　　标	单位	珲春市	龙井市	和龙市	汪清县	安图县
一、基本情况						
行政区域面积	平方公里	5171	2207	5069	8918	7434
乡	个	5	2		1	2
镇	个	4	5	8	8	7
街道办事处	个	5	3	3	3	3
户籍人口	万人	22	14	15	21	19
二、综合经济						
地区生产总值	万元	1091991	348332	379664	602928	438153
第一产业增加值	万元	78989	48671	56432	164627	82502
第二产业增加值	万元	568226	104300	127067	126427	142282
第三产业增加值	万元	444776	195361	196165	311874	213369
地方一般公共预算收入	万元	68544	24046	22936	20764	23394
地方一般公共预算支出	万元	373772	230358	285720	292652	225334
住户存款余额	万元	2195884	1242991	985912	1530355	1062403
年末金融机构各项贷款余额	万元	1945615	512842	778530	981601	850086
三、农业、工业和通讯						
设施农业种植占地面积	公顷	10	88	68	36	96
油料产量	吨	156			1	1411
棉花产量	吨					
规模以上工业企业	个	71	19	25	15	17
固定电话用户	户	97700	25904	17482	25774	29500
四、教育、卫生和社会保障						
普通中学在校学生	人	8327	2521	2890	5176	2806
小学在校学生	人	11463	2908	3379	5802	4802
医疗卫生机构床位	张	962	366	474	588	659
提供住宿的民政服务机构	个	7	10	3	6	10
提供住宿的民政服务机构床位数	张	706	785	352	519	1167

2022年县(市)社会经济主要指标

黑龙江省

指　　标	单位	呼兰区	阿城区	双城区	依兰县	方正县
一、基本情况						
行政区域面积	平方公里	2062	2452	3112	4606	2976
乡	个	3		8	3	4
镇	个	6	4	9	6	5
街道办事处	个	10	15	10		
户籍人口	万人	51	53	75	37	21
二、综合经济						
地区生产总值	万元	1116788	2541684	2441264	1244640	774536
第一产业增加值	万元	408422	227783	1165956	334356	349784
第二产业增加值	万元	173277	488701	366522	171289	110441
第三产业增加值	万元	535089	1825200	908786	738995	314311
地方一般公共预算收入	万元	15568	48388	28464	31837	21564
地方一般公共预算支出	万元	349957	391356	458766	350739	249792
住户存款余额	万元	3489031	3417000	3053755	1624781	1608000
年末金融机构各项贷款余额	万元	2034339	1963516	1877369	730711	570000
三、农业、工业和通讯						
设施农业种植占地面积	公顷	439	212	743	1955	159
油料产量	吨			2023	27	
棉花产量	吨					
规模以上工业企业	个	33	89	73	18	51
固定电话用户	户	10989	16634	16500	12667	7619
四、教育、卫生和社会保障						
普通中学在校学生	人	13996	21637	27799	11123	7405
小学在校学生	人	12684	19341	22582	9731	7011
医疗卫生机构床位	张	3657	2079	2027	1297	1115
提供住宿的民政服务机构	个	3	3	49	2	2
提供住宿的民政服务机构床位数	张	560	702	3627	390	400

2022年县(市)社会经济主要指标

黑龙江省

指　　标	单位	宾　县	巴彦县	木兰县	通河县	延寿县
一、基本情况						
行政区域面积	平方公里	3843	3139	3171	5676	3096
乡	个	5	8	2		3
镇	个	12	10	6	8	6
街道办事处	个					
户籍人口	万人	56	63	24	22	24
二、综合经济						
地区生产总值	万元	1869773	1353887	886600	957299	731263
第一产业增加值	万元	474305	484815	290390	381366	205895
第二产业增加值	万元	194679	121268	67440	68079	92700
第三产业增加值	万元	1200789	747804	528770	507854	432668
地方一般公共预算收入	万元	69562	24712	22381	24485	19733
地方一般公共预算支出	万元	419038	441073	268261	350066	276889
住户存款余额	万元	2616899	2244725	964102	1132319	1066516
年末金融机构各项贷款余额	万元	1828194	1719414	454043	848525	856385
三、农业、工业和通讯						
设施农业种植占地面积	公顷	761	223	74	511	331
油料产量	吨				10	
棉花产量	吨					
规模以上工业企业	个	66	30	23	26	49
固定电话用户	户	20399	22481	6069	15102	11710
四、教育、卫生和社会保障						
普通中学在校学生	人	21878	18187	7981	7232	7384
小学在校学生	人	17697	14690	6491	6617	7372
医疗卫生机构床位	张	2006	2396	904	949	1048
提供住宿的民政服务机构	个	5	7	4	16	1
提供住宿的民政服务机构床位数	张	1050	1046	460	1826	450

2022年县(市)社会经济主要指标

黑龙江省

指　　标	单位	尚志市	五常市	龙江县	依安县	泰来县
一、基本情况						
行政区域面积	平方公里	8891	7499	5887	3676	3917
乡	个	7	12	6	9	2
镇	个	10	12	8	6	8
街道办事处	个					
户籍人口	万人	54	88	57	45	30
二、综合经济						
地区生产总值	万元	1989705	3046720	1402432	801089	731650
第一产业增加值	万元	780861	1232294	648241	408008	321888
第二产业增加值	万元	245654	406925	367189	71236	143039
第三产业增加值	万元	963190	1407501	387002	321845	266723
地方一般公共预算收入	万元	32994	80008	56427	33083	41700
地方一般公共预算支出	万元	438988	620750	426240	439599	311552
住户存款余额	万元	3079877	3824211	1772455	1412902	1175383
年末金融机构各项贷款余额	万元	1296029	1733590	649540	752376	447919
三、农业、工业和通讯						
设施农业种植占地面积	公顷	271	277	264	78	545
油料产量	吨					1321
棉花产量	吨					
规模以上工业企业	个	38	138	29	27	38
固定电话用户	户	30600	19835	13214	6100	7182
四、教育、卫生和社会保障						
普通中学在校学生	人	20128	15946	20168	11531	10910
小学在校学生	人	17062	23355	17172	9114	10097
医疗卫生机构床位	张	1755	4119	2392	1023	1282
提供住宿的民政服务机构	个	3	5	12	4	4
提供住宿的民政服务机构床位数	张	440	700	1534	980	854

2022年县(市)社会经济主要指标

黑龙江省

指　　标	单位	甘南县	富裕县	克山县	克东县	拜泉县
一、基本情况						
行政区域面积	平方公里	4791	4060	3186	2083	3597
乡	个	5	4	8	2	9
镇	个	5	6	7	5	7
街道办事处	个					
户籍人口	万人	36	27	45	27	53
二、综合经济						
地区生产总值	万元	989417	889400	723491	732119	718274
第一产业增加值	万元	482167	388316	350085	201130	356254
第二产业增加值	万元	207325	226093	70118	289696	75530
第三产业增加值	万元	299925	274991	303288	241293	286490
地方一般公共预算收入	万元	45928	30480	38718	73024	27256
地方一般公共预算支出	万元	373079	325854	406389	332275	394226
住户存款余额	万元	1638329	1221580	1472000	944243	1466611
年末金融机构各项贷款余额	万元	824650	447299	527000	427594	472304
三、农业、工业和通讯						
设施农业种植占地面积	公顷	149	113	73	228	187
油料产量	吨	12				88
棉花产量	吨					
规模以上工业企业	个	40	29	19	18	15
固定电话用户	户	16000		6402	13742	11207
四、教育、卫生和社会保障						
普通中学在校学生	人	15670	8514	10035	7188	13290
小学在校学生	人	12364	7120	7271	4990	10755
医疗卫生机构床位	张	1455	1410	2053	1048	1903
提供住宿的民政服务机构	个	28	33	2	4	2
提供住宿的民政服务机构床位数	张	2527	1426	1010	589	270

2022年县(市)社会经济主要指标

黑龙江省

指　　标	单位	讷河市	鸡东县	虎林市	密山市	萝北县
一、基本情况						
行政区域面积	平方公里	6660	3243	9334	7728	6768
乡	个	4	3	4	8	2
镇	个	11	8	7	8	6
街道办事处	个	2			1	
户籍人口	万人	67	26	27	38	21
二、综合经济						
地区生产总值	万元	1228776	1022475	1682213	1517687	1168181
第一产业增加值	万元	596276	372932	1039181	718399	500718
第二产业增加值	万元	197957	187936	192372	151285	247851
第三产业增加值	万元	434543	461607	450660	648003	419612
地方一般公共预算收入	万元	86255	43488	42864	46328	46091
地方一般公共预算支出	万元	658930	327030	348823	505381	295116
住户存款余额	万元	2278247	1458232	2460450	2934668	1548605
年末金融机构各项贷款余额	万元	1516561	866845	2779969	1078221	3635035
三、农业、工业和通讯						
设施农业种植占地面积	公顷	275	240	387	373	17
油料产量	吨		54	65	159	636
棉花产量	吨					
规模以上工业企业	个	31	29	52	56	47
固定电话用户	户	11500	49985	22929	23200	1400
四、教育、卫生和社会保障						
普通中学在校学生	人	19298	9003	10059	17239	6518
小学在校学生	人	15913	5164	9719	9548	6174
医疗卫生机构床位	张	2510	1532	1531	3274	1041
提供住宿的民政服务机构	个	2	12	8	31	1
提供住宿的民政服务机构床位数	张	814	1214	1062	2319	100

2022年县(市)社会经济主要指标

黑龙江省

指　　标	单位	绥滨县	集贤县	友谊县	宝清县	饶河县
一、基本情况						
行政区域面积	平方公里	3344	2217	1696	9995	6598
乡	个	6	3	7	3	5
镇	个	3	5	4	7	4
街道办事处	个					
户籍人口	万人	17	29	10	39	13
二、综合经济						
地区生产总值	万元	613360	805783	446472	1411613	713373
第一产业增加值	万元	378258	325190	181262	866340	466009
第二产业增加值	万元	21151	121473	38505	159635	35474
第三产业增加值	万元	213952	359120	226705	385638	211890
地方一般公共预算收入	万元	21467	42088	13730	69263	21017
地方一般公共预算支出	万元	214753	285650	99548	431246	218547
住户存款余额	万元	906834	1657301	2237319	2125000	779910
年末金融机构各项贷款余额	万元	478788	664326	918212	1072344	450476
三、农业、工业和通讯						
设施农业种植占地面积	公顷	188	230	9	2020	109
油料产量	吨			5	95	
棉花产量	吨					
规模以上工业企业	个	13	26	18	36	11
固定电话用户	户	4366	6688	7568	43012	6160
四、教育、卫生和社会保障						
普通中学在校学生	人	4610	10179	6426	15296	4489
小学在校学生	人	4553	7802	3187	12927	5294
医疗卫生机构床位	张	875	1399	1053	2436	747
提供住宿的民政服务机构	个	3	4	2	4	2
提供住宿的民政服务机构床位数	张	409	660	334	520	120

2022年县(市)社会经济主要指标

黑龙江省

指　　标	单位	肇州县	肇源县	林甸县	杜尔伯特蒙古族自治县	嘉荫县
一、基本情况						
行政区域面积	平方公里	2446	4120	3504	6040	6739
乡	个	6	8	3	6	5
镇	个	6	8	5	5	4
街道办事处	个					
户籍人口	万人	41	42	24	23	7
二、综合经济						
地区生产总值	万元	1715594	1429450	1010346	1223672	293725
第一产业增加值	万元	573501	567141	354717	474004	170014
第二产业增加值	万元	591603	337958	250992	248757	11722
第三产业增加值	万元	550491	524351	404636	500911	111989
地方一般公共预算收入	万元	30115	31615	29885	28178	13878
地方一般公共预算支出	万元	293815	344833	272577	272979	203152
住户存款余额	万元	1603104	1748583	1149674	1079100	445004
年末金融机构各项贷款余额	万元	667841	587346	1147978	637700	253254
三、农业、工业和通讯						
设施农业种植占地面积	公顷	437	1031	1050	960	26
油料产量	吨	1364	81032		28194	8
棉花产量	吨					
规模以上工业企业	个	37	92	34	42	3
固定电话用户	户	13660	16004	6687	7001	4622
四、教育、卫生和社会保障						
普通中学在校学生	人	17978	20404	9306	13006	1861
小学在校学生	人	9730	10202	7181	7554	2159
医疗卫生机构床位	张	1691	1531	1147	938	394
提供住宿的民政服务机构	个	20	1	3	4	4
提供住宿的民政服务机构床位数	张	1735	300	310	180	243

2022年县(市)社会经济主要指标

黑龙江省

指　　标	单位	汤旺县	丰林县	大箐山县	南岔县	铁力市
一、基本情况						
行政区域面积	平方公里	2142	2971	3706	3084	3776
乡	个					3
镇	个	2	3	2	4	5
街道办事处	个					
户籍人口	万人	5	9	8	10	27
二、综合经济						
地区生产总值	万元	188434	260050	156941	210885	921706
第一产业增加值	万元	132925	149119	79771	55611	395160
第二产业增加值	万元	10694	25625	17383	39916	258101
第三产业增加值	万元	44815	85306	59787	115358	268445
地方一般公共预算收入	万元	2114	4216	3315	7646	38604
地方一般公共预算支出	万元	88306	141292	91268	135722	395998
住户存款余额	万元	300720	584068	525653	594185	2092710
年末金融机构各项贷款余额	万元	14986	33734	10129	28705	378976
三、农业、工业和通讯						
设施农业种植占地面积	公顷	7	58	30	60	248
油料产量	吨			109	2	
棉花产量	吨					
规模以上工业企业	个	3	11	4	6	20
固定电话用户	户	8289	6016	1320	8300	9067
四、教育、卫生和社会保障						
普通中学在校学生	人	327	550	521	2008	6972
小学在校学生	人	614	1036	846	1627	7574
医疗卫生机构床位	张	220	309	277	1053	1924
提供住宿的民政服务机构	个	3	8	8	3	3
提供住宿的民政服务机构床位数	张	158	662	314	710	461

2022年县(市)社会经济主要指标

黑龙江省

指　　标	单位	桦南县	桦川县	汤原县	同江市	富锦市
一、基本情况						
行政区域面积	平方公里	4418	2228	3420	6229	8224
乡	个	5	4	6	4	
镇	个	7	5	4	6	11
街道办事处	个				2	2
户籍人口	万人	39	20	23	17	44
二、综合经济						
地区生产总值	万元	1396842	720195	747236	1147368	1821512
第一产业增加值	万元	710601	470897	428736	697869	735255
第二产业增加值	万元	272099	61949	108218	59991	206274
第三产业增加值	万元	414142	187349	210282	389508	879983
地方一般公共预算收入	万元	51749	21843	40392	42221	107081
地方一般公共预算支出	万元	472632	323830	323714	343139	582442
住户存款余额	万元	1711528	837402	1078796	781456	2020000
年末金融机构各项贷款余额	万元	625420	1825851	762383	1224052	7439000
三、农业、工业和通讯						
设施农业种植占地面积	公顷	345	78	278	37	870
油料产量	吨	380			3	26
棉花产量	吨					
规模以上工业企业	个	48	47	43	35	73
固定电话用户	户	4038	5680	2684	8536	12729
四、教育、卫生和社会保障						
普通中学在校学生	人	12904	6740	6692	6808	24587
小学在校学生	人	10040	5284	5883	8352	16696
医疗卫生机构床位	张	1966	1041	965	679	2520
提供住宿的民政服务机构	个	2	4	2	2	10
提供住宿的民政服务机构床位数	张	330	376	218	260	761

2022年县(市)社会经济主要指标

黑龙江省

指　　标	单位	抚远市	勃利县	林口县	绥芬河市	海林市
一、基本情况						
行政区域面积	平方公里	6041	2390	6638	422	8712
乡	个	3	5			
镇	个	7	5	11	2	8
街道办事处	个					
户籍人口	万人	8	27	32	7	34
二、综合经济						
地区生产总值	万元	795513	674491	781612	608460	1299395
第一产业增加值	万元	577377	230971	333000	16194	350247
第二产业增加值	万元	12982	185400	78545	76515	252649
第三产业增加值	万元	205154	258120	370067	515751	696499
地方一般公共预算收入	万元	32792	28150	38442	53689	43859
地方一般公共预算支出	万元	276894	339823	297601	235321	290820
住户存款余额	万元	571382	1420306	1428672	1550575	2179252
年末金融机构各项贷款余额	万元	487367	1096934	368029	457717	545265
三、农业、工业和通讯						
设施农业种植占地面积	公顷	125	175	713	30	963
油料产量	吨		224	1601	107	1091
棉花产量	吨					
规模以上工业企业	个	10	26	21	77	41
固定电话用户	户	5142	64563	18680	11363	26300
四、教育、卫生和社会保障						
普通中学在校学生	人	3775	9656	9957	5662	10480
小学在校学生	人	4569	7094	8028	5875	9366
医疗卫生机构床位	张	387	962	1437	555	1843
提供住宿的民政服务机构	个	1	4	18	2	2
提供住宿的民政服务机构床位数	张	8	532	1484	320	400

2022年县(市)社会经济主要指标

黑龙江省

指　　标	单位	宁安市	穆棱市	东宁市	逊克县	孙吴县
一、基本情况						
行政区域面积	平方公里	7201	6041	7117	17027	4314
乡	个	4	2		6	9
镇	个	8	6	6	3	2
街道办事处	个					
户籍人口	万人	40	25	20	9	8
二、综合经济						
地区生产总值	万元	1309681	1441624	809180	462725	245572
第一产业增加值	万元	699253	369268	312152	229245	101438
第二产业增加值	万元	78334	551830	172322	117162	14146
第三产业增加值	万元	532094	520526	324706	116318	129988
地方一般公共预算收入	万元	56635	57534	28105	47885	22981
地方一般公共预算支出	万元	332325	318500	284666	279674	207233
住户存款余额	万元	2217701	1469846	1922035	663001	585553
年末金融机构各项贷款余额	万元	481340	399026	647672	262760	189934
三、农业、工业和通讯						
设施农业种植占地面积	公顷	2097	582	519	23	
油料产量	吨	3470	10268	3820	2	104
棉花产量	吨					
规模以上工业企业	个	36	48	29	8	10
固定电话用户	户	8606	20370	24857	4945	17086
四、教育、卫生和社会保障						
普通中学在校学生	人	12656	9054	8020	2922	3352
小学在校学生	人	11060	7595	8828	3055	3322
医疗卫生机构床位	张	1620	954	998	401	460
提供住宿的民政服务机构	个	1	8	1	4	1
提供住宿的民政服务机构床位数	张	190	1051	290	320	150

2022年县(市)社会经济主要指标

黑龙江省

指　　标	单位	北安市	五大连池市	嫩江市	望奎县	兰西县
一、基本情况						
行政区域面积	平方公里	7194	8745	15211	2316	2484
乡	个	4	3	5	5	6
镇	个	5	8	9	10	9
街道办事处	个	6	1		4	
户籍人口	万人	40	32	44	43	47
二、综合经济						
地区生产总值	万元	1351198	1166579	2558595	808950	813784
第一产业增加值	万元	386175	656205	1281945	417922	448276
第二产业增加值	万元	166644	75244	371420	74514	62686
第三产业增加值	万元	798379	435130	905230	316514	302822
地方一般公共预算收入	万元	63627	40046	107927	32689	48756
地方一般公共预算支出	万元	493748	464373	618411	419536	366474
住户存款余额	万元	2658751	1652542	2659914	1626714	1435022
年末金融机构各项贷款余额	万元	1522324	459459	1158500	698302	580243
三、农业、工业和通讯						
设施农业种植占地面积	公顷	239	32	49	386	542
油料产量	吨		31	36		750
棉花产量	吨					
规模以上工业企业	个	31	17	22	18	21
固定电话用户	户	31170	8157	42712	27247	11560
四、教育、卫生和社会保障						
普通中学在校学生	人	14420	8497	16895	17661	16401
小学在校学生	人	9887	7868	13398	8743	9221
医疗卫生机构床位	张	3009	1398	2630	1812	1486
提供住宿的民政服务机构	个	4	2	2	1	2
提供住宿的民政服务机构床位数	张	586	446	292	640	1509

2022年县(市)社会经济主要指标

黑龙江省

指　　标	单位	青冈县	庆安县	明水县	绥棱县	安达市
一、基本情况						
行政区域面积	平方公里	2685	5467	2308	4311	3586
乡	个	3	6	6	5	1
镇	个	12	8	6	6	13
街道办事处	个		5	4		
户籍人口	万人	42	35	32	28	43
二、综合经济						
地区生产总值	万元	893835	957523	565224	601356	1875582
第一产业增加值	万元	492368	556740	328728	367437	401041
第二产业增加值	万元	151994	127896	54929	31487	291213
第三产业增加值	万元	249473	272887	181567	202432	1183328
地方一般公共预算收入	万元	26951	37116	16517	36233	62162
地方一般公共预算支出	万元	446494	366934	306159	326048	310212
住户存款余额	万元	1497292	1750731	1136346	1566958	2315849
年末金融机构各项贷款余额	万元	628361	685292	382174	579980	1281490
三、农业、工业和通讯						
设施农业种植占地面积	公顷	376	280	459	628	278
油料产量	吨					
棉花产量	吨					
规模以上工业企业	个	43	42	23	20	68
固定电话用户	户	29351	27926	24835	19050	15200
四、教育、卫生和社会保障						
普通中学在校学生	人	18733	12279	9924	11863	15858
小学在校学生	人	9211	6824	6643	6063	10276
医疗卫生机构床位	张	1465	946	1673	1143	1652
提供住宿的民政服务机构	个	2	3	4	2	4
提供住宿的民政服务机构床位数	张	1040	415	895	420	870

2022年县(市)社会经济主要指标

黑龙江省

指　　标	单位	肇东市	海伦市	漠河市	呼玛县	塔河县
一、基本情况						
行政区域面积	平方公里	4323	4642	18428	14205	14064
乡	个	9	7		6	3
镇	个	12	16	6	2	4
街道办事处	个	4				
户籍人口	万人	83	74	6	4	7
二、综合经济						
地区生产总值	万元	2291520	1372422	467319	191954	251406
第一产业增加值	万元	1052158	893339	117928	90204	123131
第二产业增加值	万元	358600	57189	221907	6984	27092
第三产业增加值	万元	880762	421894	127484	94766	101183
地方一般公共预算收入	万元	72328	42958	46388	16088	8105
地方一般公共预算支出	万元	505409	591003	153281	176029	134164
住户存款余额	万元	3623314	2797000	498314	307205	629852
年末金融机构各项贷款余额	万元	1937628	1713000	318665	139573	239700
三、农业、工业和通讯						
设施农业种植占地面积	公顷	1062	840	27	7	60
油料产量	吨	158				
棉花产量	吨					
规模以上工业企业	个	42	37	8	3	4
固定电话用户	户	65432	118220	2896	3695	18850
四、教育、卫生和社会保障						
普通中学在校学生	人	35193	25583	1339	1346	1058
小学在校学生	人	20540	13094	1558	1279	1157
医疗卫生机构床位	张	3171	3926	239	247	404
提供住宿的民政服务机构	个	2	5	1	1	1
提供住宿的民政服务机构床位数	张	482	2995	117	70	50

2022年县(市)社会经济主要指标

上海市、江苏省

指　　标	单位	奉贤区	崇明区	浦口区	江宁区	六合区
一、基本情况						
行政区域面积	平方公里	721	1413	698	1563	1295
乡	个		2			
镇	个	8	16			1
街道办事处	个	3		5	10	8
户籍人口	万人	56	67	35	127	68
二、综合经济						
地区生产总值	万元	13711100	4041600	5121300	30005500	5945900
第一产业增加值	万元	89300	242500	484900	746900	727600
第二产业增加值	万元	8821300	961500	1815700	16597900	2306500
第三产业增加值	万元	4800500	2837600	2820700	12660700	2911800
地方一般公共预算收入	万元	2224845	1218788	602768	2029631	457799
地方一般公共预算支出	万元	3367887	3167345	1084092	2514485	936754
住户存款余额	万元	15130000	9959098	11268300	17787100	9004900
年末金融机构各项贷款余额	万元	16710000	7907764	34453900	32252600	16341900
三、农业、工业和通讯						
设施农业种植占地面积	公顷	2390	1142	6481	12247	14920
油料产量	吨	100	814	3419	11467	14627
棉花产量	吨		5		51	
规模以上工业企业	个	1178	129	282	1198	417
固定电话用户	户	196535	179656	98500	193900	46800
四、教育、卫生和社会保障						
普通中学在校学生	人	20299	15743	28278	51550	34034
小学在校学生	人	38569	14808	69147	112003	53280
医疗卫生机构床位	张	5343	3755	2283	10270	2187
提供住宿的民政服务机构	个	37	52	15	59	29
提供住宿的民政服务机构床位数	张	7129	8230	2451	7354	3817

2022年县(市)社会经济主要指标

江苏省

指　　标	单位	溧水区	高淳区	锡山区	江阴市	宜兴市
一、基本情况						
行政区域面积	平方公里	1064	790	399	987	1997
乡	个					
镇	个	3	2	4	10	13
街道办事处	个	5	6	5	7	5
户籍人口	万人	46	45	51	127	107
二、综合经济						
地区生产总值	万元	10340100	5767100	12119900	47541800	22367200
第一产业增加值	万元	537400	505400	169800	396000	561000
第二产业增加值	万元	5444600	2514700	6342000	24736300	11769000
第三产业增加值	万元	4358100	2747000	5608100	22409500	10037200
地方一般公共预算收入	万元	573130	388008	1117521	2268272	1317220
地方一般公共预算支出	万元	1037190	821815	1167516	2445949	1888832
住户存款余额	万元	4963000	4047800		21348800	18196600
年末金融机构各项贷款余额	万元	13680500	8080500		42045500	25991400
三、农业、工业和通讯						
设施农业种植占地面积	公顷	11350	5279	686	2209	2300
油料产量	吨	9186	10994	1042	2046	4516
棉花产量	吨	208	31			
规模以上工业企业	个	672	289	1115	2459	1492
固定电话用户	户	40600	29500		207362	187810
四、教育、卫生和社会保障						
普通中学在校学生	人	19332	17042	31968	67909	45222
小学在校学生	人	30441	25202	56393	109543	74574
医疗卫生机构床位	张	2439	2911	3480	9337	7692
提供住宿的民政服务机构	个	22	16	15	25	37
提供住宿的民政服务机构床位数	张	3827	3635	3558	8861	11993

2022年县(市)社会经济主要指标

江苏省

指　　标	单位	铜山区	丰　县	沛　县	睢宁县	新沂市
一、基本情况						
行政区域面积	平方公里	1764	1450	1806	1769	1592
乡	个					
镇	个	17	12	13	15	13
街道办事处	个	9	3	4	3	5
户籍人口	万人	122	119	127	139	110
二、综合经济						
地区生产总值	万元	13074000	5406800	10122200	6825600	8263300
第一产业增加值	万元	1096700	1031700	1282800	1172900	965700
第二产业增加值	万元	6569900	2069500	4502500	2687800	3222400
第三产业增加值	万元	5407400	2305600	4336900	2964900	4075200
地方一般公共预算收入	万元	539274	332543	500149	422491	460698
地方一般公共预算支出	万元	1135366	866640	1284980	1085511	1060042
住户存款余额	万元		4965073	5888922	5566631	4159567
年末金融机构各项贷款余额	万元		5545296	6516116	6807094	7317631
三、农业、工业和通讯						
设施农业种植占地面积	公顷	23333	8400	13243	11438	22956
油料产量	吨	5150	6344	3349	28954	55877
棉花产量	吨		4665			
规模以上工业企业	个	456	290	434	335	401
固定电话用户	户	75154	55698	62974	72969	66112
四、教育、卫生和社会保障						
普通中学在校学生	人	84423	68447	79606	82251	89813
小学在校学生	人	105721	82974	100052	105062	93936
医疗卫生机构床位	张	6041	4473	6866	5206	4623
提供住宿的民政服务机构	个	42	18	21	26	20
提供住宿的民政服务机构床位数	张	6020	5103	4384	5920	4375

2022年县(市)社会经济主要指标

江苏省

指　　标	单位	邳州市	武进区	金坛区	溧阳市	吴中区
一、基本情况						
行政区域面积	平方公里	2085	1065	976	1535	2232
乡	个					
镇	个	21	11	6	9	7
街道办事处	个	4	5	3	3	7
户籍人口	万人	191	100	54	78	77
二、综合经济						
地区生产总值	万元	11571600	31019700	12164000	14162200	15901700
第一产业增加值	万元	1719900	411800	434900	574800	176700
第二产业增加值	万元	4519200	16857900	6692000	7675800	7371500
第三产业增加值	万元	5332500	13750000	5037100	5911600	8353500
地方一般公共预算收入	万元	432799	2039309	512698	810916	2103973
地方一般公共预算支出	万元	1252970	2074633	904844	1276760	2147488
住户存款余额	万元	6762286		6877700	10736360	
年末金融机构各项贷款余额	万元	9386676		15801600	16123072	
三、农业、工业和通讯						
设施农业种植占地面积	公顷	22490	7885	7470	11937	804
油料产量	吨	10970	850	3506	22119	34
棉花产量	吨				56	
规模以上工业企业	个	508	2532	694	692	1206
固定电话用户	户	80947	202244	122855	136449	
四、教育、卫生和社会保障						
普通中学在校学生	人	145019	64356	22062	30444	42566
小学在校学生	人	141328	114062	31417	43962	98345
医疗卫生机构床位	张	8557	9086	3252	4306	7184
提供住宿的民政服务机构	个	29	24	23	20	27
提供住宿的民政服务机构床位数	张	7489	7165	3300	3442	6438

2022年县(市)社会经济主要指标

江苏省

指　　标	单位	吴江区	常熟市	张家港市	昆山市	太仓市
一、基本情况						
行政区域面积	平方公里	1237	1276	987	932	810
乡	个					
镇	个	7	8	7	10	6
街道办事处	个	4	6	3		2
户籍人口	万人	91	106	93	120	53
二、综合经济						
地区生产总值	万元	23319700	27739700	33023900	50066600	16535700
第一产业增加值	万元	379000	414500	306000	309900	242100
第二产业增加值	万元	12194100	14027400	16711100	26144200	8121200
第三产业增加值	万元	10746600	13297800	16006800	23612500	8172400
地方一般公共预算收入	万元	2260614	2200023	2190735	4301800	1778188
地方一般公共预算支出	万元	3469575	2878378	2301534	3789943	1789233
住户存款余额	万元	18460934	23250971	20771510	24567771	10512215
年末金融机构各项贷款余额	万元	48785840	41107731	40865791	58547820	25839402
三、农业、工业和通讯						
设施农业种植占地面积	公顷	1230	2841	4721	649	847
油料产量	吨	376	2001	2275	453	1167
棉花产量	吨		45			6
规模以上工业企业	个	1902	1792	1550	2659	1226
固定电话用户	户	175471	227692	173110	308753	121417
四、教育、卫生和社会保障						
普通中学在校学生	人	56654	52875	57075	84737	28633
小学在校学生	人	108637	94316	100562	179345	54444
医疗卫生机构床位	张	7949	11511	10321	8536	4697
提供住宿的民政服务机构	个	20	34	22	17	19
提供住宿的民政服务机构床位数	张	6427	8537	7442	4049	4289

2022年县(市)社会经济主要指标

江苏省

指　　标	单位	通州区	海门区	如东县	启东市	如皋市
一、基本情况						
行政区域面积	平方公里	1565	1144	2781	1681	1574
乡	个					
镇	个	12	9	12	12	11
街道办事处	个	4	3	3		3
户籍人口	万人	124	98	98	108	139
二、综合经济						
地区生产总值	万元	16391900	16216900	13146100	13911300	14793100
第一产业增加值	万元	704300	763600	1015200	929600	866900
第二产业增加值	万元	8486700	7992200	6374500	6858700	7417900
第三产业增加值	万元	7200900	7461100	5756400	6123000	6508300
地方一般公共预算收入	万元	752222	561652	527214	671570	735044
地方一般公共预算支出	万元	1518331	1274411	1539440	1262612	1359708
住户存款余额	万元	15874470	14923325	11816605	14496622	13834014
年末金融机构各项贷款余额	万元	15457088	17704321	15848754	17011672	18131394
三、农业、工业和通讯						
设施农业种植占地面积	公顷	5389	12750	2249	3102	3699
油料产量	吨	42751	50067	25001	49138	29150
棉花产量	吨	26	473	36	45	8
规模以上工业企业	个	1028	850	934	719	966
固定电话用户	户			75011	104400	156100
四、教育、卫生和社会保障						
普通中学在校学生	人	37759	37493	25481	28744	51249
小学在校学生	人	58669	51471	30245	40609	70436
医疗卫生机构床位	张	6897	5037	4074	4608	7022
提供住宿的民政服务机构	个	38	71	35	51	37
提供住宿的民政服务机构床位数	张	8662	10446	7307	7606	8844

2022年县(市)社会经济主要指标

江苏省

指　　标	单位	海安市	赣榆区	东海县	灌云县	灌南县
一、基本情况						
行政区域面积	平方公里	1184	1517	2037	1529	1028
乡	个			6		
镇	个	9	15	11	12	11
街道办事处	个	4		2	1	
户籍人口	万人	90	118	124	101	81
二、综合经济						
地区生产总值	万元	13797600	7274300	6844900	4514800	4804200
第一产业增加值	万元	797100	1164000	986000	874000	729000
第二产业增加值	万元	7533100	3102600	2973500	1669700	2284700
第三产业增加值	万元	5467400	3007700	2885400	1971100	1790500
地方一般公共预算收入	万元	660203	334903	300280	237754	236147
地方一般公共预算支出	万元	1404585	917898	787198	692260	579008
住户存款余额	万元	13103783	4782880	4617375	3008651	2298353
年末金融机构各项贷款余额	万元	18649032	7485855	6559871	4835876	4224179
三、农业、工业和通讯						
设施农业种植占地面积	公顷	2795	17547	27467	22160	6352
油料产量	吨	14226	49500	50843	1677	2778
棉花产量	吨		5			
规模以上工业企业	个	1176	295	338	137	145
固定电话用户	户	154437	110976	71089	61333	52347
四、教育、卫生和社会保障						
普通中学在校学生	人	27136	83368	92461	52970	46604
小学在校学生	人	38849	96867	106842	59564	52881
医疗卫生机构床位	张	6635	6234	5068	4449	4105
提供住宿的民政服务机构	个	35	18	27	30	25
提供住宿的民政服务机构床位数	张	6899	1941	3401	2458	2339

2022年县(市)社会经济主要指标

江苏省

指　　标	单位	淮安区	淮阴区	洪泽区	涟水县	盱眙县
一、基本情况						
行政区域面积	平方公里	1452	1307	1273	1679	2497
乡	个					
镇	个	13	9	6	12	10
街道办事处	个	3	4	3	4	3
户籍人口	万人	112	87	35	108	78
二、综合经济						
地区生产总值	万元	7511400	6583400	4121100	7003700	5250800
第一产业增加值	万元	845100	809800	480500	783300	818700
第二产业增加值	万元	3239800	2755600	1724500	3141500	2031400
第三产业增加值	万元	3426500	3018000	1916100	3078900	2400700
地方一般公共预算收入	万元	348824	319934	238983	300184	204680
地方一般公共预算支出	万元	918813	821345	619548	789856	702315
住户存款余额	万元			2030636	3922546	3680255
年末金融机构各项贷款余额	万元			3832239	5153532	5843144
三、农业、工业和通讯						
设施农业种植占地面积	公顷	1058	17633	313	12490	7668
油料产量	吨	6268	9329	1729	29015	7696
棉花产量	吨					2
规模以上工业企业	个	267	252	241	263	263
固定电话用户	户	64196	60281	23048	66588	49147
四、教育、卫生和社会保障						
普通中学在校学生	人	46914	45598	13252	54826	43273
小学在校学生	人	54813	55013	15756	65666	45732
医疗卫生机构床位	张	4739	8545	1313	4816	3866
提供住宿的民政服务机构	个	38	30	30	37	42
提供住宿的民政服务机构床位数	张	5183	2920	2196	4956	6745

2022年县(市)社会经济主要指标

江苏省

指　　标	单位	金湖县	盐都区	大丰区	响水县	滨海县
一、基本情况						
行政区域面积	平方公里	1378	1050	3488	1470	1921
乡	个					
镇	个	5	8	11	8	11
街道办事处	个	3	4	2		3
户籍人口	万人	34	70	69	61	118
二、综合经济						
地区生产总值	万元	4115100	7148100	8166400	4805400	6059400
第一产业增加值	万元	529500	628800	1212200	636600	828900
第二产业增加值	万元	1746200	3216400	2799400	2222800	2446600
第三产业增加值	万元	1839400	3302900	4154800	1946000	2783900
地方一般公共预算收入	万元	272803	428238	581616	253463	289589
地方一般公共预算支出	万元	615814	907718	1138229	700605	1107474
住户存款余额	万元	2908812		7328978	2429690	4440677
年末金融机构各项贷款余额	万元	4157669		11314344	3776088	6595790
三、农业、工业和通讯						
设施农业种植占地面积	公顷	400	6009	18081	11000	9024
油料产量	吨	5186	6350	26726	11461	15125
棉花产量	吨			25		
规模以上工业企业	个	357	355	557	238	251
固定电话用户	户	23414		49108	22200	42200
四、教育、卫生和社会保障						
普通中学在校学生	人	9460	21152	20961	35673	62396
小学在校学生	人	14427	33944	27433	39631	61494
医疗卫生机构床位	张	1596	5141	3832	2827	4712
提供住宿的民政服务机构	个	18	17	24	20	22
提供住宿的民政服务机构床位数	张	2512	4170	4021	2360	4631

2022年县(市)社会经济主要指标

江苏省

指　　标	单位	阜宁县	射阳县	建湖县	东台市	邗江区
一、基本情况						
行政区域面积	平方公里	1439	2573	1157	3558	553
乡	个					
镇	个	13	13	11	14	6
街道办事处	个	4		3		8
户籍人口	万人	107	92	74	104	65
二、综合经济						
地区生产总值	万元	7001700	7096700	7104000	10505200	12466500
第一产业增加值	万元	825700	1181400	608300	1573500	235300
第二产业增加值	万元	2932300	2605100	3029600	3816500	5052700
第三产业增加值	万元	3243700	3310200	3466100	5115200	7178500
地方一般公共预算收入	万元	305023	307600	376518	606007	532805
地方一般公共预算支出	万元	1008322	1012447	1154861	1398148	895241
住户存款余额	万元	5587779	6009378	5612124	10027789	
年末金融机构各项贷款余额	万元	5058975	7110770	6031880	9922104	
三、农业、工业和通讯						
设施农业种植占地面积	公顷	11045	23116	11137	41093	3000
油料产量	吨	11216	15272	13502	32419	1842
棉花产量	吨		5		95	
规模以上工业企业	个	343	481	497	661	525
固定电话用户	户	40293	51453	38119	66795	185481
四、教育、卫生和社会保障						
普通中学在校学生	人	49347	38413	29443	29637	22297
小学在校学生	人	60503	42637	33756	37295	54949
医疗卫生机构床位	张	5160	4588	3495	5832	5948
提供住宿的民政服务机构	个	24	29	19	30	16
提供住宿的民政服务机构床位数	张	5072	5295	2723	6366	1840

2022年县(市)社会经济主要指标

江苏省

指　　标	单位	江都区	宝应县	仪征市	高邮市	丹徒区
一、基本情况						
行政区域面积	平方公里	1329	1462	902	1922	617
乡	个				1	
镇	个	13	14	9	10	6
街道办事处	个				2	2
户籍人口	万人	101	85	54	78	29
二、综合经济						
地区生产总值	万元	12560200	8816500	10029300	10148100	4723500
第一产业增加值	万元	770700	935400	245100	960800	241100
第二产业增加值	万元	6499300	4341800	5258500	5093100	2465100
第三产业增加值	万元	5290200	3539300	4525700	4094200	2017300
地方一般公共预算收入	万元	558692	244783	466517	400919	231539
地方一般公共预算支出	万元	1113803	1000725	720619	947609	408900
住户存款余额	万元	11173164	5454015	5666401	6942094	
年末金融机构各项贷款余额	万元	12665235	6461091	7917134	8487880	
三、农业、工业和通讯						
设施农业种植占地面积	公顷	15736	5632	8676	6609	1010
油料产量	吨	11998	13732	6727	15530	8420
棉花产量	吨					
规模以上工业企业	个	828	624	590	744	290
固定电话用户	户	180945	98873	104511	120680	
四、教育、卫生和社会保障						
普通中学在校学生	人	33562	28939	19163	23016	11120
小学在校学生	人	40159	32691	25364	29650	15158
医疗卫生机构床位	张	5149	3609	3043	3832	1204
提供住宿的民政服务机构	个	21	22	19	12	22
提供住宿的民政服务机构床位数	张	5163	4472	4288	4959	1654

2022年县(市)社会经济主要指标

江苏省

指　　标	单位	丹阳市	扬中市	句容市	姜堰区	兴化市
一、基本情况						
行政区域面积	平方公里	1047	327	1378	858	2395
乡	个					1
镇	个	10	4	8	9	22
街道办事处	个	2	2	3	4	3
户籍人口	万人	79	28	58	72	149
二、综合经济						
地区生产总值	万元	14078800	5859900	7546200	8373400	10851900
第一产业增加值	万元	551500	184700	571600	524900	1484700
第二产业增加值	万元	7530400	3179900	3409600	3908600	4249600
第三产业增加值	万元	5996900	2495300	3565000	3939900	5117600
地方一般公共预算收入	万元	719302	361516	398162	412864	480194
地方一般公共预算支出	万元	1120558	612198	799999	786487	1290611
住户存款余额	万元	10931216	5090771	6053093	8502190	10180957
年末金融机构各项贷款余额	万元	17022209	8787969	15548251	11147257	10849965
三、农业、工业和通讯						
设施农业种植占地面积	公顷	3342	932	12311	7940	16713
油料产量	吨	6916	2169	19919	18872	29902
棉花产量	吨					
规模以上工业企业	个	912	485	304	578	777
固定电话用户	户	104509	62705	77308	72025	106389
四、教育、卫生和社会保障						
普通中学在校学生	人	39552	11268	20679	30936	50316
小学在校学生	人	56472	17184	31111	35805	58470
医疗卫生机构床位	张	4016	1549	2363	4209	6894
提供住宿的民政服务机构	个	45	32	23	21	36
提供住宿的民政服务机构床位数	张	4245	3295	4142	2083	6509

2022年县(市)社会经济主要指标

江苏省

指　　标	单位	靖江市	泰兴市	宿豫区	沭阳县	泗阳县
一、基本情况						
行政区域面积	平方公里	656	1170	1188	2299	1378
乡	个		1	1	1	1
镇	个	8	13	5	23	9
街道办事处	个	1	3	4	6	3
户籍人口	万人	64	114	65	198	105
二、综合经济						
地区生产总值	万元	12261800	13666800	4302100	13084500	6763900
第一产业增加值	万元	273000	751800	395100	1154500	752600
第二产业增加值	万元	6802300	6988800	2007400	5794100	2993600
第三产业增加值	万元	5186500	5926200	1899600	6135900	3017700
地方一般公共预算收入	万元	679943	900135	350190	607067	300313
地方一般公共预算支出	万元	1034379	1281357	643092	1320900	863616
住户存款余额	万元	8984469	8747991		6895402	4234611
年末金融机构各项贷款余额	万元	14878338	14857394		10034306	8201994
三、农业、工业和通讯						
设施农业种植占地面积	公顷	5005	8386	423	26213	12719
油料产量	吨	5882	34375	971	19245	7358
棉花产量	吨					
规模以上工业企业	个	727	792	251	953	465
固定电话用户	户	117121	147289	21992	70866	51353
四、教育、卫生和社会保障						
普通中学在校学生	人	22574	39911	18983	134960	75123
小学在校学生	人	31811	49351	44891	179257	86679
医疗卫生机构床位	张	5079	5616	4222	9673	6024
提供住宿的民政服务机构	个	36	51	25	50	32
提供住宿的民政服务机构床位数	张	2948	7052	3536	6317	4840

2022年县(市)社会经济主要指标

江苏省、浙江省

指　　标	单位	泗洪县	萧山区	余杭区	富阳区	临安区
一、基本情况						
行政区域面积	平方公里	2694	1144	940	1821	3119
乡	个	4			6	
镇	个	12	12	5	13	13
街道办事处	个	3	10	7	5	5
户籍人口	万人	108	126	73	70	54
二、综合经济						
地区生产总值	万元	6518100	20639500	26512500	9173962	6723429
第一产业增加值	万元	939300	592900	418300	528340	469940
第二产业增加值	万元	2663100	8007300	3392500	4156937	3411137
第三产业增加值	万元	2915700	12039300	22701700	4488685	2842352
地方一般公共预算收入	万元	275706	3183090	3529300	917363	839885
地方一般公共预算支出	万元	1060842	3431276	3344900	1356922	1061760
住户存款余额	万元	4302402	29363600	12113100	8891900	6413794
年末金融机构各项贷款余额	万元	7198253	64076200	21329500	27293800	14615813
三、农业、工业和通讯						
设施农业种植占地面积	公顷	1500	1858	511	2264	182
油料产量	吨	16605	8682	2160	10433	5175
棉花产量	吨	17	48	5		
规模以上工业企业	个	497	1638	698	725	711
固定电话用户	户	32561	274000	115350	70300	
四、教育、卫生和社会保障						
普通中学在校学生	人	74019	63293	32716	35819	22789
小学在校学生	人	103314	114374	70501	47401	35171
医疗卫生机构床位	张	6574	10711	5965	4939	2972
提供住宿的民政服务机构	个	42	3	9	32	24
提供住宿的民政服务机构床位数	张	5306	696	861	3174	2588

2022年县(市)社会经济主要指标

浙江省

指　　标	单位	桐庐县	淳安县	建德市	鄞州区	奉化区
一、基本情况						
行政区域面积	平方公里	1829	4452	2314	814	1278
乡	个	4	12	1		
镇	个	6	11	12	10	4
街道办事处	个	4		3	15	8
户籍人口	万人	42	45	51	99	48
二、综合经济						
地区生产总值	万元	4314100	2695100	4335410	27347839	9072828
第一产业增加值	万元	276100	423600	409158	307279	359780
第二产业增加值	万元	2021700	712900	2196022	7511622	5473704
第三产业增加值	万元	2016300	1558600	1730230	19528938	3239344
地方一般公共预算收入	万元	414900	239200	520165	2795978	692970
地方一般公共预算支出	万元	751700	807100	785547	2697215	1073185
住户存款余额	万元	4999700	2844358	4594700		5784159
年末金融机构各项贷款余额	万元	9949800	4840800	8169500	134177225	13740017
三、农业、工业和通讯						
设施农业种植占地面积	公顷	632	2433	1481	1455	4162
油料产量	吨	7779	13608	18540	1961	1191
棉花产量	吨		91	25	21	
规模以上工业企业	个	396	94	415	1456	750
固定电话用户	户	70147	41929	74382	560000	
四、教育、卫生和社会保障						
普通中学在校学生	人	17399	12956	17538	38849	20468
小学在校学生	人	27070	16212	23765	99894	30949
医疗卫生机构床位	张	2625	2378	2912	9650	2726
提供住宿的民政服务机构	个	1	27	19	31	3
提供住宿的民政服务机构床位数	张	352	2663	2966	6288	500

2022年县(市)社会经济主要指标

浙江省

指　　标	单位	象山县	宁海县	余姚市	慈溪市	洞头区
一、基本情况						
行政区域面积	平方公里	1382	1843	1501	1361	155
乡	个	5	3	1		1
镇	个	10	11	14	14	1
街道办事处	个	3	4	6	5	6
户籍人口	万人	54	63	83	107	15
二、综合经济						
地区生产总值	万元	7200357	9007216	15135928	25215815	1371600
第一产业增加值	万元	984458	545151	537583	660105	77400
第二产业增加值	万元	2737481	4364870	8982721	15313454	539200
第三产业增加值	万元	3478418	4097195	5615624	9242256	755000
地方一般公共预算收入	万元	608166	624665	1207431	2047306	173125
地方一般公共预算支出	万元	1016696	1024918	1489567	2508550	482484
住户存款余额	万元	5163054	5220180	15250007	22344662	1250010
年末金融机构各项贷款余额	万元	13220003	15584235	22185111	36412497	2700339
三、农业、工业和通讯						
设施农业种植占地面积	公顷	5765	2733	6057	9902	4
油料产量	吨	3481	2333	5292	14877	622
棉花产量	吨	3	492	9	1325	
规模以上工业企业	个	690	733	1574	2096	107
固定电话用户	户	120982	111516	212100	223900	11664
四、教育、卫生和社会保障						
普通中学在校学生	人	24556	33176	42606	54666	4739
小学在校学生	人	34482	44104	75210	102748	7129
医疗卫生机构床位	张	2402	3038	3842	7098	912
提供住宿的民政服务机构	个	12	3	1	6	15
提供住宿的民政服务机构床位数	张	3008	1927	110	680	917

2022年县(市)社会经济主要指标

浙江省

指　　标	单位	永嘉县	平阳县	苍南县	文成县	泰顺县
一、基本情况						
行政区域面积	平方公里	2677	1036	1079	1296	1768
乡	个	4	2	2	5	7
镇	个	11	14	16	12	12
街道办事处	个	7				
户籍人口	万人	98	88	96	40	37
二、综合经济						
地区生产总值	万元	5166800	6464786	4275596	1265471	1439844
第一产业增加值	万元	192700	234361	311632	107244	113007
第二产业增加值	万元	2289900	3159597	1629263	326038	522956
第三产业增加值	万元	2684200	3070828	2334701	832189	803881
地方一般公共预算收入	万元	357557	367406	302661	107693	151032
地方一般公共预算支出	万元	992250	906311	893166	505858	597331
住户存款余额	万元	7678457	7171301	5255400	3855400	2356281
年末金融机构各项贷款余额	万元	12548944	11424296	10582207	3386700	2890284
三、农业、工业和通讯						
设施农业种植占地面积	公顷	870	879	3557	1887	952
油料产量	吨	5235	4164	1282	899	454
棉花产量	吨					
规模以上工业企业	个	653	686	396	58	56
固定电话用户	户	80820	53465	50300	13357	17319
四、教育、卫生和社会保障						
普通中学在校学生	人	42357	47484	48059	10982	14439
小学在校学生	人	56092	62213	61289	15041	19464
医疗卫生机构床位	张	3100	4096	4036	858	960
提供住宿的民政服务机构	个	15	29	13	6	8
提供住宿的民政服务机构床位数	张	1216	2678	1254	438	934

2022年县(市)社会经济主要指标

浙江省

指　　标	单位	瑞安市	乐清市	龙港市	嘉善县	海盐县
一、基本情况						
行政区域面积	平方公里	1342	1396	184	507	596
乡	个	2	3			
镇	个	9	14		6	5
街道办事处	个	12	8		3	4
户籍人口	万人	125	131	38	42	38
二、综合经济						
地区生产总值	万元	11978723	15019500	3701405	8634841	6398412
第一产业增加值	万元	290200	227900	96319	237343	203124
第二产业增加值	万元	5427805	6850700	1654150	5031904	3728667
第三产业增加值	万元	6260719	7940900	1950936	3365594	2466621
地方一般公共预算收入	万元	660057	834679	229129	804787	623726
地方一般公共预算支出	万元	1381805	1310793	380072	1099977	875482
住户存款余额	万元	17053474	16689940	2304349	7920830	5698805
年末金融机构各项贷款余额	万元	21531485	22482311	6983804	19505437	11862392
三、农业、工业和通讯						
设施农业种植占地面积	公顷	1845	2698	991	3080	2810
油料产量	吨	3672	2094	793	1641	811
棉花产量	吨				2	26
规模以上工业企业	个	1496	1844	389	906	767
固定电话用户	户	142420	165224	35474	76644	54200
四、教育、卫生和社会保障						
普通中学在校学生	人	58210	67137	21951	22121	17075
小学在校学生	人	93406	112861	37412	39055	27502
医疗卫生机构床位	张	5131	5783	1623	3284	2305
提供住宿的民政服务机构	个	41	29	4	4	8
提供住宿的民政服务机构床位数	张	2045	1895	225	1404	1483

2022年县(市)社会经济主要指标

浙江省

指　　标	单位	海宁市	平湖市	桐乡市	德清县	长兴县
一、基本情况						
行政区域面积	平方公里	863	557	727	938	1431
乡	个					2
镇	个	8	6	8	8	9
街道办事处	个	4	3	3	5	4
户籍人口	万人	72	52	72	44	64
二、综合经济						
地区生产总值	万元	12469972	9595832	12096750	6582070	8533656
第一产业增加值	万元	214146	164332	265846	279002	440236
第二产业增加值	万元	7247106	5859333	6099800	3806143	4362134
第三产业增加值	万元	5008720	3572167	5731104	2496925	3731286
地方一般公共预算收入	万元	950769	807227	1058401	798420	818826
地方一般公共预算支出	万元	1223033	1202117	1332611	1015680	1171722
住户存款余额	万元	12830137	7138533	11773283	6295925	6645578
年末金融机构各项贷款余额	万元	25253397	17053711	25897614	14830326	15162364
三、农业、工业和通讯						
设施农业种植占地面积	公顷	997	1769	5218	1392	8591
油料产量	吨	3202	1832	4217	1609	9334
棉花产量	吨	137	109	312	107	3
规模以上工业企业	个	1660	873	1316	932	965
固定电话用户	户	99483	80108	110200	83250	98426
四、教育、卫生和社会保障						
普通中学在校学生	人	30865	21970	31753	20754	28048
小学在校学生	人	55500	36773	58365	30069	38870
医疗卫生机构床位	张	4912	3052	4553	2457	4527
提供住宿的民政服务机构	个	17	14	19	32	25
提供住宿的民政服务机构床位数	张	3135	3164	3997	5303	2537

2022年县(市)社会经济主要指标

浙江省

指　　标	单位	安吉县	柯桥区	上虞区	新昌县	诸暨市
一、基本情况						
行政区域面积	平方公里	1886	1066	1362	1214	2311
乡	个	3		3	2	1
镇	个	8	5	10	6	17
街道办事处	个	4	11	7	4	5
户籍人口	万人	48	70	71	43	107
二、综合经济						
地区生产总值	万元	5823726	19013600	12417613	5647540	16588400
第一产业增加值	万元	300380	423478	563329	252298	575400
第二产业增加值	万元	2724709	9705671	6477064	2906280	8092800
第三产业增加值	万元	2798637	8884451	5377221	2488962	7920200
地方一般公共预算收入	万元	624837	1325910	910102	416516	902800
地方一般公共预算支出	万元	941874	1372737	1372878	710659	1233600
住户存款余额	万元	5253712	16589455	11238029	4377847	14656500
年末金融机构各项贷款余额	万元	14034872	32827202	18682013	9466000	22260200
三、农业、工业和通讯						
设施农业种植占地面积	公顷	2923	4446	8272	3378	5162
油料产量	吨	4528	3700	7869	9592	7343
棉花产量	吨		7	28	113	9
规模以上工业企业	个	601	1340	836	370	1243
固定电话用户	户	79752	190553	130157	55668	204283
四、教育、卫生和社会保障						
普通中学在校学生	人	24516	37470	28502	17697	68182
小学在校学生	人	35431	56993	40172	22023	72512
医疗卫生机构床位	张	2885	6415	4308	2532	8005
提供住宿的民政服务机构	个	30	15	17	16	31
提供住宿的民政服务机构床位数	张	3258	2219	2983	4329	5140

2022年县(市)社会经济主要指标

浙江省

指　　标	单位	嵊州市	武义县	浦江县	磐安县	兰溪市
一、基本情况						
行政区域面积	平方公里	1789	1568	918	1199	1312
乡	个	1	7	5	5	3
镇	个	10	8	7	7	7
街道办事处	个	4	3	3	2	6
户籍人口	万人	71	34	40	21	65
二、综合经济						
地区生产总值	万元	7110756	3205253	2747600	1335600	4650600
第一产业增加值	万元	449048	169525	117600	137100	276000
第二产业增加值	万元	3305243	1576622	1230500	529100	2423400
第三产业增加值	万元	3356465	1459106	1399500	669400	1951200
地方一般公共预算收入	万元	472840	331033	243761	137800	344951
地方一般公共预算支出	万元	1041889	609148	541578	434000	802597
住户存款余额	万元	7573295	4430255	4219457	1731600	5179500
年末金融机构各项贷款余额	万元	10781380	6553344	5386789	3110400	8722000
三、农业、工业和通讯						
设施农业种植占地面积	公顷	4826	1552	3539	1400	1273
油料产量	吨	4505	3964	3638	4422	15667
棉花产量	吨	38	3	62		961
规模以上工业企业	个	672	786	554	165	587
固定电话用户	户	70000	31098	33800	14298	47000
四、教育、卫生和社会保障						
普通中学在校学生	人	24513	16278	21960	10970	25397
小学在校学生	人	32892	33002	33285	10203	30088
医疗卫生机构床位	张	4052	2542	2484	1132	2601
提供住宿的民政服务机构	个	40	17	3	15	18
提供住宿的民政服务机构床位数	张	3271	1900	582	1282	2718

2022年县(市)社会经济主要指标

浙江省

指　　标	单位	义乌市	东阳市	永康市	衢江区	常山县
一、基本情况						
行政区域面积	平方公里	1105	1747	1047	1748	1099
乡	个		1		8	5
镇	个	6	11	11	10	6
街道办事处	个	8	6	3	2	3
户籍人口	万人	89	85	62	41	34
二、综合经济						
地区生产总值	万元	18355374	7613700	7253483	2910200	2006008
第一产业增加值	万元	269089	215200	97721	215100	91812
第二产业增加值	万元	6162779	3550600	3959767	1296500	905956
第三产业增加值	万元	11923505	3847900	3195995	1398600	1008240
地方一般公共预算收入	万元	1328995	816147	668606	147600	166087
地方一般公共预算支出	万元	1596897	1153382	917191	670439	679353
住户存款余额	万元	25108414	11653300	11138522	2402200	2234384
年末金融机构各项贷款余额	万元	44968588	16530400	14999684	4407700	3673012
三、农业、工业和通讯						
设施农业种植占地面积	公顷	910	5538	1455	1501	1132
油料产量	吨	4071	4950	802	12236	6888
棉花产量	吨		107			55
规模以上工业企业	个	823	623	1136	214	161
固定电话用户	户	220726	101300	70300	40120	51968
四、教育、卫生和社会保障						
普通中学在校学生	人	65264	48565	40365	14310	12547
小学在校学生	人	129345	78056	71131	19891	16048
医疗卫生机构床位	张	7135	5047	4373	1630	1557
提供住宿的民政服务机构	个	3	24	23	13	23
提供住宿的民政服务机构床位数	张	2886	6695	2576	1258	2096

2022年县(市)社会经济主要指标

浙江省

指　　标	单位	开化县	龙游县	江山市	岱山县	嵊泗县
一、基本情况						
行政区域面积	平方公里	2231	1143	2019	326	97
乡	个	6	7	5	1	4
镇	个	8	6	11	6	3
街道办事处	个		2	3		
户籍人口	万人	36	39	61	17	7
二、综合经济						
地区生产总值	万元	1813486	2986600	3812841	7536048	1300431
第一产业增加值	万元	147114	136700	251885	355324	408038
第二产业增加值	万元	694660	1310900	1653327	6097959	260518
第三产业增加值	万元	971712	1539000	1907629	1082766	631875
地方一般公共预算收入	万元	125073	275986	289696	200134	86706
地方一般公共预算支出	万元	783671	691627	880130	590725	373452
住户存款余额	万元	2156100	3186221	5017102	2127496	743222
年末金融机构各项贷款余额	万元	3607953	5495271	6862125	4328854	1211508
三、农业、工业和通讯						
设施农业种植占地面积	公顷	498	1400	2244	118	8
油料产量	吨	11685	15379	13428	942	
棉花产量	吨	2	29	193		
规模以上工业企业	个	95	286	385	72	13
固定电话用户	户	29800	44106	56402	31167	13099
四、教育、卫生和社会保障						
普通中学在校学生	人	13100	14800	24809	4314	1740
小学在校学生	人	14802	18401	30038	6184	1969
医疗卫生机构床位	张	1838	1855	3278	593	293
提供住宿的民政服务机构	个	12	30	42	19	8
提供住宿的民政服务机构床位数	张	2406	2420	4767	2190	434

2022年县(市)社会经济主要指标

浙江省

指　　标	单位	三门县	天台县	仙居县	温岭市	临海市
一、基本情况						
行政区域面积	平方公里	1510	1432	2000	1074	2251
乡	个	1	5	10		
镇	个	6	7	7	11	14
街道办事处	个	3	3	3	5	5
户籍人口	万人	44	60	52	121	120
二、综合经济						
地区生产总值	万元	3326306	3510780	3001228	13067614	8785207
第一产业增加值	万元	405736	178199	189896	942129	592420
第二产业增加值	万元	1542209	1393961	1233100	5694700	3961610
第三产业增加值	万元	1378361	1938620	1578232	6430785	4231177
地方一般公共预算收入	万元	320589	247958	186522	813380	621134
地方一般公共预算支出	万元	748942	773978	603935	1187032	1225979
住户存款余额	万元	2842669	4190034	4428779	17063309	11145815
年末金融机构各项贷款余额	万元	7751950	7554011	6768053	26738894	18390028
三、农业、工业和通讯						
设施农业种植占地面积	公顷	4650	3602	1164	8802	2491
油料产量	吨	1090	4611	3913	843	1854
棉花产量	吨	98	50		35	10
规模以上工业企业	个	282	222	230	1274	641
固定电话用户	户	41450	53166	43404	151761	108953
四、教育、卫生和社会保障						
普通中学在校学生	人	21731	28831	27573	55839	56372
小学在校学生	人	24945	29115	26811	83228	68797
医疗卫生机构床位	张	1451	1451	2426	6704	7640
提供住宿的民政服务机构	个	2	3	4	1	2
提供住宿的民政服务机构床位数	张	79	412	623	92	933

2022年县(市)社会经济主要指标

浙江省

指　　标	单位	玉环市	青田县	缙云县	遂昌县	松阳县
一、基本情况						
行政区域面积	平方公里	510	2477	1494	2540	1401
乡	个	2	18	8	11	11
镇	个	6	10	7	7	5
街道办事处	个	3	4	3	2	3
户籍人口	万人	44	57	47	23	24
二、综合经济						
地区生产总值	万元	7316014	2793949	3015093	1727521	1429773
第一产业增加值	万元	452866	116994	136322	143525	149753
第二产业增加值	万元	3910306	1058286	1469103	724916	594615
第三产业增加值	万元	2952843	1618669	1409668	859080	685405
地方一般公共预算收入	万元	503800	221595	213525	152783	100288
地方一般公共预算支出	万元	789933	765260	741948	600299	544672
住户存款余额	万元	7315347	8057295	3321025	1860038	1900800
年末金融机构各项贷款余额	万元	10347287	5336353	4953160	3346478	2517463
三、农业、工业和通讯						
设施农业种植占地面积	公顷	1683	681	2782	477	2378
油料产量	吨	1393	1205	1342	1413	941
棉花产量	吨	2	7	2		
规模以上工业企业	个	1061	221	285	123	114
固定电话用户	户	116949	35386	35268	13387	17644
四、教育、卫生和社会保障						
普通中学在校学生	人	26228	21790	23634	8705	9521
小学在校学生	人	43155	26372	26886	9455	11634
医疗卫生机构床位	张	2285	1741	2163	951	1259
提供住宿的民政服务机构	个	2	10	14	7	7
提供住宿的民政服务机构床位数	张	400	2360	1288	697	951

2022年县(市)社会经济主要指标

浙江省、安徽省

指标	单位	云和县	庆元县	景宁畲族自治县	龙泉市	长丰县
一、基本情况						
行政区域面积	平方公里	990	1898	1939	3045	1841
乡	个	3	10	15	7	2
镇	个	3	6	4	8	12
街道办事处	个	4	3	2	4	
户籍人口	万人	11	20	17	29	81
二、综合经济						
地区生产总值	万元	951435	926514	932382	1703200	8238349
第一产业增加值	万元	57116	81332	72831	180900	872608
第二产业增加值	万元	445964	319404	204893	596300	3935533
第三产业增加值	万元	448355	525778	654658	926000	3430208
地方一般公共预算收入	万元	88000	59136	158950	115400	549000
地方一般公共预算支出	万元	379661	422888	484127	580000	1270000
住户存款余额	万元	1086922	1332375	892514	2156198	3758300
年末金融机构各项贷款余额	万元	1555336	1684657	1384877	2910000	6586200
三、农业、工业和通讯						
设施农业种植占地面积	公顷	219	486	733	260	6993
油料产量	吨	237	146	250	1536	24071
棉花产量	吨					75
规模以上工业企业	个	96	77	44	152	359
固定电话用户	户	10912	11567	9099	16560	38821
四、教育、卫生和社会保障						
普通中学在校学生	人	5277	7438	6373	11903	41232
小学在校学生	人	7851	8173	6822	14776	58592
医疗卫生机构床位	张	561	777	669	1412	5818
提供住宿的民政服务机构	个	18	24	6	25	23
提供住宿的民政服务机构床位数	张	893	492	594	1316	4438

2022年县(市)社会经济主要指标

安徽省

指　　标	单位	肥东县	肥西县	庐江县	巢湖市	湾沚区
一、基本情况						
行政区域面积	平方公里	2182	1695	2344	2046	650
乡	个	6	2			
镇	个	12	10	17	12	5
街道办事处	个			3	6	
户籍人口	万人	109	86	119	85	35
二、综合经济						
地区生产总值	万元	8593941	10683650	6014507	6080072	4088223
第一产业增加值	万元	865319	757503	663190	530619	256574
第二产业增加值	万元	2944967	4497210	2336277	2378286	2136203
第三产业增加值	万元	4783655	5428937	3015039	3171167	1695446
地方一般公共预算收入	万元	600543	638460	262303	261875	377920
地方一般公共预算支出	万元	1104674	1029343	810659	680664	588749
住户存款余额	万元	5652360	6322628	5940941	5719854	2766414
年末金融机构各项贷款余额	万元	7459657	9318058	5464605	7327348	4036307
三、农业、工业和通讯						
设施农业种植占地面积	公顷	91	2180	2877	1088	961
油料产量	吨	74382	21302	28366	32361	16128
棉花产量	吨	663	465	479	232	5
规模以上工业企业	个	271	493	197	168	423
固定电话用户	户	63800	44919	46619	43982	36793
四、教育、卫生和社会保障						
普通中学在校学生	人	57925	30532	50128	38084	15631
小学在校学生	人	50907	46770	54661	40064	19632
医疗卫生机构床位	张	3999	3573	4342	4977	1841
提供住宿的民政服务机构	个	19	23	27	17	13
提供住宿的民政服务机构床位数	张	3460	4114	3718	3008	1411

2022年县(市)社会经济主要指标

安徽省

指　　标	单位	繁昌区	南陵县	无为市	怀远县	五河县
一、基本情况						
行政区域面积	平方公里	585	1264	2022	2192	1428
乡	个				1	2
镇	个	6	8	20	17	12
街道办事处	个				3	
户籍人口	万人	27	54	121	134	70
二、综合经济						
地区生产总值	万元	3831367	3417838	6099116	3572456	2728739
第一产业增加值	万元	140780	407069	634439	869920	763096
第二产业增加值	万元	2226542	1406924	2966529	707403	500073
第三产业增加值	万元	1464045	1603845	2498148	1995134	1465570
地方一般公共预算收入	万元	388681	236708	307749	264245	162023
地方一般公共预算支出	万元	510565	430385	708428	783784	503520
住户存款余额	万元	2572167	3344688	6005687	4123727	2550422
年末金融机构各项贷款余额	万元	2362814	2930342	4895935	4942320	2871262
三、农业、工业和通讯						
设施农业种植占地面积	公顷	246	1133	2735	2995	1124
油料产量	吨	4244	11912	35200	30872	40893
棉花产量	吨	2	12	1851		
规模以上工业企业	个	311	233	256	209	119
固定电话用户	户	20678	22948	20332	54600	38579
四、教育、卫生和社会保障						
普通中学在校学生	人	12604	23688	44032	76044	34022
小学在校学生	人	12361	23853	45545	96007	49476
医疗卫生机构床位	张	1417	2567	5689	7104	3331
提供住宿的民政服务机构	个	12	22	48	51	23
提供住宿的民政服务机构床位数	张	1611	2445	7379	3363	2047

2022年县(市)社会经济主要指标

安徽省

指　　标	单位	固镇县	凤台县	寿　县	当涂县	含山县
一、基本情况						
行政区域面积	平方公里	1361	891	2948	1002	1028
乡	个	3	4	3	1	
镇	个	8	12	22	10	8
街道办事处	个					
户籍人口	万人	66	69	138	47	44
二、综合经济						
地区生产总值	万元	3017293	3484726	2598877	5586468	2506853
第一产业增加值	万元	899838	426152	618208	381398	253842
第二产业增加值	万元	920594	1803858	735069	2863623	1075204
第三产业增加值	万元	1196861	1254716	1245600	2341447	1177806
地方一般公共预算收入	万元	166577	288513	192337	366020	165323
地方一般公共预算支出	万元	470442	435323	780116	561745	425042
住户存款余额	万元	2506569	3635230	3944779	3752618	2562622
年末金融机构各项贷款余额	万元	2780057	3748279	4659369	4067013	2596727
三、农业、工业和通讯						
设施农业种植占地面积	公顷	2152	457	801	867	645
油料产量	吨	242207	5804	14332	23881	21387
棉花产量	吨		4	7		134
规模以上工业企业	个	126	127	254	322	180
固定电话用户	户	20783	29388	46236	35485	17100
四、教育、卫生和社会保障						
普通中学在校学生	人	36267	38331	59865	16458	16525
小学在校学生	人	57684	56935	58890	24759	21863
医疗卫生机构床位	张	2888	2139	4599	2533	2051
提供住宿的民政服务机构	个	19	19	80	12	21
提供住宿的民政服务机构床位数	张	1870	2350	11469	2074	1975

2022年县(市)社会经济主要指标

安徽省

指　　标	单位	和　县	濉溪县	义安区	枞阳县	怀宁县
一、基本情况						
行政区域面积	平方公里	1319	1982	796	1473	1276
乡	个			2	1	5
镇	个	9	11	6	15	15
街道办事处	个			1		
户籍人口	万人	53	114	30	78	70
二、综合经济						
地区生产总值	万元	3534700	5711843	2004440	1966603	3449347
第一产业增加值	万元	312926	606224	160824	338110	272335
第二产业增加值	万元	1539689	2914504	1012883	551958	1799863
第三产业增加值	万元	1682085	2191115	830733	1076535	1377149
地方一般公共预算收入	万元	298824	284000	200719	122998	165657
地方一般公共预算支出	万元	578079	788000	399701	483172	463614
住户存款余额	万元	3312006	5419000		4786307	4487047
年末金融机构各项贷款余额	万元	3416612	5176000		2941629	3669221
三、农业、工业和通讯						
设施农业种植占地面积	公顷	7384	515	1468	572	1088
油料产量	吨	19488	4915	21290	28526	34556
棉花产量	吨	65	2		1283	1811
规模以上工业企业	个	229	300	134	125	260
固定电话用户	户	34000	54500	10401	26844	43505
四、教育、卫生和社会保障						
普通中学在校学生	人	18012	59044	9283	25223	24232
小学在校学生	人	21996	90563	9887	24059	28621
医疗卫生机构床位	张	2396	4184	862	2272	2192
提供住宿的民政服务机构	个	29	18	14	11	22
提供住宿的民政服务机构床位数	张	1681	2662	2089	826	4808

2022年县(市)社会经济主要指标

安徽省

指　　标	单位	太湖县	宿松县	望江县	岳西县	桐城市
一、基本情况						
行政区域面积	平方公里	2039	2394	1348	2372	1523
乡	个	5	12	1	10	
镇	个	10	9	9	14	12
街道办事处	个		2	3		3
户籍人口	万人	58	86	64	41	74
二、综合经济						
地区生产总值	万元	2108497	2625220	2024940	1323494	4520378
第一产业增加值	万元	344102	550413	360279	191724	383217
第二产业增加值	万元	749918	994677	795194	437443	2339290
第三产业增加值	万元	1014477	1080130	869467	694327	1797871
地方一般公共预算收入	万元	86001	105305	85906	81232	222780
地方一般公共预算支出	万元	506501	635076	466185	478641	608989
住户存款余额	万元	2233395	3389200	3293924	2064520	5595891
年末金融机构各项贷款余额	万元	2290048	2839300	2329216	2047893	4375150
三、农业、工业和通讯						
设施农业种植占地面积	公顷	303	1130	602	260	113
油料产量	吨	20827	52758	83878	3651	25524
棉花产量	吨	1672	3764	5242		532
规模以上工业企业	个	119	160	128	81	406
固定电话用户	户	30077	297600	19991	15030	49500
四、教育、卫生和社会保障						
普通中学在校学生	人	22532	45981	24019	16664	26740
小学在校学生	人	29651	49719	30835	22518	30342
医疗卫生机构床位	张	1788	2963	2241	2210	4290
提供住宿的民政服务机构	个	17	28	10	34	27
提供住宿的民政服务机构床位数	张	2555	7038	2478	2983	3221

2022年县(市)社会经济主要指标

安徽省

指　　标	单位	潜山市	歙　县	休宁县	黟　县	祁门县
一、基本情况						
行政区域面积	平方公里	1688	2122	2126	857	2215
乡	个	5	13	10	3	8
镇	个	11	15	11	5	10
街道办事处	个					
户籍人口	万人	58	46	26	9	18
二、综合经济						
地区生产总值	万元	2371933	2373829	1376938	543696	908857
第一产业增加值	万元	323299	223954	179604	53212	90328
第二产业增加值	万元	1007047	886468	555777	182250	283418
第三产业增加值	万元	1041587	1263407	641557	308234	535111
地方一般公共预算收入	万元	110808	149180	105178	43969	61959
地方一般公共预算支出	万元	533628	432521	279842	156234	225444
住户存款余额	万元	3255864	3242581	1795503	791661	1401518
年末金融机构各项贷款余额	万元	2472365	3312732	1468510	855457	1065853
三、农业、工业和通讯						
设施农业种植占地面积	公顷	265	757	216	119	117
油料产量	吨	17532	13782	8033	3681	2200
棉花产量	吨	917	2	4	2	40
规模以上工业企业	个	149	163	66	28	32
固定电话用户	户	35452	30854	22839	7759	12185
四、教育、卫生和社会保障						
普通中学在校学生	人	23948	17185	8591	2129	5807
小学在校学生	人	24083	18554	10577	3178	8119
医疗卫生机构床位	张	2194	2034	1257	279	1028
提供住宿的民政服务机构	个	26	17	13	7	15
提供住宿的民政服务机构床位数	张	1948	945	705	451	713

2022年县(市)社会经济主要指标

安徽省

指　　标	单位	来安县	全椒县	定远县	凤阳县	天长市
一、基本情况						
行政区域面积	平方公里	1494	1568	3002	1937	1754
乡	个	1		6	1	
镇	个	11	10	16	14	14
街道办事处	个				2	2
户籍人口	万人	48	45	98	79	63
二、综合经济						
地区生产总值	万元	3922087	3366111	3800875	4953793	6861118
第一产业增加值	万元	292312	311724	775148	490216	440200
第二产业增加值	万元	1955562	1526490	1226228	2222003	4190283
第三产业增加值	万元	1674212	1527896	1799499	2241574	2230636
地方一般公共预算收入	万元	254334	245341	258047	405000	467416
地方一般公共预算支出	万元	427557	451162	682848	647623	736695
住户存款余额	万元	2540161	2741556	3243413	3110852	4770667
年末金融机构各项贷款余额	万元	4282184	3624543	3293128	3620322	6030408
三、农业、工业和通讯						
设施农业种植占地面积	公顷	369	650	2487	29	531
油料产量	吨	11588	9591	23903	32916	2323
棉花产量	吨	11	6	57		
规模以上工业企业	个	324	308	167	214	630
固定电话用户	户	21328	23825	19692	33570	44074
四、教育、卫生和社会保障						
普通中学在校学生	人	16811	14492	36251	34217	22407
小学在校学生	人	21856	20412	41859	44098	34173
医疗卫生机构床位	张	2713	2811	5091	4757	4196
提供住宿的民政服务机构	个	18	17	32	18	21
提供住宿的民政服务机构床位数	张	2052	1780	2480	2403	3799

2022年县(市)社会经济主要指标

安徽省

指　　标	单位	明光市	临泉县	太和县	阜南县	颍上县
一、基本情况						
行政区域面积	平方公里	2350	1839	1867	1801	1987
乡	个	1	2	1	8	8
镇	个	12	21	30	20	22
街道办事处	个	4	5			
户籍人口	万人	64	229	178	174	179
二、综合经济						
地区生产总值	万元	2883306	4602662	5336269	3270517	5050277
第一产业增加值	万元	456016	1017808	655108	685716	719618
第二产业增加值	万元	820278	1132162	2184938	957434	2167287
第三产业增加值	万元	1607012	2452692	2496223	1627367	2163373
地方一般公共预算收入	万元	223923	185961	215157	155480	311763
地方一般公共预算支出	万元	515603	846078	805088	726366	909100
住户存款余额	万元	2672197	6551346	7154703	4911267	4906555
年末金融机构各项贷款余额	万元	3145467	5417849	5174351	4717696	4813568
三、农业、工业和通讯						
设施农业种植占地面积	公顷	279	7141	4545	5092	3754
油料产量	吨	44901	13460	8173	22130	7692
棉花产量	吨	8	74	11	11	102
规模以上工业企业	个	173	158	303	204	222
固定电话用户	户	46312	45458	56995	37912	40000
四、教育、卫生和社会保障						
普通中学在校学生	人	26689	110372	103157	79074	83752
小学在校学生	人	30912	153949	131999	114523	118744
医疗卫生机构床位	张	3570	10442	9447	7216	8027
提供住宿的民政服务机构	个	25	41	23	55	53
提供住宿的民政服务机构床位数	张	3036	7980	4917	6200	5088

2022年县(市)社会经济主要指标

安徽省

指　　标	单位	界首市	砀山县	萧　县	灵璧县	泗　县
一、基本情况						
行政区域面积	平方公里	667	1197	1854	2124	1857
乡	个	3		1		
镇	个	12	13	22	19	15
街道办事处	个	3		3		3
户籍人口	万人	83	100	138	130	96
二、综合经济						
地区生产总值	万元	4114900	2620327	4316110	3244289	2932362
第一产业增加值	万元	362026	457789	756580	675196	674138
第二产业增加值	万元	2357332	737488	1788696	755753	810430
第三产业增加值	万元	1395542	1425050	1770834	1813340	1447794
地方一般公共预算收入	万元	203222	145404	205379	142906	155468
地方一般公共预算支出	万元	475926	575548	803773	651097	620954
住户存款余额	万元	3534980	3635636	4479728	3643558	2880188
年末金融机构各项贷款余额	万元	4003797	3838835	4609403	3693848	3431217
三、农业、工业和通讯						
设施农业种植占地面积	公顷	4000	15800	627	685	5865
油料产量	吨	2770	9098	10928	14002	84689
棉花产量	吨	6	46	31	81	31
规模以上工业企业	个	261	120	151	120	168
固定电话用户	户	32000	25685	19638	48400	21699
四、教育、卫生和社会保障						
普通中学在校学生	人	41179	31122	59769	72918	54885
小学在校学生	人	61165	68059	86700	105338	78519
医疗卫生机构床位	张	3910	4984	7337	6229	5471
提供住宿的民政服务机构	个	33	39	39	38	17
提供住宿的民政服务机构床位数	张	2881	4160	4540	9520	6255

2022年县(市)社会经济主要指标

安徽省

指　　标	单位	霍邱县	舒城县	金寨县	霍山县	涡阳县
一、基本情况						
行政区域面积	平方公里	3239	2100	3919	2043	2110
乡	个	5	6	10	3	
镇	个	25	15	13	13	20
街道办事处	个					3
户籍人口	万人	161	98	68	36	174
二、综合经济						
地区生产总值	万元	2823764	3757349	2364432	2057176	4516899
第一产业增加值	万元	668366	407781	285194	239866	678095
第二产业增加值	万元	880498	1798482	1052531	920093	1662882
第三产业增加值	万元	1274900	1551087	1026707	897217	2175922
地方一般公共预算收入	万元	250186	218458	200337	168601	209961
地方一般公共预算支出	万元	880820	640182	793064	395465	674653
住户存款余额	万元	4420400	4880610	2947780	2394125	5226600
年末金融机构各项贷款余额	万元	4398200	4856497	4010677	2529615	4569900
三、农业、工业和通讯						
设施农业种植占地面积	公顷	2780	6	465	831	6800
油料产量	吨	20730	24941	8237	4801	2704
棉花产量	吨	2	669		10	12
规模以上工业企业	个	146	243	161	143	116
固定电话用户	户	45675	24898	41951	18600	23400
四、教育、卫生和社会保障						
普通中学在校学生	人	67231	31895	29371	12686	85645
小学在校学生	人	70849	38495	32307	14873	105152
医疗卫生机构床位	张	7319	3615	3356	1722	7155
提供住宿的民政服务机构	个	44	45	30	23	79
提供住宿的民政服务机构床位数	张	6541	6241	3201	3454	10340

2022年县(市)社会经济主要指标

安徽省

指　　标	单位	蒙城县	利辛县	东至县	石台县	青阳县
一、基本情况						
行政区域面积	平方公里	2144	2005	3261	1414	1196
乡	个	2	3	3	2	3
镇	个	12	20	12	6	10
街道办事处	个	3				
户籍人口	万人	149	176	54	11	29
二、综合经济						
地区生产总值	万元	4588262	3867708	2594592	342122	1913771
第一产业增加值	万元	705424	606996	365879	57059	151656
第二产业增加值	万元	1192733	1144196	1161457	82219	751302
第三产业增加值	万元	2690105	2116517	1067256	202844	1010813
地方一般公共预算收入	万元	278201	191768	137775	28987	153478
地方一般公共预算支出	万元	704472	766786	425651	155287	326230
住户存款余额	万元	4823303	4962200	3192127	715801	2231468
年末金融机构各项贷款余额	万元	6295555	4825100	2233387	639905	2045179
三、农业、工业和通讯						
设施农业种植占地面积	公顷	5547	3211	437	5	141
油料产量	吨	38865	7110	35024	6423	8316
棉花产量	吨	83	29	429	12	13
规模以上工业企业	个	128	113	140	14	152
固定电话用户	户	33847	25634	30646	17911	26913
四、教育、卫生和社会保障						
普通中学在校学生	人	91829	91605	22830	3401	15157
小学在校学生	人	120732	115544	25460	3800	14320
医疗卫生机构床位	张	8249	7167	2874	568	1607
提供住宿的民政服务机构	个	37	59	24	19	17
提供住宿的民政服务机构床位数	张	8206	8812	4056	1319	2003

2022年县(市)社会经济主要指标

安徽省

指　　标	单位	郎溪县	泾　县	绩溪县	旌德县	宁国市
一、基本情况						
行政区域面积	平方公里	1101	2055	1116	905	2487
乡	个		2	3		5
镇	个	9	9	8	10	8
街道办事处	个	3				6
户籍人口	万人	35	34	17	15	38
二、综合经济						
地区生产总值	万元	2147714	1551626	1015676	651674	4542816
第一产业增加值	万元	209701	220721	154569	92440	285392
第二产业增加值	万元	1169234	649224	452854	274239	2690542
第三产业增加值	万元	768780	681681	408253	284996	1566882
地方一般公共预算收入	万元	220504	165847	88820	67977	372265
地方一般公共预算支出	万元	355264	329679	179488	180101	545503
住户存款余额	万元	1926323	2295646	1269566	977537	2870605
年末金融机构各项贷款余额	万元	2485226	1695263	1520044	943091	3858269
三、农业、工业和通讯						
设施农业种植占地面积	公顷	86	922	35	200	306
油料产量	吨	8656	8240	11844	2627	11256
棉花产量	吨	36	3			4
规模以上工业企业	个	301	139	80	49	405
固定电话用户	户	12702	43856	7000	11764	36600
四、教育、卫生和社会保障						
普通中学在校学生	人	14211	9900	4695	3850	13934
小学在校学生	人	17337	13783	6578	5611	20574
医疗卫生机构床位	张	2015	1609	627	934	2730
提供住宿的民政服务机构	个	26	13	15	15	36
提供住宿的民政服务机构床位数	张	2554	1700	1808	895	3786

2022年县(市)社会经济主要指标

安徽省、福建省

指　　标	单位	广德市	长乐区	闽侯县	连江县	罗源县
一、基本情况						
行政区域面积	平方公里	2116	664	2126	1168	1100
乡	个	3	2	6	3	5
镇	个	6	11	8	19	6
街道办事处	个	3	5	1		
户籍人口	万人	51	77	73	68	27
二、综合经济						
地区生产总值	万元	4042918	12180838	10092148	7314566	4170410
第一产业增加值	万元	297300	761041	557929	1857407	595711
第二产业增加值	万元	2028764	7179120	5527480	2710249	2240917
第三产业增加值	万元	1716854	4240677	4006739	2746910	1333782
地方一般公共预算收入	万元	359172	680510	1007442	336899	117647
地方一般公共预算支出	万元	613281	880835	1136568	756731	285402
住户存款余额	万元	3115393	7576114	5140135	4780186	1349329
年末金融机构各项贷款余额	万元	4760934	14821753	7641521	6698187	2497802
三、农业、工业和通讯						
设施农业种植占地面积	公顷		461	475	18	448
油料产量	吨	14321	2052	2602	842	355
棉花产量	吨	2				
规模以上工业企业	个	468	519	655	146	105
固定电话用户	户	30558	59233	98334	80362	25451
四、教育、卫生和社会保障						
普通中学在校学生	人	20413	37974	30819	36120	12040
小学在校学生	人	25953	56512	60781	49942	21587
医疗卫生机构床位	张	3819	2567	2041	2426	1658
提供住宿的民政服务机构	个	21	17	13	14	12
提供住宿的民政服务机构床位数	张	2733	2390	2168	1485	1085

2022年县(市)社会经济主要指标

福建省

指　　标	单位	闽清县	永泰县	平潭县	福清市	仙游县
一、基本情况						
行政区域面积	平方公里	1494	2227	396	1701	1841
乡	个	5	12	3		5
镇	个	11	9	3	17	12
街道办事处	个			1	7	1
户籍人口	万人	32	38	45	140	118
二、综合经济						
地区生产总值	万元	4462626	3678261	3677097	16044205	6269860
第一产业增加值	万元	412669	645842	426039	1326707	248976
第二产业增加值	万元	2581924	1951171	928601	7721768	3182478
第三产业增加值	万元	1468033	1081248	2322457	6995730	2838406
地方一般公共预算收入	万元	181514	114278	235611	1172052	296457
地方一般公共预算支出	万元	330403	367727	701946	1403672	658378
住户存款余额	万元	1943500	1599677	3616615	15173107	4597758
年末金融机构各项贷款余额	万元	1449200	2129567	8314415	14901334	3829146
三、农业、工业和通讯						
设施农业种植占地面积	公顷	53	758	37	1630	1053
油料产量	吨	3087	8137	6637	34216	8918
棉花产量	吨					
规模以上工业企业	个	142	49	28	547	297
固定电话用户	户	22517	42303	48028	164110	114102
四、教育、卫生和社会保障						
普通中学在校学生	人	13849	14693	21701	81163	60809
小学在校学生	人	19157	20094	31914	117465	80305
医疗卫生机构床位	张	1672	1396	1890	4694	4568
提供住宿的民政服务机构	个	16	8	9	25	25
提供住宿的民政服务机构床位数	张	748	670	804	2951	3857

2022年县(市)社会经济主要指标

福建省

指　　标	单位	沙县区	明溪县	清流县	宁化县	大田县
一、基本情况						
行政区域面积	平方公里	1799	1730	1806	2408	2233
乡	个	4	5	6	5	6
镇	个	6	4	7	11	12
街道办事处	个	2				
户籍人口	万人	27	12	15	37	41
二、综合经济						
地区生产总值	万元	3757868	1270768	1639265	2391352	2583807
第一产业增加值	万元	339286	236178	306768	311261	432712
第二产业增加值	万元	2192674	596120	766730	1044184	1323887
第三产业增加值	万元	1225908	438470	565767	1035907	827208
地方一般公共预算收入	万元	105761	39904	50259	63971	87455
地方一般公共预算支出	万元	291060	165853	204243	317944	281101
住户存款余额	万元	1712099	802784	650808	1407454	1211768
年末金融机构各项贷款余额	万元	2485068	531880	628121	1264422	1409020
三、农业、工业和通讯						
设施农业种植占地面积	公顷	114	52	412	198	103
油料产量	吨	1378	1955	2264	3367	1194
棉花产量	吨					
规模以上工业企业	个	218	72	79	145	182
固定电话用户	户	34450	14832	26794	27900	37900
四、教育、卫生和社会保障						
普通中学在校学生	人	21215	3835	7373	17514	20056
小学在校学生	人	23960	6204	10036	23085	35740
医疗卫生机构床位	张	1442	665	739	1862	1728
提供住宿的民政服务机构	个	12	7	14	38	20
提供住宿的民政服务机构床位数	张	662	679	840	1184	1418

2022年县(市)社会经济主要指标

福建省

指标	单位	尤溪县	将乐县	泰宁县	建宁县	永安市
一、基本情况						
行政区域面积	平方公里	3420	2241	1529	1716	2931
乡	个	4	5	6	5	3
镇	个	11	8	3	4	8
街道办事处	个					4
户籍人口	万人	44	19	14	15	32
二、综合经济						
地区生产总值	万元	2626514	1945727	996917	1611485	5117279
第一产业增加值	万元	551024	221741	159354	215415	366375
第二产业增加值	万元	962286	953730	405801	908421	3027668
第三产业增加值	万元	1113204	770256	431762	487649	1723236
地方一般公共预算收入	万元	87929	71411	32375	33221	200771
地方一般公共预算支出	万元	340745	255893	166159	193293	353567
住户存款余额	万元	1834885	940368	673382	747686	2065565
年末金融机构各项贷款余额	万元	1801250	950088	669086	694325	2902542
三、农业、工业和通讯						
设施农业种植占地面积	公顷	187	157	57	230	76
油料产量	吨	1006	1059	790	317	1327
棉花产量	吨	40				
规模以上工业企业	个	174	138	84	115	255
固定电话用户	户	30213	23310	20112	15216	32787
四、教育、卫生和社会保障						
普通中学在校学生	人	17798	9687	5966	7088	18287
小学在校学生	人	31332	12659	9234	8605	28497
医疗卫生机构床位	张	1838	906	706	677	2675
提供住宿的民政服务机构	个	17	16	10	72	18
提供住宿的民政服务机构床位数	张	1091	1154	1038	888	1792

2022年县(市)社会经济主要指标

福建省

指　　标	单位	惠安县	安溪县	永春县	德化县	金门县
一、基本情况						
行政区域面积	平方公里	709	2994	1468	2232	
乡	个	1	9	4	6	
镇	个	15	15	18	12	
街道办事处	个					
户籍人口	万人	106	120	59	35	
二、综合经济						
地区生产总值	万元	16244288	9071772	5439113	3534438	
第一产业增加值	万元	383287	611944	280715	134266	
第二产业增加值	万元	11338640	4708644	3251682	2114238	
第三产业增加值	万元	4522361	3751184	1906716	1285934	
地方一般公共预算收入	万元	623191	315321	138451	159742	
地方一般公共预算支出	万元	891985	699397	355445	384620	
住户存款余额	万元	5186393	4456139	2344767	1660141	
年末金融机构各项贷款余额	万元	8533079	6786322	2252755	3568199	
三、农业、工业和通讯						
设施农业种植占地面积	公顷	730	66	18	93	
油料产量	吨	19875	3601	529	681	
棉花产量	吨					
规模以上工业企业	个	652	301	242	186	
固定电话用户	户	157007	89509	49300	35900	
四、教育、卫生和社会保障						
普通中学在校学生	人	55320	81537	27063	17986	
小学在校学生	人	102455	102315	36443	35092	
医疗卫生机构床位	张	4697	5444	2871	1870	
提供住宿的民政服务机构	个	18	18	23	19	
提供住宿的民政服务机构床位数	张	2920	1472	1558	1129	

2022年县(市)社会经济主要指标

福建省

指　　标	单位	石狮市	晋江市	南安市	龙海区	长泰区
一、基本情况						
行政区域面积	平方公里	188	734	2031	1320	900
乡	个			2	2	1
镇	个	7	13	21	11	4
街道办事处	个	2	6	3	1	
户籍人口	万人	37	125	166	91	21
二、综合经济						
地区生产总值	万元	11596784	32074335	16460528	14324931	4122693
第一产业增加值	万元	315552	223117	346802	753669	221944
第二产业增加值	万元	5103695	19729128	9883109	9091628	2850042
第三产业增加值	万元	6177537	12122090	6230617	4479634	1050707
地方一般公共预算收入	万元	436207	1508800	682192	496343	164489
地方一般公共预算支出	万元	618421	1761128	970370	641769	264948
住户存款余额	万元	6669414	15022206	10543109	5338110	1283285
年末金融机构各项贷款余额	万元	8444053	20505641	12508553	9849716	1506083
三、农业、工业和通讯						
设施农业种植占地面积	公顷	91	178	616	1067	471
油料产量	吨	561	6931	9238	1526	2800
棉花产量	吨					
规模以上工业企业	个	584	2390	1229	587	281
固定电话用户	户	125879	284514	216118	88392	32403
四、教育、卫生和社会保障						
普通中学在校学生	人	42815	110950	87746	47660	9403
小学在校学生	人	69307	191034	147684	81766	19533
医疗卫生机构床位	张	3160	6991	6953	4457	1095
提供住宿的民政服务机构	个	7	389	20	283	68
提供住宿的民政服务机构床位数	张	1059	8483	1876	4145	814

2022年县(市)社会经济主要指标

福建省

指　　标	单位	云霄县	漳浦县	诏安县	东山县	南靖县
一、基本情况						
行政区域面积	平方公里	1051	2149	1301	249	1962
乡	个	3	4	5		
镇	个	6	17	10	7	11
街道办事处	个					
户籍人口	万人	47	95	68	22	35
二、综合经济						
地区生产总值	万元	2697049	6696719	3500460	2494252	4217088
第一产业增加值	万元	580243	1047100	609105	493418	861533
第二产业增加值	万元	1042750	2666577	1767853	985493	1981133
第三产业增加值	万元	1074056	2983042	1123502	1015341	1374422
地方一般公共预算收入	万元	91359	181803	58487	162738	100274
地方一般公共预算支出	万元	314279	737817	292719	326877	290895
住户存款余额	万元	1559123	3256039	1545087	1124926	1424257
年末金融机构各项贷款余额	万元	2617974	6194567	1598926	1763844	1257804
三、农业、工业和通讯						
设施农业种植占地面积	公顷	127	295	2260	29	1800
油料产量	吨	2952	14021	5414	2071	1654
棉花产量	吨					
规模以上工业企业	个	140	311	133	118	207
固定电话用户	户	23271	97806	71147	30328	42133
四、教育、卫生和社会保障						
普通中学在校学生	人	22716	45782	29571	10088	12727
小学在校学生	人	33845	80191	48821	17924	20874
医疗卫生机构床位	张	2191	3774	2560	1193	1359
提供住宿的民政服务机构	个	11	321	33	97	137
提供住宿的民政服务机构床位数	张	788	3659	1456	1314	1657

2022年县(市)社会经济主要指标

福建省

指标	单位	平和县	华安县	建阳区	顺昌县	浦城县
一、基本情况						
行政区域面积	平方公里	2310	1278	3383	1980	3376
乡	个	5	3	3	3	8
镇	个	10	6	8	8	9
街道办事处	个			5	1	2
户籍人口	万人	60	16	37	23	42
二、综合经济						
地区生产总值	万元	3028935	2140040	2789906	1480176	1923690
第一产业增加值	万元	602488	371826	461067	214143	411799
第二产业增加值	万元	855855	1206002	1087815	506659	624124
第三产业增加值	万元	1570592	562212	1241024	759374	887767
地方一般公共预算收入	万元	80192	60008	140270	60021	75731
地方一般公共预算支出	万元	293529	196830	330460	238937	351329
住户存款余额	万元	1787766	654918	2244750	1259829	1946807
年末金融机构各项贷款余额	万元	1468669	593514	3891881	1116973	1457680
三、农业、工业和通讯						
设施农业种植占地面积	公顷	784	50	169	21	16
油料产量	吨	316	1201	916	326	1923
棉花产量	吨					
规模以上工业企业	个	162	139	153	74	94
固定电话用户	户	39424	16453	50510	17198	37584
四、教育、卫生和社会保障						
普通中学在校学生	人	22002	8636	18991	11066	19325
小学在校学生	人	35221	9982	26101	10387	17869
医疗卫生机构床位	张	2566	774	2254	712	1776
提供住宿的民政服务机构	个	284	93	15	12	20
提供住宿的民政服务机构床位数	张	4180	1357	1195	852	1196

2022年县(市)社会经济主要指标

福建省

指　　标	单位	光泽县	松溪县	政和县	邵武市	武夷山市
一、基本情况						
行政区域面积	平方公里	2240	1043	1744	2859	2803
乡	个	5	6	5	3	4
镇	个	3	2	4	12	3
街道办事处	个		1	1	4	3
户籍人口	万人	16	16	23	30	25
二、综合经济						
地区生产总值	万元	1252979	883824	1126489	2739387	2339443
第一产业增加值	万元	483796	152410	225703	350653	323920
第二产业增加值	万元	369041	292192	390785	1160648	744386
第三产业增加值	万元	400142	439222	510002	1228086	1271137
地方一般公共预算收入	万元	50670	30067	43347	130038	96986
地方一般公共预算支出	万元	177918	180957	227763	355600	323971
住户存款余额	万元	788380	793737	932425	1956000	1770849
年末金融机构各项贷款余额	万元	1055614	586213	754703	1934025	2075204
三、农业、工业和通讯						
设施农业种植占地面积	公顷	133	103	172	190	16
油料产量	吨	407	203	198	4553	1750
棉花产量	吨					
规模以上工业企业	个	42	77	119	152	69
固定电话用户	户	15277	8938	19401	31158	32013
四、教育、卫生和社会保障						
普通中学在校学生	人	7645	7024	11837	13986	13262
小学在校学生	人	8500	11449	15269	18938	18444
医疗卫生机构床位	张	748	661	958	2078	1166
提供住宿的民政服务机构	个	10	10	13	18	15
提供住宿的民政服务机构床位数	张	602	820	1440	1740	1188

2022年县(市)社会经济主要指标

福建省

指　　标	单位	建瓯市	永定区	长汀县	上杭县	武平县
一、基本情况						
行政区域面积	平方公里	4199	2226	3104	2856	2636
乡	个	4	6	5	4	2
镇	个	10	17	13	17	14
街道办事处	个	4	1			1
户籍人口	万人	54	47	54	52	40
二、综合经济						
地区生产总值	万元	3030127	3363816	3437086	5132936	3067254
第一产业增加值	万元	583408	382349	415692	585790	387341
第二产业增加值	万元	1019805	1312029	1399284	2066619	1243360
第三产业增加值	万元	1426914	1669438	1622110	2480527	1436553
地方一般公共预算收入	万元	112039	105646	101023	340635	85316
地方一般公共预算支出	万元	361361	326119	433777	640427	295866
住户存款余额	万元	2669582	1567752	1884526	2078986	1255899
年末金融机构各项贷款余额	万元	2031376	1845763	2591859	5178203	1850137
三、农业、工业和通讯						
设施农业种植占地面积	公顷	1142	3	5	350	95
油料产量	吨	1220	1597	5332	3374	1352
棉花产量	吨					
规模以上工业企业	个	142	144	142	111	135
固定电话用户	户	33000	56983	88564	59568	52134
四、教育、卫生和社会保障						
普通中学在校学生	人	27391	19738	26434	20315	14395
小学在校学生	人	31529	32636	45591	36353	25681
医疗卫生机构床位	张	2573	2209	2969	2172	2180
提供住宿的民政服务机构	个	18	52	17	42	26
提供住宿的民政服务机构床位数	张	2258	1579	1262	2132	2267

2022年县(市)社会经济主要指标

福建省

指　　标	单位	连城县	漳平市	霞浦县	古田县	屏南县
一、基本情况						
行政区域面积	平方公里	2579	2956	1712	2377	1486
乡	个	5	3	6	4	6
镇	个	12	11	6	8	5
街道办事处	个		2	3	2	
户籍人口	万人	34	29	55	42	19
二、综合经济						
地区生产总值	万元	3172283	3148542	3536959	2425367	1258917
第一产业增加值	万元	416098	395445	854032	548546	174209
第二产业增加值	万元	1342920	1258739	1272618	789335	565884
第三产业增加值	万元	1413265	1494358	1410309	1087486	518824
地方一般公共预算收入	万元	89966	105902	87431	86441	49534
地方一般公共预算支出	万元	292156	264443	467536	274356	210920
住户存款余额	万元	1026587	1289022	1639172	1953069	759921
年末金融机构各项贷款余额	万元	1352801	1725861	4017844	2167303	1003884
三、农业、工业和通讯						
设施农业种植占地面积	公顷	50	522	43	21	64
油料产量	吨	4591	1089	1727	411	
棉花产量	吨					
规模以上工业企业	个	129	150	108	99	33
固定电话用户	户	32195	64900	49539	45867	15495
四、教育、卫生和社会保障						
普通中学在校学生	人	12833	14137	27870	15181	7958
小学在校学生	人	24082	24423	46485	23537	11056
医疗卫生机构床位	张	1841	1220	2661	1821	868
提供住宿的民政服务机构	个	21	13	77	13	11
提供住宿的民政服务机构床位数	张	1180	1369	2122	1226	700

2022年县(市)社会经济主要指标

福建省

指　　标	单位	寿宁县	周宁县	柘荣县	福安市	福鼎市
一、基本情况						
行政区域面积	平方公里	1433	1036	538	1810	1526
乡	个	6	3	7	5	3
镇	个	8	6	2	13	10
街道办事处	个				4	3
户籍人口	万人	26	21	11	67	60
二、综合经济						
地区生产总值	万元	1114246	1089791	855900	7611120	5038810
第一产业增加值	万元	194283	95322	100859	622878	759844
第二产业增加值	万元	432136	423149	373455	4858166	2736774
第三产业增加值	万元	487827	571320	381586	2130076	1542192
地方一般公共预算收入	万元	40394	36150	38142	395648	238985
地方一般公共预算支出	万元	199866	197061	156857	581509	466392
住户存款余额	万元	791296	630843	409439	2560624	2861142
年末金融机构各项贷款余额	万元	933747	1013812	749827	4455841	6308748
三、农业、工业和通讯						
设施农业种植占地面积	公顷	744	400	47	100	245
油料产量	吨	128	382	238	2090	312
棉花产量	吨					
规模以上工业企业	个	85	51	69	260	262
固定电话用户	户	19974	15058	14426	53400	67822
四、教育、卫生和社会保障						
普通中学在校学生	人	10515	8786	6010	41892	30922
小学在校学生	人	12463	11374	8712	54234	51298
医疗卫生机构床位	张	1286	951	530	2588	2735
提供住宿的民政服务机构	个	16	11	2	36	29
提供住宿的民政服务机构床位数	张	1032	611	160	2254	2597

2022年县(市)社会经济主要指标

江西省

指　　标	单位	新建区	南昌县	安义县	进贤县	浮梁县
一、基本情况						
行政区域面积	平方公里	2147	1811	660	1946	2906
乡	个	5	7	3	12	8
镇	个	14	11	7	9	10
街道办事处	个	7	1			
户籍人口	万人	85	141	31	84	29
二、综合经济						
地区生产总值	万元	12652532	22905915	1390737	3780834	1767516
第一产业增加值	万元	667088	789820	155803	757402	228886
第二产业增加值	万元	7683064	14718525	584114	1824231	920150
第三产业增加值	万元	4302380	7397570	650820	1199201	618480
地方一般公共预算收入	万元	613225	1062500	146148	212402	72245
地方一般公共预算支出	万元	1159858	1898966	351449	531318	332673
住户存款余额	万元	4231530	7219514	1676572	4283415	1437490
年末金融机构各项贷款余额	万元	12339089	9994549	2624655	3613216	1882669
三、农业、工业和通讯						
设施农业种植占地面积	公顷	256	1127	32	186	834
油料产量	吨	23554	18001	25879	50825	11149
棉花产量	吨	37		57		166
规模以上工业企业	个	177	647	236	231	195
固定电话用户	户	46952	49775		46199	13053
四、教育、卫生和社会保障						
普通中学在校学生	人	55640	74973	13772	43878	13988
小学在校学生	人	80858	122622	15630	43279	20186
医疗卫生机构床位	张	2728	6475	1257	2905	1602
提供住宿的民政服务机构	个	21	23	8	35	18
提供住宿的民政服务机构床位数	张	3950	3884	488	3661	745

2022年县(市)社会经济主要指标

江西省

指　　标	单位	乐平市	莲花县	上栗县	芦溪县	柴桑区
一、基本情况						
行政区域面积	平方公里	1985	1072	727	961	917
乡	个	1	8	4	5	3
镇	个	15	5	6	6	5
街道办事处	个	2	5			3
户籍人口	万人	95	28	52	31	31
二、综合经济						
地区生产总值	万元	4392304	793943	2105485	1419536	2238559
第一产业增加值	万元	453024	117451	199396	241597	237084
第二产业增加值	万元	2116024	256387	1087592	586482	1010878
第三产业增加值	万元	1823256	420105	818497	591457	990597
地方一般公共预算收入	万元	332868	64081	166836	123383	126812
地方一般公共预算支出	万元	743111	308782	469474	375384	252130
住户存款余额	万元	4541896	1322901	1297321	1393151	1522334
年末金融机构各项贷款余额	万元	3419098	1435544	1865941	2095978	2727030
三、农业、工业和通讯						
设施农业种植占地面积	公顷	2962	367	913	1333	311
油料产量	吨	28582	28003	6767	11737	12075
棉花产量	吨	713				2870
规模以上工业企业	个	182	73	119	146	142
固定电话用户	户	38573	31693	54528	35410	20334
四、教育、卫生和社会保障						
普通中学在校学生	人	66402	16900	27804	20351	16964
小学在校学生	人	72415	19371	34414	21335	19448
医疗卫生机构床位	张	4542	1081	2527	1776	1615
提供住宿的民政服务机构	个	44	15	12	12	19
提供住宿的民政服务机构床位数	张	2335	1560	1540	2258	2168

2022年县(市)社会经济主要指标

江西省

指　　标	单位	武宁县	修水县	永修县	德安县	都昌县
一、基本情况						
行政区域面积	平方公里	3504	4536	1924	858	2227
乡	个	11	17	4	8	12
镇	个	8	19	11	5	12
街道办事处	个	1		1		
户籍人口	万人	41	89	38	18	80
二、综合经济						
地区生产总值	万元	2182920	3054687	3156507	1895079	2596685
第一产业增加值	万元	242910	337843	305403	116242	356386
第二产业增加值	万元	941500	1186464	1689981	1164661	999184
第三产业增加值	万元	998510	1530380	1161123	614176	1241115
地方一般公共预算收入	万元	142301	156108	209555	147105	106902
地方一般公共预算支出	万元	270502	647322	505178	305539	525313
住户存款余额	万元	1695977	2586654	2091062	1212212	2526030
年末金融机构各项贷款余额	万元	2052902	3364000	2467713	1810250	2138800
三、农业、工业和通讯						
设施农业种植占地面积	公顷	1577	1125	1985	200	1233
油料产量	吨	15841	17798	14173	7943	41832
棉花产量	吨	79	177	267	134	2613
规模以上工业企业	个	126	151	242	162	104
固定电话用户	户	32501	45500	26000	17383	93950
四、教育、卫生和社会保障						
普通中学在校学生	人	21443	57888	21058	11957	42220
小学在校学生	人	28334	66912	22379	14550	45337
医疗卫生机构床位	张	2001	3962	1688	768	2965
提供住宿的民政服务机构	个	31	42	21	5	27
提供住宿的民政服务机构床位数	张	1925	3564	1202	610	1204

2022年县(市)社会经济主要指标

江西省

指　标	单位	湖口县	彭泽县	瑞昌市	共青城市	庐山市
一、基本情况						
行政区域面积	平方公里	674	1534	1419	309	765
乡	个	5	3	8	3	1
镇	个	7	10	8	2	9
街道办事处	个			3	1	
户籍人口	万人	30	37	45	12	28
二、综合经济						
地区生产总值	万元	3099895	2153488	3342814	2178511	1771853
第一产业增加值	万元	177401	295205	241157	91317	116647
第二产业增加值	万元	2115731	1034460	1944316	1133221	630131
第三产业增加值	万元	806763	823823	1157341	953973	1025075
地方一般公共预算收入	万元	218076	186461	262581	225712	161717
地方一般公共预算支出	万元	391019	428720	475068	352594	354060
住户存款余额	万元	1458900	1792649	2245771	791272	1178225
年末金融机构各项贷款余额	万元	1841600	2135568	2609963	1831212	1610415
三、农业、工业和通讯						
设施农业种植占地面积	公顷	490	567	560	432	
油料产量	吨	24221	33402	25957	1982	8943
棉花产量	吨	4274	4207	2205	143	315
规模以上工业企业	个	151	160	278	164	105
固定电话用户	户	31502	42614	56897	6890	47528
四、教育、卫生和社会保障						
普通中学在校学生	人	14426	21499	31458	12323	17358
小学在校学生	人	15838	19100	34475	14681	22250
医疗卫生机构床位	张	1377	2391	2923	796	1667
提供住宿的民政服务机构	个	15	18	22	1	12
提供住宿的民政服务机构床位数	张	1956	866	2100	300	553

2022年县(市)社会经济主要指标

江西省

指　　标	单位	分宜县	余江区	贵溪市	南康区	赣县区
一、基本情况						
行政区域面积	平方公里	1380	930	2493	1829	2990
乡	个	3	5	4	10	7
镇	个	7	6	16	8	12
街道办事处	个	2	1	4	2	
户籍人口	万人	34	41	65	90	66
二、综合经济						
地区生产总值	万元	2300505	2096175	6417751	4439018	2631890
第一产业增加值	万元	237993	246699	419094	281662	262740
第二产业增加值	万元	828221	1032609	3923888	1931709	857128
第三产业增加值	万元	1234291	816867	2074769	2225647	1512022
地方一般公共预算收入	万元	152798	145458	519209	255786	177809
地方一般公共预算支出	万元	385662	409093	791121	709759	565640
住户存款余额	万元	1612653	1871228	2930382	4916528	2950713
年末金融机构各项贷款余额	万元	2626365	2717011	4553890	6997617	3659508
三、农业、工业和通讯						
设施农业种植占地面积	公顷	479	852	1298	2135	410
油料产量	吨	9752	13872	10593	19087	6646
棉花产量	吨					
规模以上工业企业	个	115	119	193	600	145
固定电话用户	户	20485	23436	39500	108693	41490
四、教育、卫生和社会保障						
普通中学在校学生	人	18846	24127	39344	62732	48281
小学在校学生	人	23612	24515	38351	88777	48177
医疗卫生机构床位	张	1600	1994	3369	5693	2992
提供住宿的民政服务机构	个	11	18	26	89	29
提供住宿的民政服务机构床位数	张	814	1534	1146	2642	1520

2022年县(市)社会经济主要指标

江西省

指　　标	单位	信丰县	大余县	上犹县	崇义县	安远县
一、基本情况						
行政区域面积	平方公里	2866	1344	1542	2208	2350
乡	个	3	3	8	10	10
镇	个	13	8	6	6	8
街道办事处	个					
户籍人口	万人	78	30	32	21	41
二、综合经济						
地区生产总值	万元	3000105	1361150	1124434	1108577	1109600
第一产业增加值	万元	454009	154656	165607	120991	235200
第二产业增加值	万元	1196456	600628	451763	474132	300600
第三产业增加值	万元	1349640	605866	507064	513454	573800
地方一般公共预算收入	万元	159567	93105	78042	100486	73500
地方一般公共预算支出	万元	576868	291508	315357	280508	343500
住户存款余额	万元	3359708	1488794	1290569	807815	1362686
年末金融机构各项贷款余额	万元	4130381	1598700	1766702	1842798	2155000
三、农业、工业和通讯						
设施农业种植占地面积	公顷	1684	114	234	284	519
油料产量	吨	25123	4708	2934	2455	2650
棉花产量	吨				2	
规模以上工业企业	个	193	83	74	55	58
固定电话用户	户	62535	31082	26915	12400	21800
四、教育、卫生和社会保障						
普通中学在校学生	人	54018	20408	26696	8092	29177
小学在校学生	人	64783	23782	23214	13874	32892
医疗卫生机构床位	张	4111	1858	1704	1176	2228
提供住宿的民政服务机构	个	19	16	8	7	15
提供住宿的民政服务机构床位数	张	2037	1557	1672	984	1394

2022年县(市)社会经济主要指标

江西省

指　　标	单位	定南县	全南县	宁都县	于都县	兴国县
一、基本情况						
行政区域面积	平方公里	1321	1535	4049	2892	3215
乡	个		3	12	14	16
镇	个	7	6	12	9	9
街道办事处	个					
户籍人口	万人	22	19	83	112	86
二、综合经济						
地区生产总值	万元	1085291	1069400	2658776	3430017	2410356
第一产业增加值	万元	137082	172100	494658	349209	379288
第二产业增加值	万元	392297	450500	778566	1407801	804662
第三产业增加值	万元	555912	446800	1385552	1673007	1226406
地方一般公共预算收入	万元	91995	75713	95800	155009	100691
地方一般公共预算支出	万元	351989	293376	564290	702100	556820
住户存款余额	万元	1007611	956900	3736298	4155074	3140000
年末金融机构各项贷款余额	万元	1586983	1391200	2877051	4496609	2853800
三、农业、工业和通讯						
设施农业种植占地面积	公顷	243	777	1110	1466	1062
油料产量	吨	1968	5806	12377	19513	12326
棉花产量	吨					
规模以上工业企业	个	82	84	86	183	105
固定电话用户	户	26239	17332	22004	54918	72663
四、教育、卫生和社会保障						
普通中学在校学生	人	15159	14182	59455	75898	64253
小学在校学生	人	20410	14041	57749	88698	68171
医疗卫生机构床位	张	1265	1151	4361	6074	4285
提供住宿的民政服务机构	个	3	6	27	27	23
提供住宿的民政服务机构床位数	张	589	1121	3766	2542	2002

2022年县(市)社会经济主要指标

江西省

指　　标	单位	会昌县	寻乌县	石城县	瑞金市	龙南市
一、基本情况						
行政区域面积	平方公里	2712	2352	1567	2441	1646
乡	个	13	8	5	9	5
镇	个	6	7	6	8	9
街道办事处	个					
户籍人口	万人	54	33	33	71	34
二、综合经济						
地区生产总值	万元	1640835	1250467	1042331	2084074	2243757
第一产业增加值	万元	280527	267201	196262	298144	168964
第二产业增加值	万元	628423	411314	316312	837094	1075555
第三产业增加值	万元	731885	571952	529757	948836	999238
地方一般公共预算收入	万元	105779	73759	77523	161444	172020
地方一般公共预算支出	万元	450029	347480	344006	570598	419675
住户存款余额	万元	1993644	1152647	1540489	2986448	1659074
年末金融机构各项贷款余额	万元	2179679	2034530	1818201	3820854	2383322
三、农业、工业和通讯						
设施农业种植占地面积	公顷	912	400	370	1238	942
油料产量	吨	2764	4587	7376	11683	5080
棉花产量	吨					
规模以上工业企业	个	74	69	70	109	185
固定电话用户	户	27803	30385	13430	50398	7100
四、教育、卫生和社会保障						
普通中学在校学生	人	31962	18012	19138	48023	14253
小学在校学生	人	37575	24387	23153	53517	28041
医疗卫生机构床位	张	3188	1749	2194	4108	1793
提供住宿的民政服务机构	个	30	18	18	31	23
提供住宿的民政服务机构床位数	张	2572	1293	2050	3191	1793

2022年县(市)社会经济主要指标

江西省

指　　标	单位	吉安县	吉水县	峡江县	新干县	永丰县
一、基本情况						
行政区域面积	平方公里	2098	2510	1298	1248	2710
乡	个	6	3	5	6	13
镇	个	13	15	6	7	8
街道办事处	个	2			1	
户籍人口	万人	53	57	19	36	50
二、综合经济						
地区生产总值	万元	2634832	2281356	1022951	2227211	2275637
第一产业增加值	万元	317617	297451	136875	226798	259408
第二产业增加值	万元	1522008	908651	423976	1105284	993432
第三产业增加值	万元	795207	1075254	462100	895129	1022797
地方一般公共预算收入	万元	179924	121826	100558	130538	140441
地方一般公共预算支出	万元	477401	477310	262603	384075	420715
住户存款余额	万元	2788278	2461483	1088493	2261315	2435971
年末金融机构各项贷款余额	万元	3155199	2492534	1129969	2497524	2346808
三、农业、工业和通讯						
设施农业种植占地面积	公顷	1133	483	610	2345	1178
油料产量	吨	22203	20421	6165	23322	8373
棉花产量	吨				153	
规模以上工业企业	个	289	154	138	239	160
固定电话用户	户	28465	25300	4280	1695	20112
四、教育、卫生和社会保障						
普通中学在校学生	人	34888	35934	12616	22693	33636
小学在校学生	人	42248	49183	14423	26128	42079
医疗卫生机构床位	张	2661	3042	889	1956	2715
提供住宿的民政服务机构	个	22	29	12	15	30
提供住宿的民政服务机构床位数	张	1180	1740	737	1431	1654

2022年县(市)社会经济主要指标

江西省

指　　标	单位	泰和县	遂川县	万安县	安福县	永新县
一、基本情况						
行政区域面积	平方公里	2499	3144	2038	2794	2181
乡	个	6	10	7	11	13
镇	个	15	13	9	8	10
街道办事处	个					1
户籍人口	万人	58	62	32	42	52
二、综合经济						
地区生产总值	万元	2546157	2198746	1211389	2109259	1465820
第一产业增加值	万元	304708	177706	154125	237579	195627
第二产业增加值	万元	1253081	978608	442247	975544	408214
第三产业增加值	万元	988368	1042432	615017	896136	861979
地方一般公共预算收入	万元	167174	117104	87615	116871	87024
地方一般公共预算支出	万元	489750	518359	326815	381283	444566
住户存款余额	万元	2997125	2301329	1699815	2281432	2446588
年末金融机构各项贷款余额	万元	2915088	2623166	1779837	2133535	1614397
三、农业、工业和通讯						
设施农业种植占地面积	公顷	2242	493	646	656	580
油料产量	吨	28646	8783	12710	22451	24837
棉花产量	吨					4
规模以上工业企业	个	147	121	118	131	92
固定电话用户	户	20452	33652	26048	41400	15035
四、教育、卫生和社会保障						
普通中学在校学生	人	40022	49165	21285	21337	36278
小学在校学生	人	49251	52047	24664	31529	37484
医疗卫生机构床位	张	2575	3113	1669	2366	2370
提供住宿的民政服务机构	个	30	28	20	23	23
提供住宿的民政服务机构床位数	张	1804	1563	1429	1078	1041

2022年县(市)社会经济主要指标

江西省

指　　标	单位	井冈山市	奉新县	万载县	上高县	宜丰县
一、基本情况						
行政区域面积	平方公里	1453	1648	1720	1347	1934
乡	个	6	3	7	5	4
镇	个	9	10	9	9	9
街道办事处	个	1		1	2	
户籍人口	万人	19	33	58	38	30
二、综合经济						
地区生产总值	万元	1001737	2416269	2625568	2842073	1932003
第一产业增加值	万元	94573	256108	229081	293981	258983
第二产业增加值	万元	203994	1144678	1271964	1350063	911618
第三产业增加值	万元	703170	1015483	1124523	1198029	761402
地方一般公共预算收入	万元	87504	167318	179096	211174	174311
地方一般公共预算支出	万元	284824	459563	530952	421888	352893
住户存款余额	万元	1086701	1800000	2384523	2564600	2056754
年末金融机构各项贷款余额	万元	1467933	2287098	2880816	2822700	2103310
三、农业、工业和通讯						
设施农业种植占地面积	公顷	202	146	1220	401	105
油料产量	吨	4895	16748	5381	17518	1320
棉花产量	吨		47		372	242
规模以上工业企业	个	47	164	219	249	174
固定电话用户	户	39000	17216	29074	11382	21640
四、教育、卫生和社会保障						
普通中学在校学生	人	13996	19953	48261	27160	21077
小学在校学生	人	15472	23404	50561	32139	20422
医疗卫生机构床位	张	1262	2063	3735	2308	2129
提供住宿的民政服务机构	个	9	25	22	22	31
提供住宿的民政服务机构床位数	张	463	2193	3095	2801	2436

2022年县(市)社会经济主要指标

江西省

指　　标	单位	靖安县	铜鼓县	丰城市	樟树市	高安市
一、基本情况						
行政区域面积	平方公里	1378	1552	2845	1289	2429
乡	个	5	3	7	4	2
镇	个	6	6	20	10	19
街道办事处	个			6	5	2
户籍人口	万人	15	14	147	60	87
二、综合经济						
地区生产总值	万元	829493	703874	6613714	5369532	5794478
第一产业增加值	万元	93979	85883	863689	485771	492398
第二产业增加值	万元	321150	251098	3084595	2474692	2184551
第三产业增加值	万元	414364	366893	2665430	2409069	3117529
地方一般公共预算收入	万元	75732	56812	506782	376312	342417
地方一般公共预算支出	万元	230715	268709	1113688	755442	685430
住户存款余额	万元	1007953	620111	6289331	4151042	5545730
年末金融机构各项贷款余额	万元	1219799	646584	6096485	4418990	6004225
三、农业、工业和通讯						
设施农业种植占地面积	公顷	149	33	947	1799	1046
油料产量	吨	7567	589	49435	57619	92127
棉花产量	吨	240		141	256	744
规模以上工业企业	个	72	51	350	365	269
固定电话用户	户	21086	11894	60114	54357	82121
四、教育、卫生和社会保障						
普通中学在校学生	人	5047	9445	75312	33430	57518
小学在校学生	人	9572	8894	83666	42750	63165
医疗卫生机构床位	张	640	559	6956	3379	5510
提供住宿的民政服务机构	个	12	12	44	31	26
提供住宿的民政服务机构床位数	张	507	1066	3397	4576	2013

2022年县(市)社会经济主要指标

江西省

指　　标	单位	东乡区	南城县	黎川县	南丰县	崇仁县
一、基本情况						
行政区域面积	平方公里	1268	1713	1709	1913	1520
乡	个	4	2	8	5	8
镇	个	9	10	7	7	7
街道办事处	个	1				
户籍人口	万人	48	34	25	31	39
二、综合经济						
地区生产总值	万元	2311813	1893073	1062679	1779730	1631755
第一产业增加值	万元	272966	202047	128824	378122	303645
第二产业增加值	万元	1017509	707269	383222	465808	569511
第三产业增加值	万元	1021338	983757	550633	935800	758599
地方一般公共预算收入	万元	186650	107853	78198	86219	83116
地方一般公共预算支出	万元	584326	404216	302913	355395	379829
住户存款余额	万元	2407727	1799281	1166460	1406233	1635903
年末金融机构各项贷款余额	万元	3217165	2243521	1160800	2066125	1577024
三、农业、工业和通讯						
设施农业种植占地面积	公顷	1446	365	292	96	1467
油料产量	吨	8022	2884	4816	1748	21269
棉花产量	吨					55
规模以上工业企业	个	151	142	80	64	112
固定电话用户	户	26666	25052	11253	19165	8936
四、教育、卫生和社会保障						
普通中学在校学生	人	27528	23558	13095	20319	21951
小学在校学生	人	33785	23058	14812	23818	26952
医疗卫生机构床位	张	2924	1689	1201	1734	1959
提供住宿的民政服务机构	个	21	15	12	15	19
提供住宿的民政服务机构床位数	张	1815	794	887	515	1457

2022年县(市)社会经济主要指标

江西省

指　　标	单位	乐安县	宜黄县	金溪县	资溪县	广昌县
一、基本情况						
行政区域面积	平方公里	2427	1937	1353	1248	1603
乡	个	7	4	5	2	5
镇	个	9	8	8	5	6
街道办事处	个					
户籍人口	万人	39	23	32	11	25
二、综合经济						
地区生产总值	万元	939680	1084885	1157683	557191	1057059
第一产业增加值	万元	124107	112119	151736	46226	134125
第二产业增加值	万元	301077	459722	408554	161417	352352
第三产业增加值	万元	514496	513044	597393	349548	570582
地方一般公共预算收入	万元	61506	67176	91639	34305	62587
地方一般公共预算支出	万元	339791	283980	290450	175903	310003
住户存款余额	万元	1980048	1101014	1450421	648816	1253294
年末金融机构各项贷款余额	万元	2057216	1371505	1962008	845564	1270593
三、农业、工业和通讯						
设施农业种植占地面积	公顷	1267	851	363	120	404
油料产量	吨	7624	2096	5358	118	618
棉花产量	吨					
规模以上工业企业	个	62	121	79	31	93
固定电话用户	户	8255	6755	7053	10134	8432
四、教育、卫生和社会保障						
普通中学在校学生	人	24948	12980	19754	5714	15798
小学在校学生	人	28565	13563	21951	6134	17600
医疗卫生机构床位	张	1715	1173	1430	608	1029
提供住宿的民政服务机构	个	16	117	16	10	8
提供住宿的民政服务机构床位数	张	934	594	1079	374	842

2022年县(市)社会经济主要指标

江西省

指　　标	单位	广丰区	广信区	玉山县	铅山县	横峰县
一、基本情况						
行政区域面积	平方公里	1377	2232	1732	2178	654
乡	个	3	10	5	9	6
镇	个	15	11	9	8	2
街道办事处	个	5	3	2		1
户籍人口	万人	98	87	64	48	23
二、综合经济						
地区生产总值	万元	6290100	3602898	2901732	1973652	1115972
第一产业增加值	万元	303700	249410	263728	213133	55792
第二产业增加值	万元	3250600	1922029	1247922	794189	597335
第三产业增加值	万元	2735800	1431459	1390082	966330	462845
地方一般公共预算收入	万元	317287	365736	168371	154091	82956
地方一般公共预算支出	万元	770870	853848	516651	452205	275721
住户存款余额	万元	3694001	3308800	3372592	2089533	1112015
年末金融机构各项贷款余额	万元	3647730	5357800	3764345	2222446	1603709
三、农业、工业和通讯						
设施农业种植占地面积	公顷	1521	1233	758	959	507
油料产量	吨	11224	6152	18612	3168	5953
棉花产量	吨	3				
规模以上工业企业	个	269	341	297	115	84
固定电话用户	户	58200	6142	30631	35452	2097
四、教育、卫生和社会保障						
普通中学在校学生	人	62493	51857	44512	31040	19516
小学在校学生	人	64459	61597	41017	29907	15880
医疗卫生机构床位	张	4578	4158	3192	2190	1167
提供住宿的民政服务机构	个	30	31	21	25	7
提供住宿的民政服务机构床位数	张	1935	2050	1856	2143	675

2022年县(市)社会经济主要指标

江西省

指　　标	单位	弋阳县	余干县	鄱阳县	万年县	婺源县
一、基本情况						
行政区域面积	平方公里	1574	2331	4215	1148	2968
乡	个	5	11	15	6	6
镇	个	9	9	14	6	10
街道办事处	个	3		1		1
户籍人口	万人	43	109	158	44	37
二、综合经济						
地区生产总值	万元	1513182	2595000	3165534	2098763	1657309
第一产业增加值	万元	239190	557000	766067	209105	125599
第二产业增加值	万元	460334	804000	968454	1053285	395901
第三产业增加值	万元	813658	1234000	1431013	836373	1135809
地方一般公共预算收入	万元	130466	132100	155742	153090	105272
地方一般公共预算支出	万元	515245	602184	828986	467566	381805
住户存款余额	万元	1948882	3774600	5126524	2095639	2175040
年末金融机构各项贷款余额	万元	2451233	2924000	4393902	2273259	2105985
三、农业、工业和通讯						
设施农业种植占地面积	公顷	767	2305	1127	616	150
油料产量	吨	7646	24085	107445	6676	11179
棉花产量	吨	6	40	199	29	12
规模以上工业企业	个	160	158	191	224	94
固定电话用户	户	20446	29298	82107	3314	61650
四、教育、卫生和社会保障						
普通中学在校学生	人	31333	72194	91157	35540	23907
小学在校学生	人	30037	82413	96887	34168	26671
医疗卫生机构床位	张	1990	5160	4943	2165	2216
提供住宿的民政服务机构	个	17	26	37	18	16
提供住宿的民政服务机构床位数	张	1166	1154	3394	2180	1409

2022年县(市)社会经济主要指标

江西省、山东省

指　　标	单位	德兴市	长清区	章丘区	济阳区	平阴县
一、基本情况						
行政区域面积	平方公里	2079	1209	1719	1099	715
乡	个	6				
镇	个	6	2	1	2	6
街道办事处	个	4	8	17	8	2
户籍人口	万人	33	57	105	60	37
二、综合经济						
地区生产总值	万元	2020599	3788088	12977247	2865482	2788054
第一产业增加值	万元	235582	403800	986225	483813	412500
第二产业增加值	万元	682879	1711387	7322708	1420911	1563004
第三产业增加值	万元	1102138	1672901	4668314	960758	812550
地方一般公共预算收入	万元	256038	234015	542042	299042	300116
地方一般公共预算支出	万元	537068	385007	833685	754905	342878
住户存款余额	万元	2186983	4694900	8327658	3393580	2543079
年末金融机构各项贷款余额	万元	2236002	3437242	10276615	3835722	2145967
三、农业、工业和通讯						
设施农业种植占地面积	公顷	98	886	4860	9689	1032
油料产量	吨	6014	17835	5573	1458	9488
棉花产量	吨	10	123	702	225	1186
规模以上工业企业	个	208	213	552	182	144
固定电话用户	户	51313		89000		18010
四、教育、卫生和社会保障						
普通中学在校学生	人	22957	25480	46226	32069	17523
小学在校学生	人	23218	32613	64512	39372	19545
医疗卫生机构床位	张	2228	1850	5833	2788	2491
提供住宿的民政服务机构	个	23	378	548	279	245
提供住宿的民政服务机构床位数	张	1085	7539	12019	3984	4800

2022年县(市)社会经济主要指标

山东省

指　　标	单位	商河县	即墨区	胶州市	平度市	莱西市
一、基本情况						
行政区域面积	平方公里	1162	1921	1324	3176	1568
乡	个					
镇	个	11	4	4	12	8
街道办事处	个	1	11	8	5	3
户籍人口	万人	63	119	88	137	74
二、综合经济						
地区生产总值	万元	2310177	15133277	15410900	8456100	6623700
第一产业增加值	万元	580000	887187	659800	1270600	754500
第二产业增加值	万元	776955	7604919	7401600	3259600	2506300
第三产业增加值	万元	953222	6641172	7349500	3925900	3362900
地方一般公共预算收入	万元	201181	995479	1129809	612927	576992
地方一般公共预算支出	万元	400679	1329000	1395272	1130679	894353
住户存款余额	万元	2552723	10202630	8548000	8828000	5279490
年末金融机构各项贷款余额	万元	2172510	14361899	13542000	8008000	7177669
三、农业、工业和通讯						
设施农业种植占地面积	公顷	4283	2725	2693	10817	13011
油料产量	吨	17	34521	23831	89824	77210
棉花产量	吨	387		1	24	
规模以上工业企业	个	181	594	818	489	374
固定电话用户	户	16002	181006	131400	91900	56674
四、教育、卫生和社会保障						
普通中学在校学生	人	32215	69207	48870	57993	40035
小学在校学生	人	39476	89689	72083	69029	33564
医疗卫生机构床位	张	2810	5803	6041	7260	5528
提供住宿的民政服务机构	个	457	19	25	33	20
提供住宿的民政服务机构床位数	张	7669	2588	3167	3038	3661

2022年县(市)社会经济主要指标

山东省

指　　标	单位	桓台县	高青县	沂源县	滕州市	垦利区
一、基本情况						
行政区域面积	平方公里	509	831	1636	1495	2340
乡	个					
镇	个	7	7	10	16	5
街道办事处	个	2	2	2	5	2
户籍人口	万人	50	36	57	175	24
二、综合经济						
地区生产总值	万元	7019588	2174275	3287741	9013100	3475531
第一产业增加值	万元	164022	441361	459068	921300	381110
第二产业增加值	万元	3998319	877377	1384780	3924800	1941754
第三产业增加值	万元	2857247	855537	1443893	4167000	1152667
地方一般公共预算收入	万元	403127	191466	222758	635912	300538
地方一般公共预算支出	万元	488663	351380	436404	1042292	386620
住户存款余额	万元	3786198	2185881	3297256	8404798	3159536
年末金融机构各项贷款余额	万元	4825314	2162764	3330187	7847552	4683620
三、农业、工业和通讯						
设施农业种植占地面积	公顷	208	3507	1565	12267	136
油料产量	吨		152	13401	27994	162
棉花产量	吨	2	583	273	400	3693
规模以上工业企业	个	201	119	103	360	114
固定电话用户	户	37186	27918	32293	98553	53800
四、教育、卫生和社会保障						
普通中学在校学生	人	27570	19988	26622	96897	13380
小学在校学生	人	22494	13716	24568	139042	15213
医疗卫生机构床位	张	4051	1575	3770	9522	917
提供住宿的民政服务机构	个	40	8	9	27	6
提供住宿的民政服务机构床位数	张	5892	1537	695	5796	685

2022年县(市)社会经济主要指标

山东省

指 标	单位	利津县	广饶县	蓬莱区	龙口市	莱阳市
一、基本情况						
行政区域面积	平方公里	1301	1167	1204	941	1731
乡	个	2		6		
镇	个	4	6	8	8	13
街道办事处	个	2	3	6	5	5
户籍人口	万人	31	53	48	63	82
二、综合经济						
地区生产总值	万元	3026959	7817071	5269166	13823247	5099972
第一产业增加值	万元	420504	577059	1158643	434803	645793
第二产业增加值	万元	1569237	5046381	1531748	6791891	2151719
第三产业增加值	万元	1037218	2193631	2578775	6596553	2302460
地方一般公共预算收入	万元	246166	556652	373454	1137563	243624
地方一般公共预算支出	万元	344434	644416	622039	1147551	402849
住户存款余额	万元	1903461	5196568	5303262	8593785	5428248
年末金融机构各项贷款余额	万元	2414791	6401269	4647061	10121336	3259134
三、农业、工业和通讯						
设施农业种植占地面积	公顷	977	2105	507	1909	1383
油料产量	吨	504		21124	6531	84414
棉花产量	吨	7880	901			
规模以上工业企业	个	89	273	179	284	239
固定电话用户	户	10300	38000	46328	66699	58998
四、教育、卫生和社会保障						
普通中学在校学生	人	10774	31096	18728	31839	32554
小学在校学生	人	10204	32522	18032	32502	29409
医疗卫生机构床位	张	1095	2628	2417	4592	4682
提供住宿的民政服务机构	个	5	19	8	22	11
提供住宿的民政服务机构床位数	张	708	2170	2353	3042	5442

2022年县(市)社会经济主要指标

山东省

指　　标	单位	莱州市	招远市	栖霞市	海阳市	临朐县
一、基本情况						
行政区域面积	平方公里	1949	1432	1793	1916	1831
乡	个					
镇	个	11	9	11	10	6
街道办事处	个	6	5	3	4	4
户籍人口	万人	82	55	49	62	92
二、综合经济						
地区生产总值	万元	7707063	8433146	2918091	4976943	4091900
第一产业增加值	万元	934724	575752	637289	989624	459900
第二产业增加值	万元	3539428	3384107	644450	1773333	1691500
第三产业增加值	万元	3232911	4473287	1636352	2213986	1940500
地方一般公共预算收入	万元	424884	473712	133216	300120	246538
地方一般公共预算支出	万元	577530	665857	398916	456963	479396
住户存款余额	万元	9162159	5708813	3680598	5033652	5479857
年末金融机构各项贷款余额	万元	4228634	4294191	1662724	3875934	5124226
三、农业、工业和通讯						
设施农业种植占地面积	公顷	988	1097	180	2358	3715
油料产量	吨	40702	68211	49120	82650	16998
棉花产量	吨	6				350
规模以上工业企业	个	260	143	76	213	381
固定电话用户	户	77011	48490	28916	31320	65158
四、教育、卫生和社会保障						
普通中学在校学生	人	32532	22220	13570	24560	44262
小学在校学生	人	29809	20886	10869	19817	59086
医疗卫生机构床位	张	4830	2671	2626	3158	5431
提供住宿的民政服务机构	个	26	28	17	35	17
提供住宿的民政服务机构床位数	张	3623	5033	2838	4601	2031

2022年县(市)社会经济主要指标

山东省

指　　标	单位	昌乐县	青州市	诸城市	寿光市	安丘市
一、基本情况						
行政区域面积	平方公里	1101	1561	2151	1997	1712
乡	个					
镇	个	4	8	10	9	9
街道办事处	个	4	4	3	5	3
户籍人口	万人	64	95	111	111	97
二、综合经济						
地区生产总值	万元	4233800	7032538	8055000	10020783	4235500
第一产业增加值	万元	589100	748438	814400	1315618	649800
第二产业增加值	万元	1602200	2887800	3081200	4358500	1235100
第三产业增加值	万元	2042500	3396300	4159400	4346665	2350600
地方一般公共预算收入	万元	285032	510709	605694	982764	302500
地方一般公共预算支出	万元	400489	588163	791828	1275802	517669
住户存款余额	万元	4238306	9337531	8412740	10345993	5742146
年末金融机构各项贷款余额	万元	5160529	7734795	9082499	12144570	6143153
三、农业、工业和通讯						
设施农业种植占地面积	公顷	15493	10454	2543	25255	10485
油料产量	吨	31965	11	44405	281	42716
棉花产量	吨	1	3	40	1860	42
规模以上工业企业	个	328	393	469	444	353
固定电话用户	户	45267	85844	85503	108724	51554
四、教育、卫生和社会保障						
普通中学在校学生	人	42611	36902	54307	54744	48428
小学在校学生	人	39843	62528	65510	78625	51069
医疗卫生机构床位	张	4139	6422	7185	7163	6107
提供住宿的民政服务机构	个	5	18	19	17	15
提供住宿的民政服务机构床位数	张	1731	5274	2597	2977	2310

2022年县(市)社会经济主要指标

山东省

指　　标	单位	高密市	昌邑市	兖州区	微山县	鱼台县
一、基本情况						
行政区域面积	平方公里	1523	1628	650	1738	653
乡	个				1	
镇	个	7	6	6	11	9
街道办事处	个	3	3	6	3	2
户籍人口	万人	89	58	65	72	47
二、综合经济						
地区生产总值	万元	6468000	5544739	8340232	4442788	2331691
第一产业增加值	万元	571000	617085	396218	649189	600241
第二产业增加值	万元	2203000	2387400	4223404	1535261	643912
第三产业增加值	万元	3694000	2540254	3720610	2258338	1087538
地方一般公共预算收入	万元	545001	371645	702968	280410	135993
地方一般公共预算支出	万元	582120	463730	802751	468415	329985
住户存款余额	万元	6527472	5343363	4893456	3014936	2120400
年末金融机构各项贷款余额	万元	7553378	4654337	4650275	1906727	2167300
三、农业、工业和通讯						
设施农业种植占地面积	公顷	1648	6	508	521	697
油料产量	吨	11355	7828	3032	1012	
棉花产量	吨	15	2295		30	7821
规模以上工业企业	个	413	294	263	133	123
固定电话用户	户	136000	49079	30041	32854	67984
四、教育、卫生和社会保障						
普通中学在校学生	人	48387	25642	35912	28301	23138
小学在校学生	人	57622	31721	44954	36723	30863
医疗卫生机构床位	张	6098	2898	4352	3775	2313
提供住宿的民政服务机构	个	6	8	12	20	7
提供住宿的民政服务机构床位数	张	2189	552	2198	2783	1088

2022年县(市)社会经济主要指标

山东省

指　　标	单位	金乡县	嘉祥县	汶上县	泗水县	梁山县
一、基本情况						
行政区域面积	平方公里	888	975	889	1118	961
乡	个			1		2
镇	个	9	12	11	11	10
街道办事处	个	4	3	3	2	2
户籍人口	万人	68	92	81	64	84
二、综合经济						
地区生产总值	万元	2593725	3520463	2669394	2160694	2864588
第一产业增加值	万元	786979	498941	436672	593458	694582
第二产业增加值	万元	631096	1519224	1065676	573184	977175
第三产业增加值	万元	1175650	1502298	1167046	994052	1192831
地方一般公共预算收入	万元	200319	222711	188098	133105	163440
地方一般公共预算支出	万元	440674	513110	456007	429630	464647
住户存款余额	万元	3505474	4869247	3731100	2698700	5208022
年末金融机构各项贷款余额	万元	2943970	3311898	2690400	1871600	2900793
三、农业、工业和通讯						
设施农业种植占地面积	公顷	4782	858	823	1197	680
油料产量	吨	10682	1917	5702	57378	5481
棉花产量	吨	15142	2213	80	139	766
规模以上工业企业	个	146	290	187	142	238
固定电话用户	户	21045	25215	24200	35750	23210
四、教育、卫生和社会保障						
普通中学在校学生	人	44721	70741	39855	32582	55406
小学在校学生	人	49588	71635	56037	41884	75694
医疗卫生机构床位	张	2883	5459	4461	2804	3482
提供住宿的民政服务机构	个	21	19	68	16	18
提供住宿的民政服务机构床位数	张	2144	3577	4311	1987	2641

2022年县(市)社会经济主要指标

山东省

指　　标	单位	曲阜市	邹城市	宁阳县	东平县	新泰市
一、基本情况						
行政区域面积	平方公里	815	1617	1124	1340	1934
乡	个			1	2	1
镇	个	8	13	10	9	17
街道办事处	个	4	3	2	3	3
户籍人口	万人	65	120	81	80	151
二、综合经济						
地区生产总值	万元	4272498	10090617	2972128	2548982	6294762
第一产业增加值	万元	328582	689005	687030	609211	680382
第二产业增加值	万元	1249326	4705006	1040455	834745	2677389
第三产业增加值	万元	2694590	4696606	1244643	1105026	2936991
地方一般公共预算收入	万元	229288	856959	156029	147969	354368
地方一般公共预算支出	万元	452813	847863	452824	438466	654789
住户存款余额	万元	4155413	6723100	3839890	3982620	8439735
年末金融机构各项贷款余额	万元	3264005	10697100	2948745	2970027	6255729
三、农业、工业和通讯						
设施农业种植占地面积	公顷	471	882	1125	609	4288
油料产量	吨	8768	50221	59751	13825	88182
棉花产量	吨	59	126	66	2524	260
规模以上工业企业	个	178	222	166	104	309
固定电话用户	户	28858	86113	57940	59943	48406
四、教育、卫生和社会保障						
普通中学在校学生	人	32313	59187	39161	40637	82505
小学在校学生	人	40899	81093	36255	40975	89361
医疗卫生机构床位	张	3317	7341	4239	3706	7102
提供住宿的民政服务机构	个	14	31	19	40	27
提供住宿的民政服务机构床位数	张	1797	5489	2651	3067	4646

2022年县(市)社会经济主要指标

山东省

指　　标	单位	肥城市	文登区	荣成市	乳山市	五莲县
一、基本情况						
行政区域面积	平方公里	1278	1614	1555	1660	1497
乡	个					2
镇	个	10	12	12	14	8
街道办事处	个	4	3	10	1	2
户籍人口	万人	96	56	64	53	50
二、综合经济						
地区生产总值	万元	8270163	5937900	10305900	3218300	2204400
第一产业增加值	万元	663370	798200	1581900	658800	316100
第二产业增加值	万元	4259555	2367300	3357300	956400	795500
第三产业增加值	万元	3347238	2772400	5366700	1603100	1092800
地方一般公共预算收入	万元	469097	403359	545175	217561	147931
地方一般公共预算支出	万元	692297	744959	1259687	374212	386227
住户存款余额	万元	7237105	6687170	8571926	4893113	3279177
年末金融机构各项贷款余额	万元	4841428	6745242	9104022	3429553	2401295
三、农业、工业和通讯						
设施农业种植占地面积	公顷	2293	710	277	505	2975
油料产量	吨	6643	63185	44231	81433	64612
棉花产量	吨	644				89
规模以上工业企业	个	257	254	298	137	186
固定电话用户	户	103500	70900	96718	67786	30630
四、教育、卫生和社会保障						
普通中学在校学生	人	48262	23524	28592	14154	22155
小学在校学生	人	45712	20837	27638	11213	27323
医疗卫生机构床位	张	5123	4296	4107	2189	2511
提供住宿的民政服务机构	个	22	54	41	25	8
提供住宿的民政服务机构床位数	张	3046	12650	13026	5060	907

2022年县(市)社会经济主要指标

山东省

指　　标	单位	莒　县	沂南县	郯城县	沂水县	兰陵县
一、基本情况						
行政区域面积	平方公里	1821	1719	1195	2414	1724
乡	个	1	1	1	1	1
镇	个	14	13	11	15	14
街道办事处	个	5	1	1	2	2
户籍人口	万人	116	98	104	118	145
二、综合经济						
地区生产总值	万元	4532000	2900339	3851111	5441871	3399591
第一产业增加值	万元	580700	553948	411459	544786	796727
第二产业增加值	万元	1724700	1157715	1146569	2253170	927226
第三产业增加值	万元	2226600	1188676	2293083	2643915	1675638
地方一般公共预算收入	万元	243066	214845	170290	262033	248010
地方一般公共预算支出	万元	671586	610008	506575	761851	666338
住户存款余额	万元	6373610	5146723	4059844	6376752	4951427
年末金融机构各项贷款余额	万元	6134469	4097014	3466501	4939347	4782167
三、农业、工业和通讯						
设施农业种植占地面积	公顷	5309	4731	2310	1789	15487
油料产量	吨	83887	78340	11846	78548	55427
棉花产量	吨	46	340		42	110
规模以上工业企业	个	278	264	168	312	160
固定电话用户	户	40513	39598	34238	50709	46046
四、教育、卫生和社会保障						
普通中学在校学生	人	59942	53541	61562	54927	101918
小学在校学生	人	79447	63420	82555	76478	107622
医疗卫生机构床位	张	5894	5924	3817	7733	8173
提供住宿的民政服务机构	个	11	9	15	5	12
提供住宿的民政服务机构床位数	张	1756	1990	2830	2156	3174

2022年县(市)社会经济主要指标

山东省

指　　标	单位	费　县	平邑县	莒南县	蒙阴县	临沭县
一、基本情况						
行政区域面积	平方公里	1660	1823	1751	1602	1010
乡	个	1			1	
镇	个	10	13	15	8	7
街道办事处	个	1	1	1	1	2
户籍人口	万人	92	112	106	58	68
二、综合经济						
地区生产总值	万元	5018992	2966437	3677709	2067824	2494788
第一产业增加值	万元	467224	517042	583714	424596	315698
第二产业增加值	万元	2815019	1036529	1730092	514863	885442
第三产业增加值	万元	1736749	1412866	1363903	1128365	1293648
地方一般公共预算收入	万元	324573	161910	285614	116937	191712
地方一般公共预算支出	万元	633030	597282	684100	395129	487377
住户存款余额	万元	4317500	4166649	5377680	3096584	3193259
年末金融机构各项贷款余额	万元	4353026	3539679	4532391	2352058	3793608
三、农业、工业和通讯						
设施农业种植占地面积	公顷	4499	551	3667	506	1195
油料产量	吨	77264	61609	102813	35518	156376
棉花产量	吨	1057	50	253	222	
规模以上工业企业	个	626	252	336	128	213
固定电话用户	户	49354	45251	47899	34781	36594
四、教育、卫生和社会保障						
普通中学在校学生	人	53729	51130	43844	28922	39649
小学在校学生	人	75809	85393	62756	42454	46460
医疗卫生机构床位	张	4488	4643	5532	3349	3429
提供住宿的民政服务机构	个	7	8	13	8	3
提供住宿的民政服务机构床位数	张	991	1735	1517	1308	857

2022年县(市)社会经济主要指标

山东省

指　　标	单位	陵城区	宁津县	庆云县	临邑县	齐河县
一、基本情况						
行政区域面积	平方公里	1161	833	501	1016	1411
乡	个	1	1	3	1	2
镇	个	10	9	5	8	11
街道办事处	个	2	2	1	3	2
户籍人口	万人	58	48	34	55	63
二、综合经济						
地区生产总值	万元	2754701	2816745	1907688	3214324	4282044
第一产业增加值	万元	367483	258974	142835	320268	523012
第二产业增加值	万元	1110171	1298872	704603	1187220	2052842
第三产业增加值	万元	1277047	1258900	1060250	1706835	1706190
地方一般公共预算收入	万元	130891	102551	99087	177854	391829
地方一般公共预算支出	万元	290388	329841	254142	373215	660187
住户存款余额	万元	3037093	3636717	1717979	3171771	3441163
年末金融机构各项贷款余额	万元	1776411	1839830	1682727	1900212	4111413
三、农业、工业和通讯						
设施农业种植占地面积	公顷	3201	1370	312	1718	2996
油料产量	吨	120	349	34	437	1782
棉花产量	吨	363	676	127	33	158
规模以上工业企业	个	177	205	114	160	195
固定电话用户	户	15749	28541	14285	33475	30000
四、教育、卫生和社会保障						
普通中学在校学生	人	21835	26664	26834	28175	30254
小学在校学生	人	32007	34116	36674	32840	39574
医疗卫生机构床位	张	2347	1889	1776	2508	2807
提供住宿的民政服务机构	个	6	8	5	4	8
提供住宿的民政服务机构床位数	张	860	926	1194	914	1527

2022年县(市)社会经济主要指标

山东省

指　　标	单位	平原县	夏津县	武城县	乐陵市	禹城市
一、基本情况						
行政区域面积	平方公里	1047	882	751	1173	992
乡	个	1	2		3	
镇	个	8	10	7	9	9
街道办事处	个	3	2	1	4	2
户籍人口	万人	47	54	39	70	54
二、综合经济						
地区生产总值	万元	2812348	2344855	2036172	2831767	2914277
第一产业增加值	万元	517050	291400	203513	448365	536502
第二产业增加值	万元	965040	1073638	980207	1011921	954844
第三产业增加值	万元	1330258	979817	852453	1371481	1422931
地方一般公共预算收入	万元	120240	87676	98252	148692	231601
地方一般公共预算支出	万元	318802	304036	310320	403505	434853
住户存款余额	万元	3039652	2696260	2728376	3113370	3034612
年末金融机构各项贷款余额	万元	1455249	1802830	1490177	2637285	3090181
三、农业、工业和通讯						
设施农业种植占地面积	公顷	5699	812	714	590	4262
油料产量	吨	627	2526	3502	8	2071
棉花产量	吨	480	13973	4084	1169	1020
规模以上工业企业	个	150	144	163	116	175
固定电话用户	户	8000	33902	12572	16900	19630
四、教育、卫生和社会保障						
普通中学在校学生	人	22553	31851	23731	35209	27265
小学在校学生	人	26439	35161	28681	46079	33950
医疗卫生机构床位	张	2624	1596	1623	2861	2188
提供住宿的民政服务机构	个	12	4	10	20	5
提供住宿的民政服务机构床位数	张	2260	408	966	3557	575

2022年县(市)社会经济主要指标

山东省

指　　标	单位	茌平区	阳谷县	莘　县	东阿县	冠　县
一、基本情况						
行政区域面积	平方公里	1003	1008	1388	727	1161
乡	个	1	1			3
镇	个	10	14	20	8	12
街道办事处	个	3	3	4	2	3
户籍人口	万人	56	82	110	40	85
二、综合经济						
地区生产总值	万元	3698800	3301600	2739600	1775800	2626000
第一产业增加值	万元	344000	706800	870300	247000	638000
第二产业增加值	万元	2156400	1121800	537500	866100	809000
第三产业增加值	万元	1198400	1473000	1331800	662700	1179000
地方一般公共预算收入	万元	303993	133687	132305	147438	128982
地方一般公共预算支出	万元	373342	459765	611641	299042	454363
住户存款余额	万元	4035849	4387226	5113072	2620486	3817138
年末金融机构各项贷款余额	万元	3482691	3675422	2884167	1892848	2540568
三、农业、工业和通讯						
设施农业种植占地面积	公顷	828	7209	24416	1133	8919
油料产量	吨	1376	1994	6815	796	6315
棉花产量	吨	531	393	24	171	679
规模以上工业企业	个	203	175	182	111	172
固定电话用户	户	20828	37422	31450	13046	43379
四、教育、卫生和社会保障						
普通中学在校学生	人	31769	44963	83111	20526	59178
小学在校学生	人	47111	57459	109890	27767	78536
医疗卫生机构床位	张	2209	4172	3845	1630	3114
提供住宿的民政服务机构	个	10	12	12	11	8
提供住宿的民政服务机构床位数	张	3240	4354	1771	2396	1267

2022年县(市)社会经济主要指标

山东省

指　　标	单位	高唐县	临清市	沾化区	惠民县	阳信县
一、基本情况						
行政区域面积	平方公里	947	951	2218	1363	798
乡	个			3		1
镇	个	9	12	7	12	7
街道办事处	个	3	4	2	3	2
户籍人口	万人	50	83	39	64	47
二、综合经济						
地区生产总值	万元	1801765	2820800	1868092	2350606	2727746
第一产业增加值	万元	297850	369000	468100	570868	432060
第二产业增加值	万元	695337	1045400	580719	729067	1091966
第三产业增加值	万元	808578	1406400	819273	1050671	1203720
地方一般公共预算收入	万元	116950	200041	162592	167376	131681
地方一般公共预算支出	万元	289536	484418	332796	469185	326779
住户存款余额	万元	3057384	5144011	1699870	2909896	1944637
年末金融机构各项贷款余额	万元	2018684	2797140	1747936	2072014	2261301
三、农业、工业和通讯						
设施农业种植占地面积	公顷	942	1440	4825	3002	2312
油料产量	吨	5741	1059	586	4580	
棉花产量	吨	2032	446	4787	2966	899
规模以上工业企业	个	178	225	115	185	159
固定电话用户	户	20490	28628	16173	19400	30980
四、教育、卫生和社会保障						
普通中学在校学生	人	30692	58693	13339	24809	24384
小学在校学生	人	40863	78798	20913	35575	32463
医疗卫生机构床位	张	2251	3631	1936	4453	2179
提供住宿的民政服务机构	个	9	9	8	22	4
提供住宿的民政服务机构床位数	张	956	1928	1261	3218	2090

2022年县(市)社会经济主要指标

山东省

指　　标	单位	无棣县	博兴县	邹平市	定陶区	曹　县
一、基本情况						
行政区域面积	平方公里	2094	900	1250	845	1967
乡	个					
镇	个	10	9	11	9	21
街道办事处	个	2	3	5	2	5
户籍人口	万人	49	50	74	71	169
二、综合经济						
地区生产总值	万元	4126295	4568063	6444419	2715062	5462976
第一产业增加值	万元	517459	354963	361819	345013	578596
第二产业增加值	万元	2095276	1912684	3251379	1040351	2211537
第三产业增加值	万元	1513560	2300416	2831222	1329698	2672843
地方一般公共预算收入	万元	345793	348157	790854	166191	260563
地方一般公共预算支出	万元	517816	483119	1040405	403765	814310
住户存款余额	万元	2421900	4295044	5377929	3301264	6201236
年末金融机构各项贷款余额	万元	2817600	4635448	7918442	2021389	3904098
三、农业、工业和通讯						
设施农业种植占地面积	公顷	179	1124	834	6640	3278
油料产量	吨	1088		250	6916	33068
棉花产量	吨	6072	1729	617	140	542
规模以上工业企业	个	198	296	378	154	442
固定电话用户	户	34408	53900	59649	6534	19104
四、教育、卫生和社会保障						
普通中学在校学生	人	24176	20497	36172	42168	106992
小学在校学生	人	43146	29294	51671	55989	145352
医疗卫生机构床位	张	2419	2880	4153	2547	8713
提供住宿的民政服务机构	个	90	16	18	8	21
提供住宿的民政服务机构床位数	张	2603	4324	2106	1531	2501

2022年县(市)社会经济主要指标

山东省

指　　标	单位	单　县	成武县	巨野县	郓城县	鄄城县
一、基本情况						
行政区域面积	平方公里	1647	988	1302	1633	1038
乡	个	2			2	
镇	个	16	11	15	16	15
街道办事处	个	4	2	2	4	2
户籍人口	万人	126	71	110	127	93
二、综合经济						
地区生产总值	万元	4333371	1973287	4248494	5144583	2935289
第一产业增加值	万元	579605	351599	453468	585980	380300
第二产业增加值	万元	1540064	536576	1744260	2413641	965104
第三产业增加值	万元	2213702	1085112	2050765	2144962	1589886
地方一般公共预算收入	万元	255156	153146	335662	373027	158893
地方一般公共预算支出	万元	623349	573703	594166	704233	497240
住户存款余额	万元	5208437	3627947	5687802	7322605	4316627
年末金融机构各项贷款余额	万元	3567959	1812855	3600972	3590347	2103934
三、农业、工业和通讯						
设施农业种植占地面积	公顷	4214	3699	941	1254	934
油料产量	吨	43141	2518	9999	28470	34431
棉花产量	吨	7788	10396	17585	1047	656
规模以上工业企业	个	160	163	232	424	284
固定电话用户	户	3745	11722	8524	26078	6502
四、教育、卫生和社会保障						
普通中学在校学生	人	81301	55228	81971	86963	56928
小学在校学生	人	103352	56279	104996	108953	78587
医疗卫生机构床位	张	7120	3490	5836	7711	5126
提供住宿的民政服务机构	个	8	17	13	24	10
提供住宿的民政服务机构床位数	张	923	3494	1589	3957	1638

2022年县(市)社会经济主要指标

山东省、河南省

指　　标	单位	东明县	中牟县	巩义市	荥阳市	新密市
一、基本情况						
行政区域面积	平方公里	1306	953	1043	943	996
乡	个	2	1		3	1
镇	个	10	9	15	9	12
街道办事处	个	2	4	5	2	4
户籍人口	万人	87	59	85	72	90
二、综合经济						
地区生产总值	万元	5060167	14124032	9625778	5587621	7358455
第一产业增加值	万元	391562	430414	140463	318118	278614
第二产业增加值	万元	3095368	7556761	5811013	2693991	3828001
第三产业增加值	万元	1573238	6136857	3674302	2575512	3251840
地方一般公共预算收入	万元	296032	539516	529006	502218	382500
地方一般公共预算支出	万元	664909	719472	940208	680702	564243
住户存款余额	万元	3909518	5783564	4894167	4004798	4978055
年末金融机构各项贷款余额	万元	2703330	6434636	3816148	3915768	3700286
三、农业、工业和通讯						
设施农业种植占地面积	公顷	2648	2961	27	583	433
油料产量	吨	44979	49931	3682	6418	6236
棉花产量	吨	3185	180	105	1	5
规模以上工业企业	个	165	126	502	277	276
固定电话用户	户	19231	46945			46067
四、教育、卫生和社会保障						
普通中学在校学生	人	62211	60034	42524	37647	55364
小学在校学生	人	76657	85655	57107	60304	68875
医疗卫生机构床位	张	5179	3492	5546	2975	7594
提供住宿的民政服务机构	个	24	13	23	11	35
提供住宿的民政服务机构床位数	张	4444	1524	3017	2455	4198

2022年县(市)社会经济主要指标

河南省

指　　标	单位	新郑市	登封市	祥符区	杞　县	通许县
一、基本情况						
行政区域面积	平方公里	702	1217	1252	1257	767
乡	个	1	3	8	13	6
镇	个	9	8	6	7	5
街道办事处	个	3	4	1	1	1
户籍人口	万人	66	73	82	122	68
二、综合经济						
地区生产总值	万元	14854461	4783962	3185465	4274163	3036640
第一产业增加值	万元	317568	285158	715579	1044066	698198
第二产业增加值	万元	8480174	2212717	1217741	1425694	1065833
第三产业增加值	万元	6056720	2286087	1252145	1804403	1272609
地方一般公共预算收入	万元	709625	292999	153137	233987	135977
地方一般公共预算支出	万元	934313	527406	460954	615088	389743
住户存款余额	万元	5670087	3869452	2212813	3149357	2427312
年末金融机构各项贷款余额	万元	6662171	3016727	1716757	2041370	1570367
三、农业、工业和通讯						
设施农业种植占地面积	公顷	160	235	857	367	274
油料产量	吨	16880	6178	121251	116488	47550
棉花产量	吨		29	152	1315	807
规模以上工业企业	个	250	224	135	151	108
固定电话用户	户	41823	16348	8904	3223	9774
四、教育、卫生和社会保障						
普通中学在校学生	人	68495	69188	44642	73099	40988
小学在校学生	人	113985	72213	55892	89749	54176
医疗卫生机构床位	张	6619	5299	3390	4286	3892
提供住宿的民政服务机构	个	18	19	27	34	14
提供住宿的民政服务机构床位数	张	5347	4047	2235	2883	859

2022年县(市)社会经济主要指标

河南省

指　　标	单位	尉氏县	兰考县	偃师区	孟津区	新安县
一、基本情况						
行政区域面积	平方公里	977	1103	660	798	1164
乡	个	5	5			
镇	个	7	8	9	10	10
街道办事处	个	1	3	4	4	1
户籍人口	万人	104	96	64	54	54
二、综合经济						
地区生产总值	万元	4716829	4260958	4818564	5418698	4633924
第一产业增加值	万元	650298	550753	221840	276848	271062
第二产业增加值	万元	2379558	1897946	2567031	3201043	1984783
第三产业增加值	万元	1686973	1812259	2029693	1940808	2378079
地方一般公共预算收入	万元	380874	371613	276437	417152	288851
地方一般公共预算支出	万元	713997	814424	397666	430941	376100
住户存款余额	万元	3057493	3070513	4052284	2154821	2223963
年末金融机构各项贷款余额	万元	2398246	3512109	2742808	1665352	2427765
三、农业、工业和通讯						
设施农业种植占地面积	公顷	383	2253	2157	1450	464
油料产量	吨	131496	78112	3290	8426	6472
棉花产量	吨	970	803	36	328	133
规模以上工业企业	个	277	263	264	305	199
固定电话用户	户	17834	14200	33328	33242	6146
四、教育、卫生和社会保障						
普通中学在校学生	人	62129	62653	27296	30115	32070
小学在校学生	人	68693	92191	38404	34342	37417
医疗卫生机构床位	张	3823	5275	2722	2731	2998
提供住宿的民政服务机构	个	11	22	25	17	17
提供住宿的民政服务机构床位数	张	534	1651	1862	1803	1830

2022年县(市)社会经济主要指标

河南省

指　　标	单位	栾川县	嵩　县	汝阳县	宜阳县	洛宁县
一、基本情况						
行政区域面积	平方公里	2477	3010	1328	1617	2304
乡	个	2	4	5	4	6
镇	个	11	12	8	11	11
街道办事处	个	1			1	1
户籍人口	万人	36	65	54	72	51
二、综合经济						
地区生产总值	万元	3037283	2306460	2063448	3420965	2294048
第一产业增加值	万元	150925	298166	174055	393178	300787
第二产业增加值	万元	1643962	803052	864831	1303713	908218
第三产业增加值	万元	1242396	1205242	1024562	1724075	1085043
地方一般公共预算收入	万元	261003	117200	156752	158168	147655
地方一般公共预算支出	万元	324229	392117	296247	388628	326878
住户存款余额	万元	1862265	2041614	1676862	2254895	1567593
年末金融机构各项贷款余额	万元	1818095	924025	1120868	2218880	1209591
三、农业、工业和通讯						
设施农业种植占地面积	公顷	65	454	385	1134	185
油料产量	吨	648	14480	17857	64698	7207
棉花产量	吨	3	279	217	486	88
规模以上工业企业	个	49	54	59	169	66
固定电话用户	户	26916	15400	24226	18530	12291
四、教育、卫生和社会保障						
普通中学在校学生	人	23087	40076	36643	43320	26489
小学在校学生	人	30200	52494	50063	51565	35268
医疗卫生机构床位	张	2184	3894	3171	4789	4548
提供住宿的民政服务机构	个	20	19	17	301	21
提供住宿的民政服务机构床位数	张	1489	1831	1248	4816	1645

2022年县(市)社会经济主要指标

河南省

指　　标	单位	伊川县	宝丰县	叶　县	鲁山县	郏　县
一、基本情况						
行政区域面积	平方公里	1060	713	1346	2402	737
乡	个	1	3	6	13	5
镇	个	12	9	9	7	8
街道办事处	个	2		3	4	2
户籍人口	万人	95	56	88	98	66
二、综合经济						
地区生产总值	万元	4494319	3807200	2637059	2039963	2326117
第一产业增加值	万元	317485	229200	654380	336735	265206
第二产业增加值	万元	1949391	1812000	783660	645768	1019669
第三产业增加值	万元	2227443	1766000	1199019	1057460	1041242
地方一般公共预算收入	万元	211604	220993	131339	123833	130915
地方一般公共预算支出	万元	413403	362111	454819	512716	293429
住户存款余额	万元	2679780	2378205	3024640	3407428	2142530
年末金融机构各项贷款余额	万元	7669759	2529171	1579915	1377909	1486079
三、农业、工业和通讯						
设施农业种植占地面积	公顷	436	167	578	962	131
油料产量	吨	13951	16646	70143	22788	24166
棉花产量	吨	331				126
规模以上工业企业	个	159	129	112	106	172
固定电话用户	户	34522	20792	14554	6689	5111
四、教育、卫生和社会保障						
普通中学在校学生	人	59279	43063	53936	78697	28266
小学在校学生	人	85403	52243	74135	87091	51899
医疗卫生机构床位	张	4437	2730	3427	5279	3230
提供住宿的民政服务机构	个	20	16	17	26	17
提供住宿的民政服务机构床位数	张	2186	911	1479	1422	859

2022年县(市)社会经济主要指标

河南省

指　　标	单位	舞钢市	汝州市	安阳县	汤阴县	滑　县
一、基本情况						
行政区域面积	平方公里	641	1572	509	646	1781
乡	个	3	2	2	1	6
镇	个	4	13	7	9	14
街道办事处	个	7	6			3
户籍人口	万人	34	118	56	52	151
二、综合经济						
地区生产总值	万元	1739879	5493344	1110963	1807454	4216295
第一产业增加值	万元	130595	449835	155736	291832	808556
第二产业增加值	万元	991860	2281950	303361	711252	1545799
第三产业增加值	万元	617424	2761559	651866	804370	1861940
地方一般公共预算收入	万元	175310	387566	157101	226100	189170
地方一般公共预算支出	万元	281531	625060	429891	439862	672186
住户存款余额	万元	2142898	3880476	1684385	2062932	4830634
年末金融机构各项贷款余额	万元	1851252	3328911	647579	1648747	3484933
三、农业、工业和通讯						
设施农业种植占地面积	公顷	273	269	314	194	8947
油料产量	吨	6170	19114	418	6238	102698
棉花产量	吨		165	91	58	31
规模以上工业企业	个	70	183	33	131	195
固定电话用户	户	21745	17104	19849	33279	52589
四、教育、卫生和社会保障						
普通中学在校学生	人	23295	87638	37195	43023	108928
小学在校学生	人	27789	111725	33388	44381	141378
医疗卫生机构床位	张	1863	7139	1271	1850	10763
提供住宿的民政服务机构	个	14	33	16	9	34
提供住宿的民政服务机构床位数	张	1544	2809	1311	1395	2661

2022年县(市)社会经济主要指标

河南省

指　　标	单位	内黄县	林州市	浚　县	淇　县	新乡县
一、基本情况						
行政区域面积	平方公里	1145	2062	966	567	393
乡	个	6			1	1
镇	个	9	16	7	4	6
街道办事处	个	2	4	4	4	
户籍人口	万人	86	113	75	30	37
二、综合经济						
地区生产总值	万元	1893034	6574439	3053685	2752776	2543305
第一产业增加值	万元	813894	149217	374039	256670	104894
第二产业增加值	万元	323888	3422733	1587230	1729005	1462737
第三产业增加值	万元	755252	3002489	1092416	767101	975674
地方一般公共预算收入	万元	135856	435422	76499	113084	111176
地方一般公共预算支出	万元	388270	680746	616374	280062	193115
住户存款余额	万元	2419100	6877641	2470602	1285345	2466840
年末金融机构各项贷款余额	万元	1559904	3837125	1430535	1492946	1800190
三、农业、工业和通讯						
设施农业种植占地面积	公顷	5040	60	715	42	100
油料产量	吨	88820	4408	46564	2198	195
棉花产量	吨	140	342	16	29	
规模以上工业企业	个	64	165	112	113	170
固定电话用户	户	46080	55990	33241	18327	14424
四、教育、卫生和社会保障						
普通中学在校学生	人	59053	83330	43866	13887	28206
小学在校学生	人	73022	99721	56621	20421	29812
医疗卫生机构床位	张	3690	4371	2743	2195	1376
提供住宿的民政服务机构	个	17	27	21	7	20
提供住宿的民政服务机构床位数	张	1500	1969	1150	1130	2643

2022年县(市)社会经济主要指标

河南省

指　　标	单位	获嘉县	原阳县	延津县	封丘县	卫辉市
一、基本情况						
行政区域面积	平方公里	470	1315	888	1226	859
乡	个	2	8	6	6	6
镇	个	9	8	4	13	7
街道办事处	个		3	3		
户籍人口	万人	45	83	51	89	54
二、综合经济						
地区生产总值	万元	2155669	2790479	1794645	2928962	2085793
第一产业增加值	万元	432385	462650	343221	718695	315899
第二产业增加值	万元	889427	1006853	606295	1023280	773827
第三产业增加值	万元	833857	1320976	845129	1186987	996067
地方一般公共预算收入	万元	86496	218711	73735	88833	143666
地方一般公共预算支出	万元	226724	541685	235275	376079	472613
住户存款余额	万元	1730794	2298021	1829251	2754649	2250352
年末金融机构各项贷款余额	万元	1048217	2670430	1003815	1114490	1177021
三、农业、工业和通讯						
设施农业种植占地面积	公顷	135	1267	817	804	120
油料产量	吨	167	36912	146851	75502	11930
棉花产量	吨	8	81		212	
规模以上工业企业	个	115	219	108	111	84
固定电话用户	户	13803	37705	17232	23130	17967
四、教育、卫生和社会保障						
普通中学在校学生	人	27574	49681	35143	48900	41787
小学在校学生	人	35961	71612	46158	70494	42557
医疗卫生机构床位	张	2588	4195	3487	3813	5408
提供住宿的民政服务机构	个	16	33	12	15	37
提供住宿的民政服务机构床位数	张	1527	2399	1318	1450	3408

2022年县(市)社会经济主要指标

河南省

指　　标	单位	辉县市	长垣市	修武县	博爱县	武陟县
一、基本情况						
行政区域面积	平方公里	1681	1051	601	428	798
乡	个	7	2	3	2	5
镇	个	13	11	5	5	6
街道办事处	个	2	5		2	4
户籍人口	万人	93	104	27	40	74
二、综合经济						
地区生产总值	万元	3954072	5749026	1616473	1680405	3279494
第一产业增加值	万元	468824	454089	124834	168015	376947
第二产业增加值	万元	1796263	3251360	709253	640802	1146957
第三产业增加值	万元	1688985	2043577	782386	871588	1755590
地方一般公共预算收入	万元	304212	502411	117335	106195	163867
地方一般公共预算支出	万元	607925	767683	249196	199531	331701
住户存款余额	万元	4767488	6767627	1368020	1940719	2750676
年末金融机构各项贷款余额	万元	3066626	4392461	1163115	1097403	2226040
三、农业、工业和通讯						
设施农业种植占地面积	公顷	239	455	52	2632	129
油料产量	吨	27113	34568	749	882	44663
棉花产量	吨	4	307	108	3	4
规模以上工业企业	个	192	306	83	72	214
固定电话用户	户	29994	57662	11883	8698	27415
四、教育、卫生和社会保障						
普通中学在校学生	人	70059	74650	14734	20677	39970
小学在校学生	人	89655	104062	19091	29614	59872
医疗卫生机构床位	张	4143	4775	1668	2465	4306
提供住宿的民政服务机构	个	28	22	3	15	19
提供住宿的民政服务机构床位数	张	6063	2502	834	941	1485

2022年县(市)社会经济主要指标

河南省

指　　标	单位	温　县	沁阳市	孟州市	清丰县	南乐县
一、基本情况						
行政区域面积	平方公里	481	595	542	834	624
乡	个	2	3	1	9	5
镇	个	5	6	6	8	7
街道办事处	个	4	4	4		
户籍人口	万人	46	49	38	75	58
二、综合经济						
地区生产总值	万元	2027245	3420002	2473177	2376607	1995553
第一产业增加值	万元	244596	200001	241498	561706	455163
第二产业增加值	万元	578070	1560001	1143474	766535	575177
第三产业增加值	万元	1204579	1660001	1088205	1048366	965213
地方一般公共预算收入	万元	110600	190918	175135	112687	82448
地方一般公共预算支出	万元	220156	305771	271533	432266	246736
住户存款余额	万元	1997301	2373911	1787765	2257144	1808848
年末金融机构各项贷款余额	万元	1295925	1955171	1501235	1813015	1294694
三、农业、工业和通讯						
设施农业种植占地面积	公顷	239	165	826	1160	2294
油料产量	吨	20257	5291	42206	37783	9326
棉花产量	吨	9	6	35		5
规模以上工业企业	个	101	149	110	125	96
固定电话用户	户	9872	45863	8990	25767	16720
四、教育、卫生和社会保障						
普通中学在校学生	人	23679	29292	14205	40810	39002
小学在校学生	人	32938	36035	23174	56542	57197
医疗卫生机构床位	张	2882	1958	2196	3271	2946
提供住宿的民政服务机构	个	10	33	9	34	17
提供住宿的民政服务机构床位数	张	789	2068	1026	1163	1599

2022年县(市)社会经济主要指标

河南省

指　　标	单位	范　县	台前县	濮阳县	建安区	鄢陵县
一、基本情况						
行政区域面积	平方公里	617	394	1347	946	866
乡	个	4	3	8	6	
镇	个	8	6	12	7	12
街道办事处	个				5	
户籍人口	万人	60	42	123	90	74
二、综合经济						
地区生产总值	万元	2517151	1337576	3263965	6755620	4005300
第一产业增加值	万元	287666	178473	611107	311245	444400
第二产业增加值	万元	1152823	438131	891361	3293327	1628800
第三产业增加值	万元	1076662	720972	1761497	3151048	1932100
地方一般公共预算收入	万元	103404	51814	178669	574373	168700
地方一般公共预算支出	万元	316762	286022	518346	611781	402621
住户存款余额	万元	2224120	1697521	3320564		2801401
年末金融机构各项贷款余额	万元	1199891	1004627	2865291		1842106
三、农业、工业和通讯						
设施农业种植占地面积	公顷	735	133	4487	212	244
油料产量	吨	2028	1478	17041	23159	9507
棉花产量	吨	16	55	385	227	83
规模以上工业企业	个	103	109	134	283	125
固定电话用户	户	18025	21478	33245	19865	11700
四、教育、卫生和社会保障						
普通中学在校学生	人	35656	28471	54371	50700	41238
小学在校学生	人	49708	35780	103383	68614	58408
医疗卫生机构床位	张	2914	2546	7060	2991	3518
提供住宿的民政服务机构	个	15	12	25	39	33
提供住宿的民政服务机构床位数	张	1625	1276	2815	3757	4004

2022年县(市)社会经济主要指标

河南省

指　　标	单位	襄城县	禹州市	长葛市	郾城区	舞阳县
一、基本情况						
行政区域面积	平方公里	914	1469	650	452	776
乡	个	6	2			4
镇	个	10	19	12	7	10
街道办事处	个		5	4	3	
户籍人口	万人	91	134	78	51	59
二、综合经济						
地区生产总值	万元	5093706	9269264	8328647	2918211	2364132
第一产业增加值	万元	456268	355374	336909	291188	383123
第二产业增加值	万元	2103562	5115275	5824975	909508	819473
第三产业增加值	万元	2533876	3798615	2166763	1717515	1161536
地方一般公共预算收入	万元	250617	305066	389070	100182	185361
地方一般公共预算支出	万元	472373	586720	534821	251685	405363
住户存款余额	万元	3590390	4911177	3870708	3365137	2453164
年末金融机构各项贷款余额	万元	2731552	3577040	3529632	4759529	1010677
三、农业、工业和通讯						
设施农业种植占地面积	公顷	747	278	88	97	283
油料产量	吨	14759	14747	10141	3159	49116
棉花产量	吨	39	27			
规模以上工业企业	个	122	522	570	75	64
固定电话用户	户	32635	43126	28794	30783	30258
四、教育、卫生和社会保障						
普通中学在校学生	人	57944	79796	49546	38643	27988
小学在校学生	人	67642	103239	63869	48647	34050
医疗卫生机构床位	张	4315	6724	3312	4212	3456
提供住宿的民政服务机构	个	28	29	26	20	20
提供住宿的民政服务机构床位数	张	2708	3569	3041	3212	2137

2022年县(市)社会经济主要指标

河南省

指　　标	单位	临颍县	陕州区	渑池县	卢氏县	义马市
一、基本情况						
行政区域面积	平方公里	821	1691	1421	4004	112
乡	个	4	8	6	10	
镇	个	10	4	6	9	
街道办事处	个	2	1			7
户籍人口	万人	72	34	36	38	15
二、综合经济						
地区生产总值	万元	4026300	3008592	2544570	1400462	1581583
第一产业增加值	万元	494384	296271	232760	311122	18269
第二产业增加值	万元	1775529	1494615	1298283	408805	1025950
第三产业增加值	万元	1756387	1217706	1013527	680535	537364
地方一般公共预算收入	万元	243718	243663	259578	88922	200241
地方一般公共预算支出	万元	461584	332499	315398	372050	232423
住户存款余额	万元	2666292	1639470	1819214	1663489	1220983
年末金融机构各项贷款余额	万元	1893584	1445917	893568	1181746	986253
三、农业、工业和通讯						
设施农业种植占地面积	公顷	993	242	95	879	8
油料产量	吨	5181	4475	20490	918	602
棉花产量	吨	16				
规模以上工业企业	个	246	130	83	50	42
固定电话用户	户	31161	17639	16285	12614	7886
四、教育、卫生和社会保障						
普通中学在校学生	人	41104	11899	25004	18480	4482
小学在校学生	人	46909	13770	26806	27417	8435
医疗卫生机构床位	张	3421	1201	2518	2363	1518
提供住宿的民政服务机构	个	33	26	18	25	6
提供住宿的民政服务机构床位数	张	3334	1847	2022	2093	460

2022年县(市)社会经济主要指标

河南省

指　　标	单位	灵宝市	南召县	方城县	西峡县	镇平县
一、基本情况						
行政区域面积	平方公里	3011	2946	2543	3454	1494
乡	个	5	8	1	1	4
镇	个	10	8	14	15	15
街道办事处	个			4	3	3
户籍人口	万人	74	69	117	49	108
二、综合经济						
地区生产总值	万元	4903921	2062327	3067813	3022717	3056812
第一产业增加值	万元	661072	305992	595716	409142	474211
第二产业增加值	万元	2474822	826051	972482	1210865	918850
第三产业增加值	万元	1768027	930284	1499615	1402710	1663751
地方一般公共预算收入	万元	226105	88613	163421	222777	134127
地方一般公共预算支出	万元	502587	386711	503883	463777	470292
住户存款余额	万元	3675225	2251156	3256474	2834949	4075924
年末金融机构各项贷款余额	万元	2280832	1539810	2121874	1957186	1936406
三、农业、工业和通讯						
设施农业种植占地面积	公顷	1074	664	373	17217	412
油料产量	吨	8724	56199	256959	8635	86762
棉花产量	吨	190				8
规模以上工业企业	个	88	114	154	187	142
固定电话用户	户	22463	18027	11775	11034	33163
四、教育、卫生和社会保障						
普通中学在校学生	人	36133	53011	79311	39044	64324
小学在校学生	人	50612	60496	101216	39507	81967
医疗卫生机构床位	张	4440	3678	6193	3740	4244
提供住宿的民政服务机构	个	56	20	47	52	102
提供住宿的民政服务机构床位数	张	5016	2652	4170	5106	10642

2022年县(市)社会经济主要指标

河南省

指　　标	单位	内乡县	淅川县	社旗县	唐河县	新野县
一、基本情况						
行政区域面积	平方公里	2305	2820	1203	2502	1062
乡	个	4	4	1	5	5
镇	个	12	11	13	14	8
街道办事处	个		2	2	4	2
户籍人口	万人	72	77	77	144	85
二、综合经济						
地区生产总值	万元	3040872	2845052	2090789	4429528	3179539
第一产业增加值	万元	590922	547293	519078	1089702	651255
第二产业增加值	万元	1313336	1002010	533405	1173725	884985
第三产业增加值	万元	1136614	1295749	1038306	2166101	1643300
地方一般公共预算收入	万元	204718	145743	100188	150113	104937
地方一般公共预算支出	万元	385123	590310	394866	778618	345569
住户存款余额	万元	2911750	2960660	2186739	4423628	3449078
年末金融机构各项贷款余额	万元	3231920	1871351	1359649	2516049	1896715
三、农业、工业和通讯						
设施农业种植占地面积	公顷	2231	413	401	330	808
油料产量	吨	79380	127288	137893	272986	176061
棉花产量	吨	70	479	8		
规模以上工业企业	个	107	117	74	172	165
固定电话用户	户	23360	7727	24536	21500	20685
四、教育、卫生和社会保障						
普通中学在校学生	人	59802	55469	47449	86522	60889
小学在校学生	人	54496	62538	61021	112637	63651
医疗卫生机构床位	张	4113	3560	3071	6295	3274
提供住宿的民政服务机构	个	29	83	32	40	40
提供住宿的民政服务机构床位数	张	5826	6084	1998	10167	6671

2022年县(市)社会经济主要指标

河南省

指　　标	单位	桐柏县	邓州市	民权县	睢　县	宁陵县
一、基本情况						
行政区域面积	平方公里	1914	2360	1238	920	797
乡	个	3	3	6	10	7
镇	个	13	21	11	8	7
街道办事处	个		4	2	2	
户籍人口	万人	49	185	103	94	73
二、综合经济						
地区生产总值	万元	2085996	5047834	2831372	2607791	2011846
第一产业增加值	万元	305841	1058980	707370	627862	409920
第二产业增加值	万元	851073	1418806	676207	977768	737811
第三产业增加值	万元	929082	2570048	1447795	1002161	864115
地方一般公共预算收入	万元	136739	229015	134299	121767	63925
地方一般公共预算支出	万元	322353	855367	457333	420229	333863
住户存款余额	万元	2165230	5454873	3000995	2978280	2126582
年末金融机构各项贷款余额	万元	960056	3530316	1829114	1529285	1656981
三、农业、工业和通讯						
设施农业种植占地面积	公顷	198	1797	463	499	976
油料产量	吨	72204	303530	110887	71761	114625
棉花产量	吨		17	94	32	
规模以上工业企业	个	92	165	230	149	100
固定电话用户	户	8254	18000	38726	43166	3767
四、教育、卫生和社会保障						
普通中学在校学生	人	36262	127805	52604	50714	34353
小学在校学生	人	36501	141796	90840	80214	63115
医疗卫生机构床位	张	2759	9353	4402	4744	4544
提供住宿的民政服务机构	个	33	63	18	27	16
提供住宿的民政服务机构床位数	张	3893	8233	2245	2146	797

2022年县(市)社会经济主要指标

河南省

指　　标	单位	柘城县	虞城县	夏邑县	永城市	罗山县
一、基本情况						
行政区域面积	平方公里	1042	1346	1474	2021	2071
乡	个	7	13	11	1	6
镇	个	11	12	13	24	11
街道办事处	个	4			6	3
户籍人口	万人	111	138	135	164	77
二、综合经济						
地区生产总值	万元	3042546	3700300	3484700	8001115	2532300
第一产业增加值	万元	711209	685137	724632	1045161	626600
第二产业增加值	万元	1128573	1570803	1341860	3528700	760200
第三产业增加值	万元	1202764	1444360	1418208	3427254	1145500
地方一般公共预算收入	万元	111145	127372	124222	538699	92506
地方一般公共预算支出	万元	518535	482623	553598	908652	458071
住户存款余额	万元	3427617	3932558	4224849	6497500	3432341
年末金融机构各项贷款余额	万元	1640740	1927819	1733667	4210000	1213780
三、农业、工业和通讯						
设施农业种植占地面积	公顷	310	4870	8530	7098	1576
油料产量	吨	10622	37735	19468	9651	45583
棉花产量	吨	159	224	41	23	22
规模以上工业企业	个	147	293	256	322	131
固定电话用户	户	12013	29106	17665	26980	4785
四、教育、卫生和社会保障						
普通中学在校学生	人	54695	71607	62083	108868	47058
小学在校学生	人	89308	114408	105261	148139	47323
医疗卫生机构床位	张	5275	5768	4153	10610	3060
提供住宿的民政服务机构	个	22	43	45	48	31
提供住宿的民政服务机构床位数	张	5531	7300	5852	5605	2652

2022年县(市)社会经济主要指标

河南省

指　　标	单位	光山县	新　县	商城县	固始县	潢川县
一、基本情况						
行政区域面积	平方公里	1834	1554	2110	2943	1635
乡	个	10	10	7	10	7
镇	个	7	5	10	20	10
街道办事处	个	2	1	2	3	4
户籍人口	万人	93	38	79	178	88
二、综合经济						
地区生产总值	万元	2719600	1901000	2693488	4740895	3492000
第一产业增加值	万元	622300	360600	556612	945808	615600
第二产业增加值	万元	953600	759100	1067385	1505751	1176500
第三产业增加值	万元	1143700	781300	1069491	2289336	1699900
地方一般公共预算收入	万元	78461	80742	87690	208093	100113
地方一般公共预算支出	万元	558357	319057	460508	845808	575907
住户存款余额	万元	4021779	1847025	3456500	6898879	3798417
年末金融机构各项贷款余额	万元	1777365	974057	1220700	3023802	2630820
三、农业、工业和通讯						
设施农业种植占地面积	公顷	1401	410	113	1110	1733
油料产量	吨	84941	18058	30644	97851	39633
棉花产量	吨	202	32	204	160	3
规模以上工业企业	个	128	55	131	254	120
固定电话用户	户	6150	9000	4953	40000	37216
四、教育、卫生和社会保障						
普通中学在校学生	人	54611	20840	43715	104342	49806
小学在校学生	人	64219	24930	47453	108975	62827
医疗卫生机构床位	张	3202	1120	3280	7975	4037
提供住宿的民政服务机构	个	35	22	20	64	26
提供住宿的民政服务机构床位数	张	1850	1565	3466	5743	4132

2022年县(市)社会经济主要指标

河南省

指　　标	单位	淮滨县	息　县	淮阳区	扶沟县	西华县
一、基本情况						
行政区域面积	平方公里	1208	1835	1335	1163	1195
乡	个	10	12	9	6	8
镇	个	5	6	8	8	9
街道办事处	个	4	4	2	2	4
户籍人口	万人	82	112	150	78	96
二、综合经济						
地区生产总值	万元	2714921	3102200	3274691	2737892	2800774
第一产业增加值	万元	534578	682900	670490	601341	650599
第二产业增加值	万元	1023244	1008800	1421701	1166091	1037954
第三产业增加值	万元	1157099	1410500	1182500	970460	1112221
地方一般公共预算收入	万元	108702	100616	154655	125636	110265
地方一般公共预算支出	万元	526214	690998	628937	516410	508013
住户存款余额	万元	2704719	3898200	4141186	2998296	3302338
年末金融机构各项贷款余额	万元	1297038	1728400	1840861	1281860	1215591
三、农业、工业和通讯						
设施农业种植占地面积	公顷	1200	590	875	3596	1687
油料产量	吨	67823	86841	141716	101609	41892
棉花产量	吨			19	43	
规模以上工业企业	个	180	81	120	124	124
固定电话用户	户	21071	17899	20006	19632	19630
四、教育、卫生和社会保障						
普通中学在校学生	人	44682	62627	73468	42234	45152
小学在校学生	人	61921	76132	109802	52996	64619
医疗卫生机构床位	张	3339	3801	7244	3646	2383
提供住宿的民政服务机构	个	32	30	74	33	27
提供住宿的民政服务机构床位数	张	3182	2486	2987	2536	2278

2022年县(市)社会经济主要指标

河南省

指　　标	单位	商水县	沈丘县	郸城县	太康县	鹿邑县
一、基本情况						
行政区域面积	平方公里	1270	1082	1490	1755	1238
乡	个	8	4	10	8	7
镇	个	12	16	9	15	13
街道办事处	个	3	2	3		4
户籍人口	万人	132	139	159	166	139
二、综合经济						
地区生产总值	万元	3500840	3964415	3928576	4185871	4900084
第一产业增加值	万元	686660	661010	727351	849963	805142
第二产业增加值	万元	1419743	1629995	1747760	1609303	2023028
第三产业增加值	万元	1394437	1673410	1453465	1726605	2071914
地方一般公共预算收入	万元	116789	176896	165517	169691	182587
地方一般公共预算支出	万元	663933	680066	657516	670028	568113
住户存款余额	万元	3970571	4518006	4473935	4624317	4202989
年末金融机构各项贷款余额	万元	1524291	2256277	1541668	1778616	2149571
三、农业、工业和通讯						
设施农业种植占地面积	公顷	933	1770	200	782	339
油料产量	吨	33854	50649	64735	42980	19512
棉花产量	吨			73	1293	1
规模以上工业企业	个	137	155	210	143	292
固定电话用户	户	30552	28587	26795	24076	36815
四、教育、卫生和社会保障						
普通中学在校学生	人	62780	71774	97056	84524	71696
小学在校学生	人	94341	98073	126259	129260	100774
医疗卫生机构床位	张	6559	6067	6932	9031	7266
提供住宿的民政服务机构	个	37	32	36	25	29
提供住宿的民政服务机构床位数	张	4816	3801	3600	2546	3959

2022年县(市)社会经济主要指标

河南省

指　　标	单位	项城市	西平县	上蔡县	平舆县	正阳县
一、基本情况						
行政区域面积	平方公里	1086	1100	1514	1282	1899
乡	个		8	9	5	10
镇	个	15	8	13	11	8
街道办事处	个	6	3	4	3	2
户籍人口	万人	134	89	161	117	87
二、综合经济						
地区生产总值	万元	3421040	2856369	3128700	3104000	2879899
第一产业增加值	万元	549664	739526	563900	552100	705960
第二产业增加值	万元	1024646	957132	1286500	1292200	1068311
第三产业增加值	万元	1846730	1159711	1278300	1259700	1105628
地方一般公共预算收入	万元	188843	172156	131081	147438	105385
地方一般公共预算支出	万元	484226	327926	622106	486216	452858
住户存款余额	万元	4727395	3678315	5044400	3993954	3911353
年末金融机构各项贷款余额	万元	1993638	2125395	1765900	2189561	1790544
三、农业、工业和通讯						
设施农业种植占地面积	公顷	373	695	1000	3465	444
油料产量	吨	22659	50570	108776	95217	501521
棉花产量	吨	391		12		
规模以上工业企业	个	232	114	129	186	110
固定电话用户	户	28829	3842	14115	10320	26063
四、教育、卫生和社会保障						
普通中学在校学生	人	79307	35248	87238	58156	61744
小学在校学生	人	106190	45890	112851	91896	70168
医疗卫生机构床位	张	5745	4717	6438	6153	3826
提供住宿的民政服务机构	个	37	25	68	41	33
提供住宿的民政服务机构床位数	张	4813	3940	3696	2922	1636

2022年县(市)社会经济主要指标

河南省

指标	单位	确山县	泌阳县	汝南县	遂平县	新蔡县
一、基本情况						
行政区域面积	平方公里	1644	2346	1504	1070	1442
乡	个		8	2	2	9
镇	个	10	11	12	8	11
街道办事处	个	3	3	4	5	3
户籍人口	万人	56	97	89	58	125
二、综合经济						
地区生产总值	万元	2254139	3450072	2885234	2745500	3116900
第一产业增加值	万元	492240	751906	658538	400400	583300
第二产业增加值	万元	865406	1371560	1212849	1234200	968400
第三产业增加值	万元	896493	1326606	1013847	1110900	1565200
地方一般公共预算收入	万元	175027	179886	131216	174574	157910
地方一般公共预算支出	万元	400577	423666	421958	355943	592722
住户存款余额	万元	2983737	2985642	3352100	2580021	3913409
年末金融机构各项贷款余额	万元	1538434	1706678	1547600	1901438	2018829
三、农业、工业和通讯						
设施农业种植占地面积	公顷	868	1619	917	369	212
油料产量	吨	199381	230989	257559	49795	128484
棉花产量	吨					23
规模以上工业企业	个	101	155	146	98	114
固定电话用户	户	9549	6720	15865	7619	20000
四、教育、卫生和社会保障						
普通中学在校学生	人	39514	64099	42484	35640	75393
小学在校学生	人	34690	83639	59679	44203	102675
医疗卫生机构床位	张	2866	5159	3184	2948	4547
提供住宿的民政服务机构	个	27	22	40	15	28
提供住宿的民政服务机构床位数	张	3353	2240	3370	1486	1552

2022年县(市)社会经济主要指标

河南省、湖北省

指　　标	单位	济源市	阳新县	大冶市	郧阳区	郧西县
一、基本情况						
行政区域面积	平方公里	1899	2794	1557	3833	3507
乡	个			1	3	7
镇	个	11	16	10	16	9
街道办事处	个	5		5		
户籍人口	万人	73	114	100	62	50
二、综合经济						
地区生产总值	万元	8062200	4006000	8607900	2361595	1214557
第一产业增加值	万元	263500	809700	584800	388518	292357
第二产业增加值	万元	4911800	1550400	4964900	1159897	314731
第三产业增加值	万元	2886900	1645900	3058200	813180	607469
地方一般公共预算收入	万元	668416	352237	574025	135015	53551
地方一般公共预算支出	万元	842164	770940	808698	466109	398132
住户存款余额	万元	4901766	3610257	4240017	2133477	2524958
年末金融机构各项贷款余额	万元	5676522	3228449	6166744	2088827	1656982
三、农业、工业和通讯						
设施农业种植占地面积	公顷	435	659	409	2065	622
油料产量	吨	3026	65221	61729	29105	21849
棉花产量	吨	129	1384	1441		
规模以上工业企业	个	246	136	481	192	63
固定电话用户	户	46087	54562		34338	18018
四、教育、卫生和社会保障						
普通中学在校学生	人	44287	70404	50313	25714	22966
小学在校学生	人	60359	101351	69193	24378	28284
医疗卫生机构床位	张	5830	5443	5842	5888	3798
提供住宿的民政服务机构	个	18	13	18	29	19
提供住宿的民政服务机构床位数	张	2487	1800	5570	5002	1288

2022年县(市)社会经济主要指标

湖北省

指　　标	单位	竹山县	竹溪县	房　县	丹江口市	夷陵区
一、基本情况						
行政区域面积	平方公里	3580	3306	5118	3129	3439
乡	个	8	4	8		2
镇	个	9	11	12	12	9
街道办事处	个				5	1
户籍人口	万人	44	35	46	45	52
二、综合经济						
地区生产总值	万元	1519051	1140480	1700823	3500866	7420812
第一产业增加值	万元	378787	303806	421062	402258	967473
第二产业增加值	万元	578058	294419	588871	1355346	3017780
第三产业增加值	万元	562206	542255	690890	1743263	3435559
地方一般公共预算收入	万元	79289	56503	133029	158686	282362
地方一般公共预算支出	万元	425197	328018	562652	544629	512536
住户存款余额	万元	1923066	1699394	2190595	3313836	4607677
年末金融机构各项贷款余额	万元	1479060	1108841	1908794	3172934	6071486
三、农业、工业和通讯						
设施农业种植占地面积	公顷	463	426	800	276	523
油料产量	吨	56903	32013	25496	13477	29349
棉花产量	吨					
规模以上工业企业	个	93	43	126	211	213
固定电话用户	户	12852	10939	10522	13293	23151
四、教育、卫生和社会保障						
普通中学在校学生	人	20704	16765	20173	21428	18158
小学在校学生	人	26107	19702	26423	32230	24813
医疗卫生机构床位	张	3747	2926	3899	4287	3937
提供住宿的民政服务机构	个	20	21	24	24	20
提供住宿的民政服务机构床位数	张	1995	2682	3228	2233	2898

2022年县(市)社会经济主要指标

湖北省

指　　标	单位	远安县	兴山县	秭归县	长阳土家族自治县	五峰土家族自治县
一、基本情况						
行政区域面积	平方公里	1741	2317	2274	3420	2369
乡	个	1	2	4	3	3
镇	个	6	6	8	8	5
街道办事处	个					
户籍人口	万人	19	16	36	38	19
二、综合经济						
地区生产总值	万元	2211000	1537779	2050408	1955123	1100397
第一产业增加值	万元	280007	197111	389754	525163	292286
第二产业增加值	万元	1065333	566851	548297	459554	300688
第三产业增加值	万元	865660	773817	1112357	970406	507423
地方一般公共预算收入	万元	100988	77738	61144	61764	30903
地方一般公共预算支出	万元	262624	247878	366438	391611	274188
住户存款余额	万元	1502544	1040648	1929524	2028418	1049710
年末金融机构各项贷款余额	万元	1738200	1805307	2018005	2712960	1208294
三、农业、工业和通讯						
设施农业种植占地面积	公顷	233	85	85	718	69
油料产量	吨	16583	9613	17903	15990	4606
棉花产量	吨					
规模以上工业企业	个	94	28	53	62	47
固定电话用户	户	15000	5746	7900	19982	6669
四、教育、卫生和社会保障						
普通中学在校学生	人	3739	4404	10172	11043	5868
小学在校学生	人	7639	5077	12384	12218	6679
医疗卫生机构床位	张	1063	1001	2089	2772	1070
提供住宿的民政服务机构	个	10	18	15	21	7
提供住宿的民政服务机构床位数	张	1481	1423	1295	1853	460

2022年县(市)社会经济主要指标

湖北省

指　　标	单位	宜都市	当阳市	枝江市	襄州区	南漳县
一、基本情况						
行政区域面积	平方公里	1358	2150	1375	2467	3859
乡	个	1				
镇	个	8	7	8	12	10
街道办事处	个	1	3	1	4	
户籍人口	万人	38	46	47	103	56
二、综合经济						
地区生产总值	万元	9003301	6285733	8149144	9001621	3785088
第一产业增加值	万元	708838	1197673	1199885	1258463	676885
第二产业增加值	万元	4799259	2468950	4006794	4036169	1144584
第三产业增加值	万元	3495204	2619110	2942465	3706989	1963619
地方一般公共预算收入	万元	225161	145777	210100	190289	115783
地方一般公共预算支出	万元	482084	438502	494564	555358	480232
住户存款余额	万元	3200923	3711750	3834922	3251190	2953571
年末金融机构各项贷款余额	万元	3437495	3519020	3521129	2812436	2037132
三、农业、工业和通讯						
设施农业种植占地面积	公顷	374	228	259	862	53
油料产量	吨	22221	68620	49740	110408	20930
棉花产量	吨		421	2442	1195	22
规模以上工业企业	个	269	235	246	234	126
固定电话用户	户	14830	16690	22918	40793	25409
四、教育、卫生和社会保障						
普通中学在校学生	人	11490	13801	10560	36059	20590
小学在校学生	人	16680	16035	15740	63762	28522
医疗卫生机构床位	张	2755	2454	3150	4802	2931
提供住宿的民政服务机构	个	25	14	24	37	19
提供住宿的民政服务机构床位数	张	2920	4283	2552	5150	2528

2022年县(市)社会经济主要指标

湖北省

指　　标	单位	谷城县	保康县	老河口市	枣阳市	宜城市
一、基本情况						
行政区域面积	平方公里	2553	3222	1052	3276	2114
乡	个	1	1	1		
镇	个	9	10	7	12	8
街道办事处	个			2	3	3
户籍人口	万人	59	26	50	110	55
二、综合经济						
地区生产总值	万元	4786346	1813621	4223436	8258357	4656276
第一产业增加值	万元	575804	282210	685288	1319165	761263
第二产业增加值	万元	2172710	720786	1747979	3543638	1955660
第三产业增加值	万元	2037832	810625	1790169	3395554	1939353
地方一般公共预算收入	万元	121355	75563	129506	230477	129210
地方一般公共预算支出	万元	512249	365302	467909	704478	498688
住户存款余额	万元	3665192	1428721	2859674	6069237	3296006
年末金融机构各项贷款余额	万元	2670946	1560194	2705451	4049773	2934830
三、农业、工业和通讯						
设施农业种植占地面积	公顷	348	25	79	1772	407
油料产量	吨	19344	15868	16312	79009	67599
棉花产量	吨			161	966	5030
规模以上工业企业	个	196	110	249	278	194
固定电话用户	户	27279	20617	23725	47617	27297
四、教育、卫生和社会保障						
普通中学在校学生	人	22955	8953	23689	52931	23835
小学在校学生	人	34060	12307	29450	65433	29262
医疗卫生机构床位	张	3957	2258	3835	7075	3619
提供住宿的民政服务机构	个	22	16	14	63	17
提供住宿的民政服务机构床位数	张	3109	1580	3074	7186	2167

2022年县(市)社会经济主要指标

湖北省

指标	单位	沙洋县	钟祥市	京山市	孝昌县	大悟县
一、基本情况						
行政区域面积	平方公里	2146	4488	3743	1191	1982
乡	个		1		4	3
镇	个	13	15	12	8	14
街道办事处	个		2	3		
户籍人口	万人	57	102	67	65	67
二、综合经济						
地区生产总值	万元	3210000	6402100	4015400	1846730	2137232
第一产业增加值	万元	816500	939700	755500	466430	523745
第二产业增加值	万元	832300	2732200	1367100	530862	491302
第三产业增加值	万元	1561200	2730200	1892800	849438	1122185
地方一般公共预算收入	万元	75154	187785	157783	107474	109736
地方一般公共预算支出	万元	410007	699841	554252	431622	450513
住户存款余额	万元	2999704	6946429	4303745	2329052	2783399
年末金融机构各项贷款余额	万元	1917225	3676784	3025724	1644817	1794467
三、农业、工业和通讯						
设施农业种植占地面积	公顷	400	883	6209	1982	1460
油料产量	吨	146217	119669	64740	56630	65722
棉花产量	吨	448	1956	647	881	257
规模以上工业企业	个	171	233	289	59	63
固定电话用户	户	20292	32057	44500	41362	16000
四、教育、卫生和社会保障						
普通中学在校学生	人	12273	36077	19737	22659	30236
小学在校学生	人	14312	46410	27598	32835	33126
医疗卫生机构床位	张	2814	5187	4674	2563	4369
提供住宿的民政服务机构	个	15	26	28	16	21
提供住宿的民政服务机构床位数	张	2757	3784	3281	2253	3131

2022年县(市)社会经济主要指标

湖北省

指　　标	单位	云梦县	应城市	安陆市	汉川市	公安县
一、基本情况						
行政区域面积	平方公里	605	1103	1353	1659	2257
乡	个	3		4	6	2
镇	个	9	10	9	14	14
街道办事处	个		5	2	2	
户籍人口	万人	55	62	60	103	97
二、综合经济						
地区生产总值	万元	2458596	4707122	3111923	8204695	4011613
第一产业增加值	万元	505717	681756	473280	868169	930537
第二产业增加值	万元	875379	2055607	1176910	4453128	1471751
第三产业增加值	万元	1077500	1969759	1461733	2883398	1609325
地方一般公共预算收入	万元	135831	167773	121209	276669	147874
地方一般公共预算支出	万元	372372	482031	435209	724731	545162
住户存款余额	万元	2804262	3467496	3595400	4817886	4797848
年末金融机构各项贷款余额	万元	1509011	2346406	2405600	3425893	2939974
三、农业、工业和通讯						
设施农业种植占地面积	公顷	550		11353	2412	1095
油料产量	吨	30441	40692	29602	40517	116064
棉花产量	吨	1273	548	960	2288	8414
规模以上工业企业	个	126	161	127	536	167
固定电话用户	户	15039	20756	70134	44825	32410
四、教育、卫生和社会保障						
普通中学在校学生	人	23055	19006	21200	45063	31655
小学在校学生	人	29101	25244	30198	58598	37024
医疗卫生机构床位	张	2791	3652	3266	5926	4631
提供住宿的民政服务机构	个	36	31	21	28	21
提供住宿的民政服务机构床位数	张	3204	5189	4580	3499	4906

2022年县(市)社会经济主要指标

湖北省

指　　标	单位	江陵县	石首市	洪湖市	松滋市	监利市
一、基本情况						
行政区域面积	平方公里	1049	1406	2444	2177	3201
乡	个	2	1	1	2	3
镇	个	7	11	14	13	18
街道办事处	个		2	2	2	
户籍人口	万人	38	60	90	80	154
二、综合经济						
地区生产总值	万元	1405330	2630640	3516170	4582444	3710347
第一产业增加值	万元	322471	549565	1150611	598035	1341078
第二产业增加值	万元	476517	929514	941479	2106219	773761
第三产业增加值	万元	606342	1151561	1424080	1878190	1595508
地方一般公共预算收入	万元	61544	77535	113633	181054	107329
地方一般公共预算支出	万元	262623	425045	556003	480513	660651
住户存款余额	万元	1723999	3316805	3547835	4730502	5193156
年末金融机构各项贷款余额	万元	1587766	2189925	2285455	2874942	2862975
三、农业、工业和通讯						
设施农业种植占地面积	公顷	227	16010	241	581	415
油料产量	吨	68344	48942	86443	48913	151985
棉花产量	吨	707	4009	1879	5446	5153
规模以上工业企业	个	109	148	172	165	187
固定电话用户	户	8386	15449	40657	31696	33574
四、教育、卫生和社会保障						
普通中学在校学生	人	10449	20468	32448	25868	66189
小学在校学生	人	13841	26765	43915	31504	85677
医疗卫生机构床位	张	1957	2941	3776	3538	6277
提供住宿的民政服务机构	个	17	17	30	30	47
提供住宿的民政服务机构床位数	张	1405	2077	5212	3604	5273

2022年县(市)社会经济主要指标

湖北省

指　　标	单位	团风县	红安县	罗田县	英山县	浠水县
一、基本情况						
行政区域面积	平方公里	832	1796	2130	1449	1977
乡	个	2	1	2	3	1
镇	个	8	10	10	8	12
街道办事处	个					
户籍人口	万人	37	64	58	39	100
二、综合经济						
地区生产总值	万元	1382451	2464350	1807666	1304743	2872872
第一产业增加值	万元	236682	351000	389318	462235	833198
第二产业增加值	万元	692023	1100522	459481	278400	596506
第三产业增加值	万元	453746	1012828	958868	564108	1443168
地方一般公共预算收入	万元	60817	144881	71411	52918	112241
地方一般公共预算支出	万元	332340	479842	407366	408089	515139
住户存款余额	万元	1669033	2817270	3083600	2600100	4546600
年末金融机构各项贷款余额	万元	2007030	2336865	1906800	1589311	2622700
三、农业、工业和通讯						
设施农业种植占地面积	公顷	320	565	567	248	864
油料产量	吨	18811	89603	38428	21191	84060
棉花产量	吨	1373	918	203	183	4793
规模以上工业企业	个	72	115	90	70	135
固定电话用户	户	2817	16471	16813	23700	31030
四、教育、卫生和社会保障						
普通中学在校学生	人	12083	24775	24700	17252	40261
小学在校学生	人	16120	34227	34430	22285	50696
医疗卫生机构床位	张	2526	3602	3974	2164	5700
提供住宿的民政服务机构	个	15	19	17	14	17
提供住宿的民政服务机构床位数	张	1483	2782	2350	1946	3971

2022年县(市)社会经济主要指标

湖北省

指　　标	单位	蕲春县	黄梅县	麻城市	武穴市	嘉鱼县
一、基本情况						
行政区域面积	平方公里	2398	1800	3604	1246	1020
乡	个	1	4	1		
镇	个	13	12	15	8	8
街道办事处	个			3	4	
户籍人口	万人	99	100	113	81	36
二、综合经济						
地区生产总值	万元	3118235	3209389	4504900	3783500	3272911
第一产业增加值	万元	734574	828999	781800	700900	505395
第二产业增加值	万元	861615	1040402	1874000	1338500	1595788
第三产业增加值	万元	1522046	1339988	1849100	1744100	1171729
地方一般公共预算收入	万元	142318	132146	207458	181100	152024
地方一般公共预算支出	万元	636889	555603	713744	486652	333536
住户存款余额	万元	5620732	5216865	5548154	4338000	1646777
年末金融机构各项贷款余额	万元	3482070	2950653	3918543	3213000	2194314
三、农业、工业和通讯						
设施农业种植占地面积	公顷	343	1301	3467	464	955
油料产量	吨	61008	83583	114500	76042	19612
棉花产量	吨	2994	3574	3663	3049	154
规模以上工业企业	个	138	189	333	184	202
固定电话用户	户	32804	91672	52308	35907	27285
四、教育、卫生和社会保障						
普通中学在校学生	人	50521	53499	47100	57171	13221
小学在校学生	人	70472	63952	64500	65150	18083
医疗卫生机构床位	张	6671	6460	6708	4985	1854
提供住宿的民政服务机构	个	29	53	25	21	18
提供住宿的民政服务机构床位数	张	2830	2117	3816	3551	2176

2022年县(市)社会经济主要指标

湖北省

指　　标	单位	通城县	崇阳县	通山县	赤壁市	随　县
一、基本情况						
行政区域面积	平方公里	1131	1959	2421	1718	5543
乡	个	2	4	4	1	
镇	个	9	8	8	10	19
街道办事处	个				3	
户籍人口	万人	52	51	49	52	89
二、综合经济						
地区生产总值	万元	1995793	1798576	1550389	5720889	2978723
第一产业增加值	万元	347543	321791	226472	681970	836715
第二产业增加值	万元	695672	522589	457372	2288836	1372634
第三产业增加值	万元	952578	954196	866545	2750083	769374
地方一般公共预算收入	万元	80647	79795	60301	207542	120406
地方一般公共预算支出	万元	376919	405993	362935	551925	477193
住户存款余额	万元	2119779	2161961	1730358	2830242	4176797
年末金融机构各项贷款余额	万元	2002238	1647775	1647366	3050907	1940953
三、农业、工业和通讯						
设施农业种植占地面积	公顷	228	1190	1370	2310	537
油料产量	吨	28534	34471	19228	49450	36940
棉花产量	吨		415		1860	629
规模以上工业企业	个	114	116	87	241	249
固定电话用户	户	40332	17506	31149	48964	197910
四、教育、卫生和社会保障						
普通中学在校学生	人	30056	30553	31242	28663	25599
小学在校学生	人	38094	39280	42131	38311	37842
医疗卫生机构床位	张	2382	3064	2158	3284	3249
提供住宿的民政服务机构	个	15	20	15	20	22
提供住宿的民政服务机构床位数	张	1311	2175	1695	2827	2831

2022年县(市)社会经济主要指标

湖北省

指　　标	单位	广水市	恩施市	利川市	建始县	巴东县
一、基本情况						
行政区域面积	平方公里	2646	3967	4606	2665	3352
乡	个		7	4	3	2
镇	个	13	6	8	7	10
街道办事处	个	4	5	2		
户籍人口	万人	88	82	92	50	48
二、综合经济						
地区生产总值	万元	4169600	4566013	2490713	1446700	1521713
第一产业增加值	万元	658553	466476	539198	319800	320510
第二产业增加值	万元	1893214	1879506	470925	275900	410455
第三产业增加值	万元	1617833	2220031	1480590	851000	790748
地方一般公共预算收入	万元	151658	183684	117162	63688	61291
地方一般公共预算支出	万元	532306	630720	638759	482439	536606
住户存款余额	万元	5017691	4252356	3073320	1641126	1725673
年末金融机构各项贷款余额	万元	2561367	6860606	2742938	1220373	1224402
三、农业、工业和通讯						
设施农业种植占地面积	公顷	1068	132	10	70	141
油料产量	吨	57673	19967	13909	16390	26312
棉花产量	吨	1847				
规模以上工业企业	个	202	122	64	48	40
固定电话用户	户	3811	136300	18500	11431	12060
四、教育、卫生和社会保障						
普通中学在校学生	人	37955	57474	54048	22445	24764
小学在校学生	人	50342	52829	62692	24387	25428
医疗卫生机构床位	张	4026	8685	5438	3354	2642
提供住宿的民政服务机构	个	40	26	18	13	15
提供住宿的民政服务机构床位数	张	2890	5505	2149	1765	1345

2022年县(市)社会经济主要指标

湖北省

指　　标	单位	宣恩县	咸丰县	来凤县	鹤峰县	仙桃市
一、基本情况						
行政区域面积	平方公里	2737	2572	1342	2868	2538
乡	个	4	3	2	4	
镇	个	5	7	6	5	15
街道办事处	个					4
户籍人口	万人	35	39	33	21	151
二、综合经济						
地区生产总值	万元	1004637	1139400	1019500	833400	10131398
第一产业增加值	万元	256773	246200	189330	192800	1226013
第二产业增加值	万元	168893	146300	190630	170300	4616420
第三产业增加值	万元	578971	746900	639540	470300	4288965
地方一般公共预算收入	万元	40454	43200	40800	27542	345091
地方一般公共预算支出	万元	365185	387690	295500	278638	1014168
住户存款余额	万元	995527	1428500	1298389	916500	8935314
年末金融机构各项贷款余额	万元	1028211	1127400	1200910	667010	5823467
三、农业、工业和通讯						
设施农业种植占地面积	公顷	29	57	363	80	
油料产量	吨	6949	19016	10078	4829	139150
棉花产量	吨					9395
规模以上工业企业	个	50	41	40	51	507
固定电话用户	户	7880	25100	8876	6615	93300
四、教育、卫生和社会保障						
普通中学在校学生	人	17201	19462	19183	6811	68300
小学在校学生	人	17307	19151	25137	9148	86400
医疗卫生机构床位	张	1879	2541	2036	1072	8172
提供住宿的民政服务机构	个	9	14	13	11	28
提供住宿的民政服务机构床位数	张	1374	1135	809	1124	3220

2022年县(市)社会经济主要指标

湖北省、湖南省

指　　标	单位	潜江市	天门市	神农架林区	望城区	长沙县
一、基本情况						
行政区域面积	平方公里	2004	2614	3234	951	1756
乡	个		1	2		
镇	个	10	21	6	5	13
街道办事处	个	7	3		11	5
户籍人口	万人	99	156	8	70	84
二、综合经济						
地区生产总值	万元	8866500	7300500	356121	10531250	21144199
第一产业增加值	万元	1000800	1023000	24138	620857	946422
第二产业增加值	万元	3799300	3011800	91898	4588900	11397676
第三产业增加值	万元	4066400	3265700	240085	5321493	8800101
地方一般公共预算收入	万元	273227	218157	51559	937782	1390061
地方一般公共预算支出	万元	805687	734007	190061	1260769	1955654
住户存款余额	万元	7341386	8244000	462866	4899453	9760700
年末金融机构各项贷款余额	万元	5086925	4348165	470654	9236002	21166600
三、农业、工业和通讯						
设施农业种植占地面积	公顷	467	1249	22	340	
油料产量	吨	48664	134787	266	12362	16256
棉花产量	吨	1334	6093			
规模以上工业企业	个	280	367	10	425	525
固定电话用户	户	39000	36200	8991	51840	146005
四、教育、卫生和社会保障						
普通中学在校学生	人	42707	62191	2783	27209	60864
小学在校学生	人	50756	75703	3546	61559	111744
医疗卫生机构床位	张	5712	8438	520	4056	7448
提供住宿的民政服务机构	个	22	38	9	23	29
提供住宿的民政服务机构床位数	张	3042	4687	670	2949	5571

2022年县(市)社会经济主要指标

湖南省

指　　标	单位	浏阳市	宁乡市	渌口区	攸　县	茶陵县
一、基本情况						
行政区域面积	平方公里	4998	2906	1054	2649	2496
乡	个	1	4			2
镇	个	27	21	8	13	10
街道办事处	个	4	4		4	4
户籍人口	万人	148	141	34	79	63
二、综合经济						
地区生产总值	万元	17224521	12270648	1770223	4777797	2628266
第一产业增加值	万元	1364844	1387380	268004	770264	439535
第二产业增加值	万元	9029563	5237286	804951	1657123	955883
第三产业增加值	万元	6830114	5645982	697268	2350410	1232848
地方一般公共预算收入	万元	1011444	788666	109920	135815	100896
地方一般公共预算支出	万元	1740502	1305019	308395	528317	497641
住户存款余额	万元	8667511	7278346	1853616	3504623	2998843
年末金融机构各项贷款余额	万元	10829355	12368210	1798857	2349613	2199139
三、农业、工业和通讯						
设施农业种植占地面积	公顷	454		108	57	201
油料产量	吨	60788	14962	11107	32093	30773
棉花产量	吨			102		123
规模以上工业企业	个	925	587	119	337	154
固定电话用户	户	83902	49329	12248	49404	16105
四、教育、卫生和社会保障						
普通中学在校学生	人	85153	66554	13084	39795	34806
小学在校学生	人	113243	82506	12960	45645	40945
医疗卫生机构床位	张	11437	9547	1602	4867	3086
提供住宿的民政服务机构	个	42	36	15	23	26
提供住宿的民政服务机构床位数	张	5557	5355	1462	4882	2158

2022年县(市)社会经济主要指标

湖南省

指　　标	单位	炎陵县	醴陵市	湘潭县	湘乡市	韶山市
一、基本情况						
行政区域面积	平方公里	2030	2157	2140	1966	247
乡	个	5		3	3	2
镇	个	5	19	14	15	2
街道办事处	个		5		4	
户籍人口	万人	19	103	95	90	12
二、综合经济						
地区生产总值	万元	1015274	8756790	5726433	5771161	1155644
第一产业增加值	万元	157008	769279	742040	730335	80675
第二产业增加值	万元	412964	4732918	3080952	3017111	532366
第三产业增加值	万元	445302	3254593	1903441	2023715	542603
地方一般公共预算收入	万元	46876	308873	161072	160000	70800
地方一般公共预算支出	万元	203845	848381	533093	541944	165846
住户存款余额	万元	1044733	4472189	5221400	4280500	867100
年末金融机构各项贷款余额	万元	943472	4074941	5374893	3620853	1094600
三、农业、工业和通讯						
设施农业种植占地面积	公顷	53	422	409	373	410
油料产量	吨	4209	22679	23829	25646	4716
棉花产量	吨			50	30	4
规模以上工业企业	个	115	629	325	320	88
固定电话用户	户	15480	49404	255221	39346	8207
四、教育、卫生和社会保障						
普通中学在校学生	人	8562	47293	43840	35146	2704
小学在校学生	人	11597	66308	48175	45942	7226
医疗卫生机构床位	张	1210	6373	4553	5117	567
提供住宿的民政服务机构	个	14	41	38	39	13
提供住宿的民政服务机构床位数	张	814	4066	3297	3328	859

2022年县(市)社会经济主要指标

湖南省

指　　标	单位	衡阳县	衡南县	衡山县	衡东县	祁东县
一、基本情况						
行政区域面积	平方公里	2559	2614	935	1927	1871
乡	个	8	1	5	2	3
镇	个	17	19	7	15	17
街道办事处	个		3			4
户籍人口	万人	120	106	44	74	101
二、综合经济						
地区生产总值	万元	4207683	4142738	2004904	3364988	3590719
第一产业增加值	万元	778373	753566	409840	541030	674206
第二产业增加值	万元	1543485	1471136	795398	1193492	1123936
第三产业增加值	万元	1885825	1918035	799666	1630466	1792577
地方一般公共预算收入	万元	121557	145775	109367	105315	115282
地方一般公共预算支出	万元	688082	657533	320592	433389	588124
住户存款余额	万元	4635236	3807925	1971293	3084846	4533312
年末金融机构各项贷款余额	万元	2354886	2437023	1306777	1645409	2331228
三、农业、工业和通讯						
设施农业种植占地面积	公顷	6182	6400	116	389	250
油料产量	吨	76501	68573	19089	35777	45869
棉花产量	吨	4436	3696	26	42	1090
规模以上工业企业	个	172	129	155	172	152
固定电话用户	户	45213	35971	26200	75124	75262
四、教育、卫生和社会保障						
普通中学在校学生	人	49359	60981	21757	39876	54972
小学在校学生	人	55337	57704	25087	45915	62206
医疗卫生机构床位	张	5888	4908	2244	4237	4512
提供住宿的民政服务机构	个	30	30	30	23	42
提供住宿的民政服务机构床位数	张	3035	2317	2150	979	5263

2022年县(市)社会经济主要指标

湖南省

指　　标	单位	耒阳市	常宁市	新邵县	邵阳县	隆回县
一、基本情况						
行政区域面积	平方公里	2648	2048	1762	2001	2868
乡	个	5	4	2	6	5
镇	个	19	14	13	14	18
街道办事处	个	6	5			2
户籍人口	万人	138	93	81	105	128
二、综合经济						
地区生产总值	万元	4452525	4300069	1863155	2058791	2718468
第一产业增加值	万元	681168	666243	394081	490063	572181
第二产业增加值	万元	1267330	1429096	562645	658506	759904
第三产业增加值	万元	2504027	2204731	906429	910222	1386383
地方一般公共预算收入	万元	172787	146800	88147	68361	115117
地方一般公共预算支出	万元	672896	607200	510304	635016	692043
住户存款余额	万元	4890802	3441030	2453379	2672318	4458119
年末金融机构各项贷款余额	万元	3445315	2613097	1941743	1363276	2768856
三、农业、工业和通讯						
设施农业种植占地面积	公顷	273	853	1480	695	335
油料产量	吨	61627	38176	17923	39565	19925
棉花产量	吨	356	1868	9		
规模以上工业企业	个	155	157	208	115	222
固定电话用户	户	121000	46230	7367	15802	10993
四、教育、卫生和社会保障						
普通中学在校学生	人	97446	56321	41884	47930	85472
小学在校学生	人	103524	61816	46611	48666	93819
医疗卫生机构床位	张	6883	5579	3980	4354	6655
提供住宿的民政服务机构	个	37	22	21	19	11
提供住宿的民政服务机构床位数	张	4110	1156	860	1290	4150

2022年县(市)社会经济主要指标

湖南省

指　　标	单位	洞口县	绥宁县	新宁县	城步苗族自治县	武冈市
一、基本情况						
行政区域面积	平方公里	2180	2917	2756	2588	1539
乡	个	6	9	8	5	3
镇	个	14	8	8	7	11
街道办事处	个	3				4
户籍人口	万人	89	38	64	28	81
二、综合经济						
地区生产总值	万元	2144536	1150848	1332622	651402	2003830
第一产业增加值	万元	664230	272827	384023	142618	615885
第二产业增加值	万元	532408	315851	319102	166190	494226
第三产业增加值	万元	947898	562170	629497	342594	893719
地方一般公共预算收入	万元	83694	24943	63207	30661	106603
地方一般公共预算支出	万元	598399	360619	427847	286279	575020
住户存款余额	万元	3331024	1368359	2186541	882500	2985100
年末金融机构各项贷款余额	万元	1763608	728754	1339595	640700	1885500
三、农业、工业和通讯						
设施农业种植占地面积	公顷	50	36	24	201	617
油料产量	吨	50658	7496	12139	4702	25006
棉花产量	吨					7
规模以上工业企业	个	143	81	98	34	122
固定电话用户	户	26479	19795	23200	6400	26800
四、教育、卫生和社会保障						
普通中学在校学生	人	52101	17506	38686	14593	50186
小学在校学生	人	62974	22272	44182	21279	54442
医疗卫生机构床位	张	3917	1973	3432	1358	4867
提供住宿的民政服务机构	个	21	11	15	2	17
提供住宿的民政服务机构床位数	张	1353	1002	585	410	1165

2022年县(市)社会经济主要指标

湖南省

指　　标	单位	邵东市	岳阳县	华容县	湘阴县	平江县
一、基本情况						
行政区域面积	平方公里	1779	2810	1591	1541	4114
乡	个	4	2	2	2	5
镇	个	18	12	12	12	18
街道办事处	个	3			1	2
户籍人口	万人	131	71	70	70	111
二、综合经济						
地区生产总值	万元	7215347	4046895	4174111	4014400	3854200
第一产业增加值	万元	637883	728096	982095	760100	627600
第二产业增加值	万元	2739041	1635094	1321884	1555700	1437200
第三产业增加值	万元	3838423	1683705	1870132	1698600	1789400
地方一般公共预算收入	万元	233689	94451	75352	258288	152598
地方一般公共预算支出	万元	793596	510001	498056	482208	945313
住户存款余额	万元	5485438	1977822	2854923	2143736	3245049
年末金融机构各项贷款余额	万元	4159337	1985489	2156332	2579954	3541185
三、农业、工业和通讯						
设施农业种植占地面积	公顷	614	423	357	42	280
油料产量	吨	51100	37279	74575	18841	34337
棉花产量	吨		2152	10383	7	800
规模以上工业企业	个	740	202	166	209	281
固定电话用户	户	52590	10046	93200	82000	128000
四、教育、卫生和社会保障						
普通中学在校学生	人	73787	31409	22552	28596	66603
小学在校学生	人	79025	39463	30999	35466	70995
医疗卫生机构床位	张	6264	3498	4346	4106	4107
提供住宿的民政服务机构	个	18	24	26	33	42
提供住宿的民政服务机构床位数	张	2022	3268	2539	1120	3617

2022年县(市)社会经济主要指标

湖南省

指　　标	单位	汨罗市	临湘市	安乡县	汉寿县	澧　县
一、基本情况						
行政区域面积	平方公里	1670	1719	1086	2091	2076
乡	个	1		4	3	
镇	个	17	10	8	16	15
街道办事处	个	1	4		4	4
户籍人口	万人	74	53	51	85	89
二、综合经济						
地区生产总值	万元	5951700	3324072	2542789	3886100	4480777
第一产业增加值	万元	656000	433127	493237	661600	628030
第二产业增加值	万元	2633500	1335145	707626	1386100	1468300
第三产业增加值	万元	2662200	1555800	1341926	1838400	2384447
地方一般公共预算收入	万元	167499	95742	42832	185407	158573
地方一般公共预算支出	万元	605206	441613	397856	708595	686133
住户存款余额	万元	2795527	2019380	2016320	3624885	4704351
年末金融机构各项贷款余额	万元	3240367	1981201	1549298	2879647	2943556
三、农业、工业和通讯						
设施农业种植占地面积	公顷	170	5755	1700	342	152
油料产量	吨	18873	27537	84232	78286	94427
棉花产量	吨	221	1549	8091	3432	11185
规模以上工业企业	个	374	192	102	180	154
固定电话用户	户	119661	52800	13000	4630	53841
四、教育、卫生和社会保障						
普通中学在校学生	人	33411	26058	15069	39425	36141
小学在校学生	人	42195	32130	16707	43443	44342
医疗卫生机构床位	张	3795	2989	3463	5267	4936
提供住宿的民政服务机构	个	22	16	22	31	31
提供住宿的民政服务机构床位数	张	1858	2115	2234	3095	2091

2022年县(市)社会经济主要指标

湖南省

指　　标	单位	临澧县	桃源县	石门县	津市市	慈利县
一、基本情况						
行政区域面积	平方公里	1204	4440	3970	556	3492
乡	个	2	3	4		10
镇	个	7	24	13	4	14
街道办事处	个	2	2	4	5	2
户籍人口	万人	43	95	65	22	68
二、综合经济						
地区生产总值	万元	2355329	4925531	3603187	2089290	1948215
第一产业增加值	万元	384771	1027885	545292	273767	401740
第二产业增加值	万元	870629	1644645	1311766	916315	283481
第三产业增加值	万元	1099929	2253001	1746129	899208	1262994
地方一般公共预算收入	万元	77258	174354	140347	63348	84157
地方一般公共预算支出	万元	380824	842032	600493	141207	542563
住户存款余额	万元	2473018	4440800	2888606	1473540	2823133
年末金融机构各项贷款余额	万元	1809693	3626900	2688877	1396743	2758537
三、农业、工业和通讯						
设施农业种植占地面积	公顷	1567	21	334	211	135
油料产量	吨	61307	114788	54642	28723	43855
棉花产量	吨	3922	2600	1111	2163	702
规模以上工业企业	个	146	212	177	155	88
固定电话用户	户	14902	12153	25850	11913	15331
四、教育、卫生和社会保障						
普通中学在校学生	人	17982	40390	27610	6026	28871
小学在校学生	人	21243	49367	33925	8189	34618
医疗卫生机构床位	张	2374	5712	4760	1723	4212
提供住宿的民政服务机构	个	18	32	27	20	33
提供住宿的民政服务机构床位数	张	2470	2785	2256	2075	1876

2022年县(市)社会经济主要指标

湖南省

指　　标	单位	桑植县	南　县	桃江县	安化县	沅江市
一、基本情况						
行政区域面积	平方公里	3475	1425	2068	4945	2129
乡	个	11	1	2	4	
镇	个	12	15	13	19	11
街道办事处	个		1			2
户籍人口	万人	45	73	86	99	70
二、综合经济						
地区生产总值	万元	1124625	3173706	3179321	2711575	3000522
第一产业增加值	万元	181403	825086	506324	560612	750416
第二产业增加值	万元	162458	945808	1521895	936534	1199419
第三产业增加值	万元	780764	1402813	1151102	1214429	1050687
地方一般公共预算收入	万元	60000	99826	100062	105792	137099
地方一般公共预算支出	万元	462569	616749	586443	713141	550515
住户存款余额	万元	1373877	2855173	3379744	3722625	2887063
年末金融机构各项贷款余额	万元	1648759	2763071	2623267	2825616	2453043
三、农业、工业和通讯						
设施农业种植占地面积	公顷	172	3075	1125	688	596
油料产量	吨	23406	87300	40497	44447	59094
棉花产量	吨		4913			2499
规模以上工业企业	个	56	139	228	185	185
固定电话用户	户	10172	18770	20200	34000	45400
四、教育、卫生和社会保障						
普通中学在校学生	人	26719	22811	36868	42425	23677
小学在校学生	人	27882	32271	46860	59740	35217
医疗卫生机构床位	张	2347	3623	4833	6296	3943
提供住宿的民政服务机构	个	35	27	26	24	36
提供住宿的民政服务机构床位数	张	2041	2204	2210	1208	2461

2022年县(市)社会经济主要指标

湖南省

指　　标	单位	桂阳县	宜章县	永兴县	嘉禾县	临武县
一、基本情况						
行政区域面积	平方公里	2958	2118	1980	699	1383
乡	个	2	5	4	1	4
镇	个	17	14	10	9	9
街道办事处	个	3		2		
户籍人口	万人	89	64	69	43	38
二、综合经济						
地区生产总值	万元	4412946	2620931	3790106	1691273	1761203
第一产业增加值	万元	623143	323570	390398	264414	203602
第二产业增加值	万元	1686937	925376	1405499	674089	789504
第三产业增加值	万元	2102866	1371985	1994209	752770	768097
地方一般公共预算收入	万元	217478	110731	188582	98576	89311
地方一般公共预算支出	万元	644299	463852	473165	305479	285002
住户存款余额	万元	2822444	2370715	2140071	1471551	1528774
年末金融机构各项贷款余额	万元	3257129	2231906	1736903	1189194	1342686
三、农业、工业和通讯						
设施农业种植占地面积	公顷	463	7026	1500	206	38
油料产量	吨	16130	13885	26333	10463	7763
棉花产量	吨					
规模以上工业企业	个	181	145	147	172	79
固定电话用户	户	30200	38892	14183	18877	26100
四、教育、卫生和社会保障						
普通中学在校学生	人	57615	46098	41373	17955	31478
小学在校学生	人	58662	54237	43500	28765	31399
医疗卫生机构床位	张	4412	4214	3840	2490	2083
提供住宿的民政服务机构	个	21	13	10	10	15
提供住宿的民政服务机构床位数	张	2623	2041	728	702	1007

2022年县(市)社会经济主要指标

湖南省

指　　标	单位	汝城县	桂东县	安仁县	资兴市	东安县
一、基本情况						
行政区域面积	平方公里	2401	1452	1462	2730	2205
乡	个	5	4	8	2	2
镇	个	9	7	5	9	13
街道办事处	个				2	
户籍人口	万人	42	18	45	36	62
二、综合经济						
地区生产总值	万元	1081766	522584	1343699	3867335	2259773
第一产业增加值	万元	196383	75829	292639	401176	484432
第二产业增加值	万元	298642	134714	412491	2083647	833469
第三产业增加值	万元	586741	312041	638569	1382512	941872
地方一般公共预算收入	万元	56380	32087	57412	220151	119826
地方一般公共预算支出	万元	360931	195500	352029	429592	418727
住户存款余额	万元	1453846	898573	1777575	2233305	2169481
年末金融机构各项贷款余额	万元	1621133	622984	1296463	1610804	1484387
三、农业、工业和通讯						
设施农业种植占地面积	公顷	48	90	333	400	951
油料产量	吨	8410	3964	36279	12967	12303
棉花产量	吨		6	3		6
规模以上工业企业	个	68	32	54	150	100
固定电话用户	户	26114	14558	19900	37756	18155
四、教育、卫生和社会保障						
普通中学在校学生	人	30584	10288	27147	17707	31946
小学在校学生	人	34138	12382	30812	22846	39133
医疗卫生机构床位	张	2572	1085	2393	2190	3918
提供住宿的民政服务机构	个	4	6	20	13	21
提供住宿的民政服务机构床位数	张	907	171	660	1643	517

2022年县(市)社会经济主要指标

湖南省

指　　标	单位	双牌县	道　县	江永县	宁远县	蓝山县
一、基本情况						
行政区域面积	平方公里	1726	2448	1629	2503	1798
乡	个	5	3	4	4	6
镇	个	6	12	5	12	8
街道办事处	个		7		4	
户籍人口	万人	18	79	28	87	41
二、综合经济						
地区生产总值	万元	902238	2584823	932614	2672288	1472660
第一产业增加值	万元	210363	503992	291542	392278	219060
第二产业增加值	万元	343750	740828	232932	882690	657066
第三产业增加值	万元	348125	1340003	408140	1397320	596534
地方一般公共预算收入	万元	62784	147390	57017	171430	106333
地方一般公共预算支出	万元	203689	516016	245098	610203	354236
住户存款余额	万元	651674	2347410	1132577	2641226	1311107
年末金融机构各项贷款余额	万元	543175	1762018	835757	2194658	967960
三、农业、工业和通讯						
设施农业种植占地面积	公顷	36	481	455	133	507
油料产量	吨	2483	20013	17393	12770	16995
棉花产量	吨		64	7	9	97
规模以上工业企业	个	71	130	57	104	92
固定电话用户	户	4341	15276	2660	14469	11200
四、教育、卫生和社会保障						
普通中学在校学生	人	8297	51629	16402	35330	24198
小学在校学生	人	9719	57147	21692	66754	30110
医疗卫生机构床位	张	1328	3996	1803	5050	2206
提供住宿的民政服务机构	个	4	25	4	16	12
提供住宿的民政服务机构床位数	张	460	1695	380	1560	895

2022年县(市)社会经济主要指标

湖南省

指　　标	单位	新田县	江华瑶族自治县	祁阳市	中方县	沅陵县
一、基本情况						
行政区域面积	平方公里	1000	3234	2538	1515	5833
乡	个	1	7	3	1	13
镇	个	10	9	20	11	8
街道办事处	个	2		3		
户籍人口	万人	44	53	102	29	63
二、综合经济						
地区生产总值	万元	935028	1563616	4014362	1339725	2013682
第一产业增加值	万元	254965	341438	649799	194376	326549
第二产业增加值	万元	131057	546600	1268104	611222	873052
第三产业增加值	万元	549006	675578	2096459	534127	814081
地方一般公共预算收入	万元	66408	115468	187174	54239	127998
地方一般公共预算支出	万元	331840	424158	654091	252017	508672
住户存款余额	万元	1234732	1702800	4546507	706599	2185461
年末金融机构各项贷款余额	万元	1151503	1864661	2936844	1074100	1457927
三、农业、工业和通讯						
设施农业种植占地面积	公顷	133	556	11772	33	180
油料产量	吨	5079	15802	49774	13095	30168
棉花产量	吨			92		
规模以上工业企业	个	57	144	198	162	40
固定电话用户	户	10000	16143	38380	16615	15213
四、教育、卫生和社会保障						
普通中学在校学生	人	27934	34167	53957	11391	28381
小学在校学生	人	33226	46712	62725	16157	34910
医疗卫生机构床位	张	2775	3425	7201	1743	4152
提供住宿的民政服务机构	个	6	15	521	11	6
提供住宿的民政服务机构床位数	张	855	1644	7787	451	430

2022年县(市)社会经济主要指标

湖南省

指　　标	单位	辰溪县	溆浦县	会同县	麻阳苗族自治县	新晃侗族自治县
一、基本情况						
行政区域面积	平方公里	1987	3429	2259	1566	1502
乡	个	14	7	10	10	2
镇	个	9	18	8	8	9
街道办事处	个					
户籍人口	万人	53	93	36	40	25
二、综合经济						
地区生产总值	万元	1404817	2134086	1046348	1092100	907205
第一产业增加值	万元	249124	475090	183981	225700	129103
第二产业增加值	万元	395269	610921	190988	359800	279633
第三产业增加值	万元	760424	1048075	671379	506600	498469
地方一般公共预算收入	万元	84073	97707	58710	60128	58931
地方一般公共预算支出	万元	447507	640290	298845	336100	268360
住户存款余额	万元	1541722	3245462	1395491	1202924	749753
年末金融机构各项贷款余额	万元	1141657	2005869	746559	1080922	469391
三、农业、工业和通讯						
设施农业种植占地面积	公顷	1866	1407	170	594	128
油料产量	吨	32026	35750	11229	13001	6130
棉花产量	吨	14	123			
规模以上工业企业	个	53	106	37	41	46
固定电话用户	户	29900	3600	15816	6346	573
四、教育、卫生和社会保障						
普通中学在校学生	人	22766	48586	18054	14002	14927
小学在校学生	人	31328	67368	24063	28181	17331
医疗卫生机构床位	张	3378	6940	2453	2305	2734
提供住宿的民政服务机构	个	13	16	4	21	6
提供住宿的民政服务机构床位数	张	555	1081	500	1286	410

2022年县(市)社会经济主要指标

湖南省

指　　标	单位	芷江侗族自治县	靖州苗族侗族自治县	通道侗族自治县	洪江市	双峰县
一、基本情况						
行政区域面积	平方公里	2095	2208	2223	2223	1594
乡	个	9	5	2	15	3
镇	个	9	6	9	7	11
街道办事处	个				4	2
户籍人口	万人	37	27	24	48	88
二、综合经济						
地区生产总值	万元	1204133	1003991	634355	1815241	2916000
第一产业增加值	万元	259981	192019	98904	348858	603000
第二产业增加值	万元	316742	262766	187422	667379	898000
第三产业增加值	万元	627410	549206	348029	799004	1415000
地方一般公共预算收入	万元	50078	53573	31402	107686	77965
地方一般公共预算支出	万元	322113	289885	225091	448992	576292
住户存款余额	万元	1432287	1108495	719124	2174792	3805500
年末金融机构各项贷款余额	万元	1097608	825833	721878	1362835	2025900
三、农业、工业和通讯						
设施农业种植占地面积	公顷	554	165	43	350	735
油料产量	吨	21177	11002	11772	18318	24385
棉花产量	吨			24		23
规模以上工业企业	个	55	54	54	112	198
固定电话用户	户	2765	15481	10976	15641	28765
四、教育、卫生和社会保障						
普通中学在校学生	人	11714	9631	12982	18546	49289
小学在校学生	人	21258	19891	16744	24339	51707
医疗卫生机构床位	张	2377	1973	1630	2801	4882
提供住宿的民政服务机构	个	13	3	8	23	24
提供住宿的民政服务机构床位数	张	921	390	343	1716	5340

2022年县(市)社会经济主要指标

湖南省

指　　标	单位	新化县	冷水江市	涟源市	吉首市	泸溪县
一、基本情况						
行政区域面积	平方公里	3636	438	1813	1096	1566
乡	个	7	1	2	1	4
镇	个	18	5	15	5	7
街道办事处	个	3	4	3	6	
户籍人口	万人	150	35	113	32	31
二、综合经济						
地区生产总值	万元	3267572	2647920	3487455	2291119	820100
第一产业增加值	万元	629373	130915	571845	109561	124200
第二产业增加值	万元	946932	1142366	1219205	857378	294900
第三产业增加值	万元	1691267	1374639	1696405	1324180	401000
地方一般公共预算收入	万元	139984	92029	95505	134116	45618
地方一般公共预算支出	万元	881528	319456	670294	395637	319220
住户存款余额	万元	5077745	2390680	3228856	2722550	1131741
年末金融机构各项贷款余额	万元	3652885	2321784	2605897	4982676	823636
三、农业、工业和通讯						
设施农业种植占地面积	公顷	365	91	336	477	56
油料产量	吨	20365	2289	20450	8045	16111
棉花产量	吨	19	9	8		73
规模以上工业企业	个	196	93	182	109	32
固定电话用户	户	35800	18248	23933	27980	4434
四、教育、卫生和社会保障						
普通中学在校学生	人	90620	25291	45606	29127	15728
小学在校学生	人	124284	33727	55326	41179	20971
医疗卫生机构床位	张	7596	3002	6630	6797	1449
提供住宿的民政服务机构	个	21	11	21	7	14
提供住宿的民政服务机构床位数	张	1429	862	2021	310	790

2022年县(市)社会经济主要指标

湖南省

指　　标	单位	凤凰县	花垣县	保靖县	古丈县	永顺县
一、基本情况						
行政区域面积	平方公里	1734	1092	1755	1286	3812
乡	个	4	3	2		11
镇	个	13	9	10	7	12
街道办事处	个					
户籍人口	万人	42	30	29	14	52
二、综合经济						
地区生产总值	万元	994557	818542	804900	350308	1002003
第一产业增加值	万元	135362	102945	123800	86963	242520
第二产业增加值	万元	203525	258918	279400	80115	187803
第三产业增加值	万元	655670	456679	401700	183230	571680
地方一般公共预算收入	万元	94602	62056	35818	28882	56663
地方一般公共预算支出	万元	407461	331184	327011	210439	503714
住户存款余额	万元	1314891	1059000	876242	523237	1652971
年末金融机构各项贷款余额	万元	1895416	1357000	762739	593280	1588847
三、农业、工业和通讯						
设施农业种植占地面积	公顷	35	255		79	152
油料产量	吨	11181	7970	9539	5077	21410
棉花产量	吨					
规模以上工业企业	个	24	30	39	29	30
固定电话用户	户	26560	9850	3200	3000	6841
四、教育、卫生和社会保障						
普通中学在校学生	人	22514	19329	13487	4004	28696
小学在校学生	人	31654	24274	16309	7474	37524
医疗卫生机构床位	张	1417	1717	1942	824	3696
提供住宿的民政服务机构	个	15	18	17	13	28
提供住宿的民政服务机构床位数	张	549	560	956	841	1285

2022年县(市)社会经济主要指标

湖南省、广东省

指　　标	单位	龙山县	从化区	增城区	曲江区	始兴县
一、基本情况						
行政区域面积	平方公里	3131	1975	1617	1621	2132
乡	个	5				1
镇	个	12	5	7	9	9
街道办事处	个	4	3	6	1	
户籍人口	万人	60	66	108	31	26
二、综合经济						
地区生产总值	万元	1093736	4109169	13252710	2092720	1018852
第一产业增加值	万元	280209	357893	674043	215817	283709
第二产业增加值	万元	212372	1300390	5367083	1154650	310150
第三产业增加值	万元	601155	2450886	7211584	722253	424993
地方一般公共预算收入	万元	83976	272242	968540	77573	41556
地方一般公共预算支出	万元	556826	889031	1972757	266800	253740
住户存款余额	万元	1948315	4660429	13497930	1910984	1224627
年末金融机构各项贷款余额	万元	2165324	6522477	23688059	1453209	868334
三、农业、工业和通讯						
设施农业种植占地面积	公顷	374	440	708	44	71
油料产量	吨	16944	6709	1991	10236	13266
棉花产量	吨					
规模以上工业企业	个	49	300	842	96	42
固定电话用户	户	6966	38016	108764	40057	13744
四、教育、卫生和社会保障						
普通中学在校学生	人	32749	36641	61982	16809	11461
小学在校学生	人	45273	67039	135261	24097	18180
医疗卫生机构床位	张	4151	2653	5835	1677	971
提供住宿的民政服务机构	个	23	12	22	12	13
提供住宿的民政服务机构床位数	张	1728	1301	2682	943	751

2022年县(市)社会经济主要指标

广东省

指　　标	单位	仁化县	翁源县	乳源瑶族自治县	新丰县	乐昌市
一、基本情况						
行政区域面积	平方公里	2223	2175	2299	1968	2419
乡	个					
镇	个	10	8	9	6	16
街道办事处	个	1			1	1
户籍人口	万人	24	42	23	27	52
二、综合经济						
地区生产总值	万元	1192562	1320757	1147039	829655	1378436
第一产业增加值	万元	245459	348050	110898	181618	316630
第二产业增加值	万元	514500	350170	588223	230374	285182
第三产业增加值	万元	432603	622537	447918	417663	776625
地方一般公共预算收入	万元	49803	67295	52416	52013	84924
地方一般公共预算支出	万元	266951	331794	288312	254734	397948
住户存款余额	万元	1046734	1764367	862830	922400	2059997
年末金融机构各项贷款余额	万元	746207	1374073	758316	987200	1440723
三、农业、工业和通讯						
设施农业种植占地面积	公顷	56	898	48	68	67
油料产量	吨	25028	17853	5630	9931	18433
棉花产量	吨					
规模以上工业企业	个	38	65	62	42	73
固定电话用户	户	34125	32972	26200	19700	31100
四、教育、卫生和社会保障						
普通中学在校学生	人	12073	19649	10807	11744	25508
小学在校学生	人	17346	34239	18354	18831	39222
医疗卫生机构床位	张	881	2057	672	1052	3979
提供住宿的民政服务机构	个	13	16	8	9	19
提供住宿的民政服务机构床位数	张	297	1424	573	634	1063

2022年县(市)社会经济主要指标

广东省

指　　标	单位	南雄市	斗门区	潮阳区	澄海区	南澳县
一、基本情况						
行政区域面积	平方公里	2326	699	668	345	115
乡	个					
镇	个	17	5	9	8	3
街道办事处	个	1	1	4	3	
户籍人口	万人	49	45	188	79	8
二、综合经济						
地区生产总值	万元	1322505	5012663	5347707	5132830	359333
第一产业增加值	万元	374894	446179	349967	467828	123552
第二产业增加值	万元	292287	2526468	3018195	2710247	58064
第三产业增加值	万元	655324	2040016	1979545	1954755	177717
地方一般公共预算收入	万元	75023	230724	163077	161629	12814
地方一般公共预算支出	万元	416224	734293	706067	460046	126057
住户存款余额	万元	1794816		6428284	6427814	369300
年末金融机构各项贷款余额	万元	1182311		2533035	3545491	393842
三、农业、工业和通讯						
设施农业种植占地面积	公顷	162	20	33	620	1
油料产量	吨	28349	468	13	338	108
棉花产量	吨					
规模以上工业企业	个	74	320	512	353	6
固定电话用户	户	21773		144004	81857	7798
四、教育、卫生和社会保障						
普通中学在校学生	人	21252	20586	125685	48544	1956
小学在校学生	人	30567	51480	182991	71376	4205
医疗卫生机构床位	张	2303	2033	3261	1584	129
提供住宿的民政服务机构	个	21	8	14	10	3
提供住宿的民政服务机构床位数	张	718	898	351	338	138

2022年县(市)社会经济主要指标

广东省

指　　标	单位	禅城区	南海区	顺德区	三水区	高明区
一、基本情况						
行政区域面积	平方公里	154	1072	807	828	938
乡	个					
镇	个	1	6	6	5	3
街道办事处	个	3	1	4	2	1
户籍人口	万人	75	175	162	49	34
二、综合经济						
地区生产总值	万元	22838051	37305907	41663887	14724327	10451771
第一产业增加值	万元	6432	662412	712688	456623	373165
第二产业增加值	万元	7925859	20060883	24786257	10686520	7838475
第三产业增加值	万元	14905761	16582612	16164942	3581184	2240131
地方一般公共预算收入	万元	1140234	2584057	2656521	692533	440601
地方一般公共预算支出	万元	1258454	2687158	2693925	790466	603835
住户存款余额	万元	25422427	42321092	40042588	6961842	3569334
年末金融机构各项贷款余额	万元	47334529	62228497	55796445	10040019	5423992
三、农业、工业和通讯						
设施农业种植占地面积	公顷		221	25	216	111
油料产量	吨				526	1528
棉花产量	吨					
规模以上工业企业	个	605	4302	3070	1114	615
固定电话用户	户	267600	469142	470100	78669	51271
四、教育、卫生和社会保障						
普通中学在校学生	人	52306	162861	139245	34981	23267
小学在校学生	人	95863	278262	213656	58891	39639
医疗卫生机构床位	张	13142	11019	11935	2994	1937
提供住宿的民政服务机构	个	5	24	29	12	13
提供住宿的民政服务机构床位数	张	1878	6515	5238	2348	1423

2022年县(市)社会经济主要指标

广东省

指　　标	单位	新会区	台山市	开平市	鹤山市	恩平市
一、基本情况						
行政区域面积	平方公里	1362	3308	1657	1083	1694
乡	个					
镇	个	10	16	13	9	10
街道办事处	个	1	1	2	1	1
户籍人口	万人	77	96	68	40	50
二、综合经济						
地区生产总值	万元	9516288	5165007	4560682	4585071	2176773
第一产业增加值	万元	663061	1133519	565047	364562	366803
第二产业增加值	万元	4846726	2038593	2175696	2405322	620260
第三产业增加值	万元	4006501	1992895	1819939	1815186	1189710
地方一般公共预算收入	万元	546809	355166	307742	357292	134418
地方一般公共预算支出	万元	834111	834627	566454	489526	410785
住户存款余额	万元	9544598	6607481	6344024	4480666	2958153
年末金融机构各项贷款余额	万元	10142518	6829691	5731800	5904473	2271997
三、农业、工业和通讯						
设施农业种植占地面积	公顷	1366	273	580	944	5720
油料产量	吨	944	14500	8532	2436	7416
棉花产量	吨					
规模以上工业企业	个	673	293	404	589	159
固定电话用户	户	136174	118484	87527	68615	46983
四、教育、卫生和社会保障						
普通中学在校学生	人	51935	39848	38928	27846	26083
小学在校学生	人	70158	53468	55336	43837	39841
医疗卫生机构床位	张	5008	4814	2912	1873	1768
提供住宿的民政服务机构	个	27	25	17	12	15
提供住宿的民政服务机构床位数	张	5012	2932	2232	1312	2002

2022年县(市)社会经济主要指标

广东省

指　　标	单位	遂溪县	徐闻县	廉江市	雷州市	吴川市
一、基本情况						
行政区域面积	平方公里	2132	1988	2867	3709	877
乡	个		2			
镇	个	15	12	18	18	10
街道办事处	个	1	1	3	3	5
户籍人口	万人	113	80	188	189	125
二、综合经济						
地区生产总值	万元	4266102	2292737	5331386	3672783	2981980
第一产业增加值	万元	1547252	1160338	1388222	1536384	378735
第二产业增加值	万元	924939	242416	1803282	443084	965736
第三产业增加值	万元	1793911	889983	2139882	1693315	1637509
地方一般公共预算收入	万元	57031	61403	169956	88140	88739
地方一般公共预算支出	万元	530282	474107	836460	721195	526433
住户存款余额	万元	2985071	2266618	4599723	3383917	3318127
年末金融机构各项贷款余额	万元	2010584	1794149	2963253	2393961	1966554
三、农业、工业和通讯						
设施农业种植占地面积	公顷	84	839	152	41	14
油料产量	吨	62917	19102	60473	65149	25237
棉花产量	吨					
规模以上工业企业	个	120	46	178	61	129
固定电话用户	户	28382	23099	88298	31278	57102
四、教育、卫生和社会保障						
普通中学在校学生	人	45561	40226	94368	76768	58179
小学在校学生	人	82813	73619	158788	135654	98463
医疗卫生机构床位	张	3847	4139	7685	8757	4628
提供住宿的民政服务机构	个	21	18	29	24	8
提供住宿的民政服务机构床位数	张	1080	711	2745	1747	1073

2022年县(市)社会经济主要指标

广东省

指　　标	单位	电白区	高州市	化州市	信宜市	高要区
一、基本情况						
行政区域面积	平方公里	2139	3270	2357	3084	2186
乡	个					
镇	个	19	23	17	18	16
街道办事处	个	5	5	6	2	1
户籍人口	万人	200	186	180	152	82
二、综合经济						
地区生产总值	万元	8124972	7256827	6515728	5538907	5421209
第一产业增加值	万元	1653980	1851654	1522941	1580433	1145091
第二产业增加值	万元	3025802	1844408	1727283	995834	2892085
第三产业增加值	万元	3445190	3560765	3265504	2962640	1384033
地方一般公共预算收入	万元	277424	173744	152410	127238	281811
地方一般公共预算支出	万元	1119373	909258	830672	808506	539566
住户存款余额	万元	5128500	6075586	4379193	4363807	3793588
年末金融机构各项贷款余额	万元	3482800	4177304	2920979	3245759	2670189
三、农业、工业和通讯						
设施农业种植占地面积	公顷	365	281	4868	308	351
油料产量	吨	47305	34669	40926	23244	12018
棉花产量	吨					
规模以上工业企业	个	222	154	129	52	430
固定电话用户	户	79470	99817	45608	91200	59138
四、教育、卫生和社会保障						
普通中学在校学生	人	96808	110428	111468	87312	46133
小学在校学生	人	165167	148901	161628	123330	67528
医疗卫生机构床位	张	7684	8455	6527	6637	2359
提供住宿的民政服务机构	个	16	44	29	28	14
提供住宿的民政服务机构床位数	张	1789	7082	5575	1155	803

2022年县(市)社会经济主要指标

广东省

指　　标	单位	广宁县	怀集县	封开县	德庆县	四会市
一、基本情况						
行政区域面积	平方公里	2457	3554	2724	2003	1166
乡	个		1			
镇	个	14	16	15	12	10
街道办事处	个	1	2	1	1	3
户籍人口	万人	58	112	52	41	44
二、综合经济						
地区生产总值	万元	1805832	2946767	1709809	1509328	4836592
第一产业增加值	万元	613530	1198111	616072	442988	727076
第二产业增加值	万元	543594	685200	586927	436762	1991016
第三产业增加值	万元	648708	1063456	506810	629578	2118500
地方一般公共预算收入	万元	79421	73857	262218	47975	184301
地方一般公共预算支出	万元	347827	565965	447896	341811	426113
住户存款余额	万元	1638543	2006410	1530324	1370963	3491500
年末金融机构各项贷款余额	万元	1251163	1979231	937333	1072104	4918400
三、农业、工业和通讯						
设施农业种植占地面积	公顷	170		200		432
油料产量	吨	10174	12788	23114	14942	18337
棉花产量	吨					
规模以上工业企业	个	83	64	41	88	323
固定电话用户	户	48001	45563	33393	43875	77255
四、教育、卫生和社会保障						
普通中学在校学生	人	25036	58586	24123	23939	31879
小学在校学生	人	35932	88858	35136	31803	53156
医疗卫生机构床位	张	1842	3380	1186	1341	2338
提供住宿的民政服务机构	个	2	25	5	4	16
提供住宿的民政服务机构床位数	张	423	2183	278	566	1289

2022年县(市)社会经济主要指标

广东省

指　标	单位	惠阳区	博罗县	惠东县	龙门县	梅县区
一、基本情况						
行政区域面积	平方公里	917	2855	3527	2267	2477
乡	个				1	
镇	个	6	15	12	7	17
街道办事处	个	3	2	2	2	1
户籍人口	万人	45	97	91	36	62
二、综合经济						
地区生产总值	万元	8034616	8013877	7417710	2032058	2382554
第一产业增加值	万元	238153	885022	807357	379913	599602
第二产业增加值	万元	5352764	4364753	2883517	836124	786172
第三产业增加值	万元	2443699	2764102	3726837	816021	996780
地方一般公共预算收入	万元	684057	662169	405813	196465	132291
地方一般公共预算支出	万元	871009	1104548	900812	490692	640055
住户存款余额	万元	5699215	6427283	4219762	1394981	3090224
年末金融机构各项贷款余额	万元	11870583	9983611	5330201	1887791	3146795
三、农业、工业和通讯						
设施农业种植占地面积	公顷	129	217	1286	164	37
油料产量	吨	3004	15733	18319	5577	8706
棉花产量	吨					
规模以上工业企业	个	991	990	383	78	110
固定电话用户	户	116469	153227	145129	52125	
四、教育、卫生和社会保障						
普通中学在校学生	人	65076	87967	68508	21199	29847
小学在校学生	人	99043	126013	112090	30981	51425
医疗卫生机构床位	张	3368	4526	3783	1364	3579
提供住宿的民政服务机构	个	14	19	18	11	27
提供住宿的民政服务机构床位数	张	1623	750	1061	535	1305

2022年县(市)社会经济主要指标

广东省

指　　标	单位	大埔县	丰顺县	五华县	平远县	蕉岭县
一、基本情况						
行政区域面积	平方公里	2462	2706	3238	1374	962
乡	个					
镇	个	14	16	16	12	8
街道办事处	个					
户籍人口	万人	54	72	152	26	23
二、综合经济						
地区生产总值	万元	1008109	1192890	1788756	865729	1056207
第一产业增加值	万元	308172	269855	433116	152398	186437
第二产业增加值	万元	188047	423722	378836	237948	455441
第三产业增加值	万元	511890	499313	976804	475383	414329
地方一般公共预算收入	万元	51505	67326	124300	53478	63156
地方一般公共预算支出	万元	437546	491814	881547	315987	291224
住户存款余额	万元	1578330	1985537	3172143	960426	1067712
年末金融机构各项贷款余额	万元	1209302	1288709	2354008	738541	692116
三、农业、工业和通讯						
设施农业种植占地面积	公顷	23	226			30
油料产量	吨	1815	5033	8666	2632	5219
棉花产量	吨					
规模以上工业企业	个	44	71	54	54	52
固定电话用户	户	24534	46660	41148	18401	24687
四、教育、卫生和社会保障						
普通中学在校学生	人	23466	33389	77004	11733	10618
小学在校学生	人	29116	42609	101125	15491	14522
医疗卫生机构床位	张	2458	2204	5488	947	1108
提供住宿的民政服务机构	个	17	18	17	16	10
提供住宿的民政服务机构床位数	张	1084	672	727	691	635

2022年县(市)社会经济主要指标

广东省

指　　标	单位	兴宁市	海丰县	陆河县	陆丰市	紫金县
一、基本情况						
行政区域面积	平方公里	2076	1310	986	1703	3228
乡	个					
镇	个	17	12	8	17	16
街道办事处	个	3			3	
户籍人口	万人	115	78	36	191	75
二、综合经济						
地区生产总值	万元	2009940	4268150	1060138	4122420	1477749
第一产业增加值	万元	535295	448056	168724	830396	390873
第二产业增加值	万元	370981	1960391	299130	1452616	367534
第三产业增加值	万元	1103664	1859703	592284	1839408	719342
地方一般公共预算收入	万元	95618	135867	45746	114400	83948
地方一般公共预算支出	万元	709259	695419	336796	943778	511955
住户存款余额	万元	3795971	2447545	847416	1889437	1601900
年末金融机构各项贷款余额	万元	2828415	2268523	723081	1974541	1390800
三、农业、工业和通讯						
设施农业种植占地面积	公顷	21	600	65	380	
油料产量	吨	4748	7189	5481	21681	14591
棉花产量	吨					
规模以上工业企业	个	81	119	28	84	60
固定电话用户	户	72770	86975	28909	115851	47709
四、教育、卫生和社会保障						
普通中学在校学生	人	52460	54824	18937	81551	39053
小学在校学生	人	71876	83034	26387	128873	50300
医疗卫生机构床位	张	3157	4521	1707	3564	2526
提供住宿的民政服务机构	个	50	14	8	20	19
提供住宿的民政服务机构床位数	张	3509	585	376	518	716

2022年县(市)社会经济主要指标

广东省

指　　标	单位	龙川县	连平县	和平县	东源县	阳东区
一、基本情况						
行政区域面积	平方公里	3081	2275	2292	4009	1705
乡	个				1	
镇	个	24	13	17	20	11
街道办事处	个					
户籍人口	万人	97	41	56	59	52
二、综合经济						
地区生产总值	万元	1714078	1002587	1289783	1723088	3414439
第一产业增加值	万元	324019	230331	276846	307420	589149
第二产业增加值	万元	393159	270647	322146	652722	1787818
第三产业增加值	万元	996900	501609	690791	762946	1037472
地方一般公共预算收入	万元	65668	46599	41316	126830	174944
地方一般公共预算支出	万元	679183	347737	376462	555692	440680
住户存款余额	万元	2591900	1117700	1222974	1381939	2649732
年末金融机构各项贷款余额	万元	1968400	690100	1272178	2173255	1761364
三、农业、工业和通讯						
设施农业种植占地面积	公顷	11	103	1	2217	1105
油料产量	吨	13377	16872	8028	22682	11407
棉花产量	吨					
规模以上工业企业	个	72	53	45	117	187
固定电话用户	户	54075	21867	22464	25129	
四、教育、卫生和社会保障						
普通中学在校学生	人	52895	20162	30009	25768	33804
小学在校学生	人	56220	26571	33941	29810	49913
医疗卫生机构床位	张	4879	1535	1432	2353	2432
提供住宿的民政服务机构	个	26	14	13	20	19
提供住宿的民政服务机构床位数	张	534	375	547	730	2659

2022年县(市)社会经济主要指标

广东省

指　　标	单位	阳西县	阳春市	清新区	佛冈县	阳山县
一、基本情况						
行政区域面积	平方公里	1435	4038	2354	1295	3330
乡	个					1
镇	个	8	15	8	6	12
街道办事处	个		2			
户籍人口	万人	56	122	73	36	58
二、综合经济						
地区生产总值	万元	2560248	3576224	3069756	1613447	1402496
第一产业增加值	万元	687259	665536	600908	258506	502620
第二产业增加值	万元	851890	1073032	1244622	742332	229415
第三产业增加值	万元	1021099	1837656	1224227	612609	670461
地方一般公共预算收入	万元	136050	168865	170043	127658	63179
地方一般公共预算支出	万元	392631	737612	527508	381372	387344
住户存款余额	万元	1629878	3825845	2523300	1561130	1496391
年末金融机构各项贷款余额	万元	2156017	3189001	3300857	1886417	1171364
三、农业、工业和通讯						
设施农业种植占地面积	公顷		202	276	867	1679
油料产量	吨	5669	28268	17520	12610	19363
棉花产量	吨					
规模以上工业企业	个	55	74	165	119	28
固定电话用户	户	26000	107201	44487	33176	23762
四、教育、卫生和社会保障						
普通中学在校学生	人	26958	65019	39562	22401	19475
小学在校学生	人	39518	90766	65876	31996	36581
医疗卫生机构床位	张	2047	6208	2466	1172	1851
提供住宿的民政服务机构	个	13	36	12	8	11
提供住宿的民政服务机构床位数	张	1125	3076	1135	601	299

2022年县(市)社会经济主要指标

广东省

指　　标	单位	连山壮族瑶族自治县	连南瑶族自治县	英德市	连州市	潮安区
一、基本情况						
行政区域面积	平方公里	1219	1241	5634	2668	1064
乡	个				2	
镇	个	7	7	23	10	15
街道办事处	个			1		
户籍人口	万人	13	18	121	54	106
二、综合经济						
地区生产总值	万元	469331	728198	4051937	1803905	5312735
第一产业增加值	万元	116976	133225	876081	513800	288957
第二产业增加值	万元	106315	207756	1571591	461450	3376001
第三产业增加值	万元	246040	387217	1604265	828655	1647777
地方一般公共预算收入	万元	24380	23959	291590	62450	126791
地方一般公共预算支出	万元	171892	222277	830408	375962	712828
住户存款余额	万元	367764	460372	4257803	2157295	4866546
年末金融机构各项贷款余额	万元	268694	258056	3913064	1366093	1647894
三、农业、工业和通讯						
设施农业种植占地面积	公顷	111	325	1859	17	8
油料产量	吨	6054	11416	32659	15542	1383
棉花产量	吨					
规模以上工业企业	个	7	13	205	58	643
固定电话用户	户	6418	11953	69687	26700	162500
四、教育、卫生和社会保障						
普通中学在校学生	人	6221	9065	58908	22699	53946
小学在校学生	人	10042	15549	103139	35569	89040
医疗卫生机构床位	张	435	471	4652	2556	1961
提供住宿的民政服务机构	个	7	8	23	5	1
提供住宿的民政服务机构床位数	张	281	123	1459	789	80

2022年县(市)社会经济主要指标

广东省

指　　标	单位	饶平县	揭东区	揭西县	惠来县	普宁市
一、基本情况						
行政区域面积	平方公里	1746	710	1347	1252	1620
乡	个			1		1
镇	个	21	11	15	15	18
街道办事处	个		2	1		7
户籍人口	万人	105	112	97	149	252
二、综合经济						
地区生产总值	万元	3425810	4628101	2611069	2862813	6294992
第一产业增加值	万元	859853	457675	528379	629420	479095
第二产业增加值	万元	1152269	1957387	671017	807384	1989634
第三产业增加值	万元	1413688	2213039	1411673	1426009	3826263
地方一般公共预算收入	万元	89199	64272	37871	91725	217798
地方一般公共预算支出	万元	632471	515831	603924	702791	1056892
住户存款余额	万元	2779756	4201827	3015233	1931697	8264266
年末金融机构各项贷款余额	万元	1253764	1973815	1630361	1462132	3808428
三、农业、工业和通讯						
设施农业种植占地面积	公顷	239	23	32	1	70
油料产量	吨	3492	9836	10523	11193	3179
棉花产量	吨					
规模以上工业企业	个	148	374	112	94	344
固定电话用户	户	86506	86422	65351	51265	135700
四、教育、卫生和社会保障						
普通中学在校学生	人	30803	57856	43415	69871	158186
小学在校学生	人	58313	77910	55700	104946	229394
医疗卫生机构床位	张	1501	3124	2641	3024	8830
提供住宿的民政服务机构	个	22	16	22	15	29
提供住宿的民政服务机构床位数	张	1294	2836	5922	1271	3934

2022年县(市)社会经济主要指标

广东省、广西壮族自治区

指　　标	单位	云安区	新兴县	郁南县	罗定市	邕宁区
一、基本情况						
行政区域面积	平方公里	1189	1522	1962	2335	1231
乡	个					
镇	个	7	12	15	17	5
街道办事处	个				4	
户籍人口	万人	35	49	53	129	40
二、综合经济						
地区生产总值	万元	1342851	3116987	1404547	3191911	1654019
第一产业增加值	万元	187308	774900	334382	681104	410572
第二产业增加值	万元	691686	1075077	312039	837952	433019
第三产业增加值	万元	463857	1267010	758126	1672855	810428
地方一般公共预算收入	万元	218113	145736	206254	135479	30012
地方一般公共预算支出	万元	351295	414519	379568	699692	365255
住户存款余额	万元	536480	2702200	1618310	3677219	
年末金融机构各项贷款余额	万元	693053	3704708	1252733	2802391	
三、农业、工业和通讯						
设施农业种植占地面积	公顷		131	21	12	23
油料产量	吨	8479	13215	9064	20283	14039
棉花产量	吨					
规模以上工业企业	个	74	112	59	81	46
固定电话用户	户	12435	57300	25800	83487	38554
四、教育、卫生和社会保障						
普通中学在校学生	人	12885	29363	24340	77303	26267
小学在校学生	人	21828	39908	38684	110466	29060
医疗卫生机构床位	张	899	1969	2205	5222	2471
提供住宿的民政服务机构	个	7	14	7	23	11
提供住宿的民政服务机构床位数	张	866	1066	308	850	3564

2022年县(市)社会经济主要指标

广西壮族自治区

指　　标	单位	武鸣区	隆安县	马山县	上林县	宾阳县
一、基本情况						
行政区域面积	平方公里	3389	2306	2341	1871	2298
乡	个		4	4	4	
镇	个	13	6	7	7	16
街道办事处	个					
户籍人口	万人	73	42	57	50	105
二、综合经济						
地区生产总值	万元	3840190	1206875	1013209	1037637	3091417
第一产业增加值	万元	1368920	532356	325609	341998	551058
第二产业增加值	万元	1007648	253422	166226	146292	985923
第三产业增加值	万元	1463622	421097	521374	549347	1554436
地方一般公共预算收入	万元	165780	36516	23724	38628	80845
地方一般公共预算支出	万元	783599	289729	379434	311066	426172
住户存款余额	万元	2913204	1392517	1023453	1309178	2782923
年末金融机构各项贷款余额	万元	3751185	1449781	1041441	1233249	2745127
三、农业、工业和通讯						
设施农业种植占地面积	公顷	471	16668	56	69	27
油料产量	吨	40348	3017	4217	6446	21167
棉花产量	吨					
规模以上工业企业	个	295	72	22	23	130
固定电话用户	户	56487	26951	26166	29550	74568
四、教育、卫生和社会保障						
普通中学在校学生	人	41291	25766	28162	24542	55175
小学在校学生	人	50417	30331	35834	34615	77283
医疗卫生机构床位	张	4863	2453	2427	2861	5636
提供住宿的民政服务机构	个	8	11	14	13	12
提供住宿的民政服务机构床位数	张	1422	520	663	588	1491

2022年县(市)社会经济主要指标

广西壮族自治区

指　　标	单位	横州市	柳江区	柳城县	鹿寨县	融安县
一、基本情况						
行政区域面积	平方公里	3448	1773	2114	2975	2898
乡	个	1		2	3	6
镇	个	16	8	10	6	6
街道办事处	个					
户籍人口	万人	127	49	41	41	32
二、综合经济						
地区生产总值	万元	3302909	2989639	2196903	1879745	1265010
第一产业增加值	万元	975499	512388	666548	509541	370928
第二产业增加值	万元	765234	903500	768093	579288	357360
第三产业增加值	万元	1562176	1573751	762262	790916	536722
地方一般公共预算收入	万元	68115	73590	54896	58000	32110
地方一般公共预算支出	万元	546115	234186	227444	271658	225362
住户存款余额	万元	3550483	2158480	1308129	1727900	998857
年末金融机构各项贷款余额	万元	2787732	3182509	1389507	2429573	1031210
三、农业、工业和通讯						
设施农业种植占地面积	公顷	43	2341	1216	117	
油料产量	吨	20572	2299	8512	11268	3841
棉花产量	吨			1	16	7
规模以上工业企业	个	177	166	85	137	72
固定电话用户	户	70730		22562	6613	26837
四、教育、卫生和社会保障						
普通中学在校学生	人	67068	17845	15503	18899	14883
小学在校学生	人	96639	41626	23091	26549	17331
医疗卫生机构床位	张	4671	2051	2278	2455	2170
提供住宿的民政服务机构	个	5	4	11	11	12
提供住宿的民政服务机构床位数	张	864	400	2053	1356	415

2022年县(市)社会经济主要指标

广西壮族自治区

指　　标	单位	融水苗族自治县	三江侗族自治县	临桂区	阳朔县	灵川县
一、基本情况						
行政区域面积	平方公里	4638	2417	2247	1436	2320
乡	个	13	9	2	3	5
镇	个	7	6	9	6	7
街道办事处	个					
户籍人口	万人	52	40	54	33	40
二、综合经济						
地区生产总值	万元	1389357	887886	2794616	1273530	2039335
第一产业增加值	万元	228435	234763	560907	434823	658946
第二产业增加值	万元	378304	139743	1004078	223350	456550
第三产业增加值	万元	782618	513380	1229631	615357	923839
地方一般公共预算收入	万元	60851	19617	161379	26713	65266
地方一般公共预算支出	万元	337820	286316	427331	178408	284489
住户存款余额	万元	1388926	912997	2705500	1257416	2401241
年末金融机构各项贷款余额	万元	1749772	1309713	5463595	1211804	2712713
三、农业、工业和通讯						
设施农业种植占地面积	公顷	13	28	93	1160	23
油料产量	吨	1979	1305	1341	4520	1933
棉花产量	吨		138	14	65	17
规模以上工业企业	个	66	22	75	9	77
固定电话用户	户	24261	18366	42974	14182	19686
四、教育、卫生和社会保障						
普通中学在校学生	人	26977	25610	28724	14960	23344
小学在校学生	人	35265	34612	48450	22597	35688
医疗卫生机构床位	张	2283	1906	2189	1197	1744
提供住宿的民政服务机构	个	21	9	3	6	7
提供住宿的民政服务机构床位数	张	857	314	574	1303	272

2022年县(市)社会经济主要指标

广西壮族自治区

指　　标	单位	全州县	兴安县	永福县	灌阳县	龙胜各族自治县
一、基本情况						
行政区域面积	平方公里	3979	2333	2795	1835	2451
乡	个	3	4	3	3	4
镇	个	15	6	6	6	6
街道办事处	个					
户籍人口	万人	83	39	29	29	17
二、综合经济						
地区生产总值	万元	2168286	1669946	1065681	832602	703841
第一产业增加值	万元	960069	751013	389243	365639	170926
第二产业增加值	万元	254149	293239	204531	137720	162958
第三产业增加值	万元	954068	625694	471908	329243	369957
地方一般公共预算收入	万元	48146	42560	29300	19488	26148
地方一般公共预算支出	万元	438848	273453	216024	221226	206616
住户存款余额	万元	2589631	1961901	1022660	1170172	675418
年末金融机构各项贷款余额	万元	2074520	1797247	1032874	1094524	743107
三、农业、工业和通讯						
设施农业种植占地面积	公顷	398	340	8	1109	
油料产量	吨	15123	7260	2251	4766	563
棉花产量	吨	61	7	3	9	56
规模以上工业企业	个	52	33	60	33	26
固定电话用户	户	25125	15312	12600	15361	9118
四、教育、卫生和社会保障						
普通中学在校学生	人	42609	16436	13583	14599	7709
小学在校学生	人	46761	27823	18322	17019	9819
医疗卫生机构床位	张	2672	2293	1479	1046	710
提供住宿的民政服务机构	个	5	10	8	5	14
提供住宿的民政服务机构床位数	张	550	693	424	258	335

2022年县(市)社会经济主要指标

广西壮族自治区

指　　标	单位	资源县	平乐县	恭城瑶族自治县	荔浦市	苍梧县
一、基本情况						
行政区域面积	平方公里	1941	1893	2139	1760	2782
乡	个	4	4	3	3	
镇	个	3	6	6	10	9
街道办事处	个					
户籍人口	万人	18	46	30	38	41
二、综合经济						
地区生产总值	万元	584686	1434626	953124	1700914	710700
第一产业增加值	万元	242355	680559	492260	371448	306000
第二产业增加值	万元	65548	237206	104730	472515	172800
第三产业增加值	万元	276783	516861	356134	856951	231900
地方一般公共预算收入	万元	14615	40950	28453	43700	38613
地方一般公共预算支出	万元	208877	259277	227013	252200	262280
住户存款余额	万元	779262	1429557	1026607	1640000	862600
年末金融机构各项贷款余额	万元	723466	1957322	960332	2011000	363137
三、农业、工业和通讯						
设施农业种植占地面积	公顷	300	837	280	20	250
油料产量	吨	1181	18577	17474	7231	7236
棉花产量	吨			45	2	
规模以上工业企业	个	19	36	19	81	36
固定电话用户	户	9010	18008	14530	35200	11300
四、教育、卫生和社会保障						
普通中学在校学生	人	9958	24387	16683	18069	21279
小学在校学生	人	12447	33146	22038	24736	32725
医疗卫生机构床位	张	648	1923	1553	1878	1010
提供住宿的民政服务机构	个	8	1	4	4	
提供住宿的民政服务机构床位数	张	51	135	305	203	

2022年县(市)社会经济主要指标

广西壮族自治区

指　　标	单位	藤　县	蒙山县	岑溪市	合浦县	上思县
一、基本情况						
行政区域面积	平方公里	3946	1282	2770	2784	2814
乡	个	2	3		1	4
镇	个	15	6	14	14	4
街道办事处	个					
户籍人口	万人	113	22	97	111	25
二、综合经济						
地区生产总值	万元	2830211	976693	2594211	3508661	961413
第一产业增加值	万元	717478	210657	513030	1242005	345309
第二产业增加值	万元	920725	416423	1056937	790900	281697
第三产业增加值	万元	1192008	349613	1024244	1475756	334407
地方一般公共预算收入	万元	123187	22648	78344	135340	53634
地方一般公共预算支出	万元	522671	188219	405481	579036	229849
住户存款余额	万元	2679464	701814	2665515	3456530	684360
年末金融机构各项贷款余额	万元	3359054	766227	2801956	3197546	765539
三、农业、工业和通讯						
设施农业种植占地面积	公顷	322	2	133	280	11
油料产量	吨	17777	6501	10406	35453	2196
棉花产量	吨					
规模以上工业企业	个	102	36	197	135	48
固定电话用户	户	40941	1015	46412	66300	24277
四、教育、卫生和社会保障						
普通中学在校学生	人	66270	11765	73502	58574	11446
小学在校学生	人	99839	16971	100847	83025	19746
医疗卫生机构床位	张	4121	1202	4422	6068	1107
提供住宿的民政服务机构	个	11	8	34	14	14
提供住宿的民政服务机构床位数	张	1198	469	4016	2842	722

2022年县(市)社会经济主要指标

广西壮族自治区

指　　标	单位	东兴市	灵山县	浦北县	平南县	桂平市
一、基本情况						
行政区域面积	平方公里	590	3558	2601	2984	4071
乡	个				3	5
镇	个	3	17	15	16	21
街道办事处	个		2	2	2	
户籍人口	万人	16	169	96	155	203
二、综合经济						
地区生产总值	万元	794336	3614411	2997000	3200456	3706768
第一产业增加值	万元	228809	935179	784800	741386	961757
第二产业增加值	万元	102615	620774	882100	797526	677820
第三产业增加值	万元	462912	2058458	1330100	1661544	2067191
地方一般公共预算收入	万元	21771	110322	95700	159135	133255
地方一般公共预算支出	万元	253046	632216	411000	709897	788627
住户存款余额	万元	1447022	3353061	2267600	3930630	5165754
年末金融机构各项贷款余额	万元	1259274	2620081	1835300	3911522	4359177
三、农业、工业和通讯						
设施农业种植占地面积	公顷	51	248	9		591
油料产量	吨	487	6703	10005	36963	44836
棉花产量	吨		35	12		40
规模以上工业企业	个	31	94	109	156	163
固定电话用户	户	39520	98013	93250	70500	79386
四、教育、卫生和社会保障						
普通中学在校学生	人	11270	97444	50433	90152	127773
小学在校学生	人	21973	167657	86193	129377	162636
医疗卫生机构床位	张	509	6535	3511	6925	8878
提供住宿的民政服务机构	个	2	25	306	61	33
提供住宿的民政服务机构床位数	张	218	2326	3783	3393	1653

2022年县(市)社会经济主要指标

广西壮族自治区

指　　标	单位	容　县	陆川县	博白县	兴业县	北流市
一、基本情况						
行政区域面积	平方公里	2255	1554	3830	1468	2452
乡	个					
镇	个	15	14	28	13	22
街道办事处	个					3
户籍人口	万人	88	111	194	75	157
二、综合经济						
地区生产总值	万元	2338921	2583296	3592506	2026997	4164160
第一产业增加值	万元	608781	561130	1198487	582167	755960
第二产业增加值	万元	679111	703060	760244	649553	1373233
第三产业增加值	万元	1051029	1319106	1633775	795277	2034967
地方一般公共预算收入	万元	60789	50299	83785	55865	197966
地方一般公共预算支出	万元	362028	452261	739566	332688	577750
住户存款余额	万元	3096321	2521681	3996394	1839831	4539600
年末金融机构各项贷款余额	万元	2263337	2342169	4202036	1286581	4740964
三、农业、工业和通讯						
设施农业种植占地面积	公顷	238	32	272	517	8
油料产量	吨	4911	7744	20868	8513	23588
棉花产量	吨				8	
规模以上工业企业	个	91	103	101	53	231
固定电话用户	户	59381	58669	92567	35635	100138
四、教育、卫生和社会保障						
普通中学在校学生	人	56438	69450	121062	39646	114465
小学在校学生	人	88297	103907	188449	49038	165207
医疗卫生机构床位	张	4214	1337	4563	2839	4939
提供住宿的民政服务机构	个	6	2	5	10	8
提供住宿的民政服务机构床位数	张	1623	90	380	793	942

2022年县(市)社会经济主要指标

广西壮族自治区

指　　标	单位	右江区	田阳区	田东县	德保县	那坡县
一、基本情况						
行政区域面积	平方公里	3718	2373	2811	2575	2223
乡	个	3	1	1	5	6
镇	个	4	9	9	7	3
街道办事处	个	2				
户籍人口	万人	38	35	44	36	22
二、综合经济						
地区生产总值	万元	3641522	1564294	1970857	1360679	500347
第一产业增加值	万元	418844	422490	473478	171566	139160
第二产业增加值	万元	1373139	698347	863934	866512	69722
第三产业增加值	万元	1849538	443457	633445	322601	291465
地方一般公共预算收入	万元	63242	51863	84544	60126	12930
地方一般公共预算支出	万元	227649	275440	334216	354465	275318
住户存款余额	万元	2816106	1100603	1415592	726448	512530
年末金融机构各项贷款余额	万元	6328443	1438317	1811505	1106622	421263
三、农业、工业和通讯						
设施农业种植占地面积	公顷	1253	3391	3748	1323	381
油料产量	吨	2412	2105	925	1210	445
棉花产量	吨					
规模以上工业企业	个	66	65	50	28	17
固定电话用户	户	75999	27761	29142	23312	17415
四、教育、卫生和社会保障						
普通中学在校学生	人	42468	20665	25636	15640	11149
小学在校学生	人	42219	24982	31227	23749	15069
医疗卫生机构床位	张	7230	2256	3420	1645	1191
提供住宿的民政服务机构	个	13	5	5	3	1
提供住宿的民政服务机构床位数	张	2284	335	364	216	86

2022年县(市)社会经济主要指标

广西壮族自治区

指　　标	单位	凌云县	乐业县	田林县	西林县	隆林各族自治县
一、基本情况						
行政区域面积	平方公里	2048	2633	5524	2997	3518
乡	个	4	4	9	4	10
镇	个	4	4	5	4	6
街道办事处	个					
户籍人口	万人	23	18	27	17	44
二、综合经济						
地区生产总值	万元	571887	393576	973269	458561	867246
第一产业增加值	万元	143930	122395	276364	217233	198427
第二产业增加值	万元	136174	109722	386282	75537	321654
第三产业增加值	万元	291783	161459	310622	165791	347166
地方一般公共预算收入	万元	20745	14731	30434	25122	36185
地方一般公共预算支出	万元	253279	198698	283572	215416	402321
住户存款余额	万元	518508	384027	702635	388004	886895
年末金融机构各项贷款余额	万元	525708	478371	813079	492910	1121889
三、农业、工业和通讯						
设施农业种植占地面积	公顷	275	554	418	1005	380
油料产量	吨	1623	1685	500	3307	4374
棉花产量	吨					
规模以上工业企业	个	27	12	39	16	35
固定电话用户	户	17265	13233	21785	15738	33543
四、教育、卫生和社会保障						
普通中学在校学生	人	15741	9921	14084	10565	30884
小学在校学生	人	19348	13581	18302	13784	36565
医疗卫生机构床位	张	715	764	1403	1017	1807
提供住宿的民政服务机构	个	2	1	2	3	2
提供住宿的民政服务机构床位数	张	270	502	144	346	227

2022年县(市)社会经济主要指标

广西壮族自治区

指　　标	单位	靖西市	平果市	八步区	昭平县	钟山县
一、基本情况						
行政区域面积	平方公里	3326	2457	3667	3224	1500
乡	个	8	3	1	3	2
镇	个	11	9	12	9	10
街道办事处	个			3		
户籍人口	万人	66	52	78	45	47
二、综合经济						
地区生产总值	万元	1847716	3141050	3452898	1025519	1511999
第一产业增加值	万元	248748	261821	448970	327206	253671
第二产业增加值	万元	984254	2000271	1392153	191390	524966
第三产业增加值	万元	614714	878958	1611775	506923	733362
地方一般公共预算收入	万元	143872	219998	96059	35356	54062
地方一般公共预算支出	万元	624013	419989	413400	335815	292536
住户存款余额	万元	1396802	1600465	3912911	981772	1353628
年末金融机构各项贷款余额	万元	1841229	2521206	6453765	1024436	1528008
三、农业、工业和通讯						
设施农业种植占地面积	公顷	2031	2261	1973	1057	835
油料产量	吨	2184	807	9303	1877	6632
棉花产量	吨			5		15
规模以上工业企业	个	44	101	79	26	82
固定电话用户	户	44572	39991		20424	22343
四、教育、卫生和社会保障						
普通中学在校学生	人	31743	37902	38484	23443	29175
小学在校学生	人	44312	44471	84016	38968	46869
医疗卫生机构床位	张	3395	3177	3142	1643	1984
提供住宿的民政服务机构	个	3	4	8	87	37
提供住宿的民政服务机构床位数	张	120	1094	438	1719	1047

2022年县(市)社会经济主要指标

广西壮族自治区

指　　标	单位	富川瑶族自治县	金城江区	宜州区	南丹县	天峨县
一、基本情况						
行政区域面积	平方公里	1540	2346	3857	3905	3184
乡	个	3	4	7	3	7
镇	个	9	7	9	8	2
街道办事处	个		1			
户籍人口	万人	34	35	67	33	18
二、综合经济						
地区生产总值	万元	1195346	2417344	1614650	1417864	759624
第一产业增加值	万元	408966	202768	693903	198427	127865
第二产业增加值	万元	407918	585878	275063	889790	420463
第三产业增加值	万元	378462	1628698	645684	329647	211296
地方一般公共预算收入	万元	38772	45256	62252	100416	34138
地方一般公共预算支出	万元	318425	223663	342900	346670	257151
住户存款余额	万元	1079809	2168082	2156288	957182	484993
年末金融机构各项贷款余额	万元	954149	2832826	1780271	1375420	633255
三、农业、工业和通讯						
设施农业种植占地面积	公顷	762	27	65	73	29
油料产量	吨	15127	935	2750	4378	1272
棉花产量	吨		28	26	2	19
规模以上工业企业	个	30	44	62	36	17
固定电话用户	户	17122	76170	59359	37797	23183
四、教育、卫生和社会保障						
普通中学在校学生	人	20144	26592	39910	22231	12083
小学在校学生	人	29651	35067	49559	30805	13124
医疗卫生机构床位	张	1320	4704	4698	1497	774
提供住宿的民政服务机构	个	5	11	2	9	10
提供住宿的民政服务机构床位数	张	406	1618	418	539	635

2022年县(市)社会经济主要指标

广西壮族自治区

指　　标	单位	凤山县	东兰县	罗城仫佬族自治县	环江毛南族自治县	巴马瑶族自治县
一、基本情况						
行政区域面积	平方公里	1730	2437	2651	4553	1976
乡	个	6	8	4	6	7
镇	个	3	6	7	6	3
街道办事处	个	1			1	
户籍人口	万人	22	31	39	38	30
二、综合经济						
地区生产总值	万元	345135	557451	749310	859450	968745
第一产业增加值	万元	100188	151963	297263	286087	174186
第二产业增加值	万元	42943	59761	97746	231835	340647
第三产业增加值	万元	202004	345727	354301	341528	453912
地方一般公共预算收入	万元	17140	19552	30176	46034	47502
地方一般公共预算支出	万元	220419	307013	345848	339146	276285
住户存款余额	万元	450038	660382	1025055	1030638	691130
年末金融机构各项贷款余额	万元	352546	833622	784213	1175094	936884
三、农业、工业和通讯						
设施农业种植占地面积	公顷	27	29	79	8	40
油料产量	吨	664	929	4191	1192	1893
棉花产量	吨		3	3	2	1
规模以上工业企业	个	8	14	27	35	20
固定电话用户	户	24399	29014	31054	21030	27420
四、教育、卫生和社会保障						
普通中学在校学生	人	14671	15556	19305	20382	19190
小学在校学生	人	18298	21512	26669	24180	28845
医疗卫生机构床位	张	915	1174	1511	1461	1016
提供住宿的民政服务机构	个	12	2	4	5	3
提供住宿的民政服务机构床位数	张	453	310	413	420	385

2022年县(市)社会经济主要指标

广西壮族自治区

指　　标	单位	都安瑶族自治县	大化瑶族自治县	兴宾区	忻城县	象州县
一、基本情况						
行政区域面积	平方公里	4088	2750	4404	2522	1918
乡	个	9	12	4	6	3
镇	个	10	4	16	6	8
街道办事处	个			4		
户籍人口	万人	73	49	115	42	37
二、综合经济						
地区生产总值	万元	859607	806174	4456309	922356	1141780
第一产业增加值	万元	223440	144700	708711	300718	358920
第二产业增加值	万元	128504	304427	1593535	188114	277909
第三产业增加值	万元	507663	357047	2154063	433524	504951
地方一般公共预算收入	万元	38632	47498	107425	36300	49513
地方一般公共预算支出	万元	537949	422153	532209	324332	232350
住户存款余额	万元	1231675	868267	2596609	805174	1002167
年末金融机构各项贷款余额	万元	1196784	920140	6035450	703472	1124576
三、农业、工业和通讯						
设施农业种植占地面积	公顷	70		398	10	14
油料产量	吨	97	408	18068	4029	4514
棉花产量	吨		9		17	
规模以上工业企业	个	30	18	178	17	77
固定电话用户	户	56347	38041	30555	15329	15925
四、教育、卫生和社会保障						
普通中学在校学生	人	47721	34255	45257	18435	15638
小学在校学生	人	65716	46230	96879	27855	23088
医疗卫生机构床位	张	2860	2024	6443	2082	2207
提供住宿的民政服务机构	个	2	19	3	4	5
提供住宿的民政服务机构床位数	张	2040	1246	360	710	1151

2022年县(市)社会经济主要指标

广西壮族自治区

指　　标	单位	武宣县	金秀瑶族自治县	合山市	江州区	扶绥县
一、基本情况						
行政区域面积	平方公里	1704	2469	366	2918	2841
乡	个	1	7		2	3
镇	个	9	3	3	6	8
街道办事处	个				3	
户籍人口	万人	46	16	13	38	46
二、综合经济						
地区生产总值	万元	1444426	571364	476071	2599895	2892819
第一产业增加值	万元	365103	159734	72405	392189	492107
第二产业增加值	万元	452568	126443	182214	899657	1651758
第三产业增加值	万元	626755	285187	221452	1308049	748954
地方一般公共预算收入	万元	82595	23209	21076	50931	81058
地方一般公共预算支出	万元	329405	216336	134200	227020	329505
住户存款余额	万元	1216655	487249	417650	1502017	1611959
年末金融机构各项贷款余额	万元	1535607	623655	387962	3858745	1989249
三、农业、工业和通讯						
设施农业种植占地面积	公顷	113	17	38	2	241
油料产量	吨	9521	1830	1081	3186	11554
棉花产量	吨	1				
规模以上工业企业	个	71	30	32	105	187
固定电话用户	户	17580	6835	9547		25200
四、教育、卫生和社会保障						
普通中学在校学生	人	23883	6324	4907	35353	24331
小学在校学生	人	35581	9998	8663	34370	33674
医疗卫生机构床位	张	3082	972	809	2117	1596
提供住宿的民政服务机构	个	12	9	1	12	9
提供住宿的民政服务机构床位数	张	1385	337	200	804	242

2022年县(市)社会经济主要指标

广西壮族自治区

指　　标	单位	宁明县	龙州县	大新县	天等县	凭祥市
一、基本情况						
行政区域面积	平方公里	3705	2311	2748	2165	645
乡	个	6	7	9	7	
镇	个	7	5	5	6	4
街道办事处	个					
户籍人口	万人	44	27	38	45	12
二、综合经济						
地区生产总值	万元	1231798	1150445	1091050	848366	995662
第一产业增加值	万元	336006	316002	291915	176269	71217
第二产业增加值	万元	376396	292232	329919	194901	412864
第三产业增加值	万元	519396	542210	469216	477196	511581
地方一般公共预算收入	万元	28987	32169	41707	31145	36974
地方一般公共预算支出	万元	366883	274135	299192	295568	209379
住户存款余额	万元	1200479	994537	1170456	965578	906194
年末金融机构各项贷款余额	万元	848140	1442446	1109850	964126	872518
三、农业、工业和通讯						
设施农业种植占地面积	公顷	1180	11		236	2
油料产量	吨	4747	2676	2145	2496	748
棉花产量	吨			205	3	
规模以上工业企业	个	54	28	33	23	64
固定电话用户	户	18339	14630	16243	18478	14735
四、教育、卫生和社会保障						
普通中学在校学生	人	20546	10178	16944	21179	6418
小学在校学生	人	28519	17608	23990	27122	12104
医疗卫生机构床位	张	1633	1410	1890	1782	498
提供住宿的民政服务机构	个	13	21	11	10	2
提供住宿的民政服务机构床位数	张	155	346	541	151	36

2022年县(市)社会经济主要指标

海南省

指　　标	单位	西沙群岛	南沙群岛	中沙群岛的岛礁及其海域	五指山市	琼海市
一、基本情况						
行政区域面积	平方公里				1143	1710
乡	个				3	
镇	个				4	12
街道办事处	个					
户籍人口	万人				10	52
二、综合经济						
地区生产总值	万元				388102	3569448
第一产业增加值	万元				83659	1257238
第二产业增加值	万元				65495	465609
第三产业增加值	万元				238948	1846601
地方一般公共预算收入	万元				20898	100346
地方一般公共预算支出	万元				269356	546429
住户存款余额	万元				680300	3422191
年末金融机构各项贷款余额	万元				673600	3016432
三、农业、工业和通讯						
设施农业种植占地面积	公顷				98	22
油料产量	吨				373	2466
棉花产量	吨					
规模以上工业企业	个				5	13
固定电话用户	户				11017	97321
四、教育、卫生和社会保障						
普通中学在校学生	人				9159	34801
小学在校学生	人				8046	43306
医疗卫生机构床位	张				1490	1976
提供住宿的民政服务机构	个				4	12
提供住宿的民政服务机构床位数	张				246	739

2022年县(市)社会经济主要指标

海南省

指　　标	单位	文昌市	万宁市	东方市	定安县	屯昌县
一、基本情况						
行政区域面积	平方公里	2459	1905	2273	1197	1224
乡	个			2		
镇	个	17	12	8	10	8
街道办事处	个					
户籍人口	万人	60	63	47	35	31
二、综合经济						
地区生产总值	万元	3439856	2987500	2313401	1228646	1013819
第一产业增加值	万元	1243571	954200	652630	467981	360761
第二产业增加值	万元	781855	749200	849779	185001	96851
第三产业增加值	万元	1414430	1284100	810992	575664	556207
地方一般公共预算收入	万元	158999	127700	95257	66000	61402
地方一般公共预算支出	万元	690093	602659	493406	346274	292263
住户存款余额	万元	3471373	2051300	1456002	1257687	964669
年末金融机构各项贷款余额	万元	2304940	2040400	1176724	900111	752613
三、农业、工业和通讯						
设施农业种植占地面积	公顷	73	44	2734	26	22
油料产量	吨	13028	656	7971	14614	5236
棉花产量	吨					
规模以上工业企业	个	31	58	22	32	11
固定电话用户	户	96464	98593	43028	33909	34671
四、教育、卫生和社会保障						
普通中学在校学生	人	32245	30714	30057	17528	15830
小学在校学生	人	43357	46393	39973	25324	23760
医疗卫生机构床位	张	2565	4486	2064	1559	1577
提供住宿的民政服务机构	个	10	3	2	9	4
提供住宿的民政服务机构床位数	张	399	240	24	506	231

2022年县(市)社会经济主要指标

海南省

指　　标	单位	澄迈县	临高县	白沙黎族自治县	昌江黎族自治县	乐东黎族自治县
一、基本情况						
行政区域面积	平方公里	2076	1343	2117	1621	2766
乡	个			7	1	
镇	个	11	11	4	7	11
街道办事处	个					
户籍人口	万人	57	51	19	25	55
二、综合经济						
地区生产总值	万元	4446437	2310084	645228	1510869	1950718
第一产业增加值	万元	1137108	1448765	257193	423773	1103657
第二产业增加值	万元	849076	116169	66692	604330	245812
第三产业增加值	万元	2460253	745150	321343	482766	601249
地方一般公共预算收入	万元	641693	48066	20062	151871	56992
地方一般公共预算支出	万元	1266831	449135	347211	396510	429685
住户存款余额	万元	1977331	1272788	659345	898111	1843571
年末金融机构各项贷款余额	万元	2240257	877630	555890	1324521	1162273
三、农业、工业和通讯						
设施农业种植占地面积	公顷	66	1	198	341	6694
油料产量	吨	5869	2136	264	925	4183
棉花产量	吨					
规模以上工业企业	个	81	11	10	27	9
固定电话用户	户	31554	52972	16300	24000	44412
四、教育、卫生和社会保障						
普通中学在校学生	人	28538	27693	10088	14039	24920
小学在校学生	人	46293	38049	13950	19417	37174
医疗卫生机构床位	张	2991	2013	1151	1014	2256
提供住宿的民政服务机构	个	6	4	3	4	10
提供住宿的民政服务机构床位数	张	508	85	205	160	122

2022年县(市)社会经济主要指标

海南省、重庆市

指标	单位	陵水黎族自治县	保亭黎族苗族自治县	琼中黎族苗族自治县	綦江区	大足区
一、基本情况						
行政区域面积	平方公里	1128	1153	2704	2743	1433
乡	个	2	3	3		
镇	个	9	6	7	24	21
街道办事处	个				7	6
户籍人口	万人	39	17	21	117	106
二、综合经济						
地区生产总值	万元	2317362	690835	693014	7707869	8172059
第一产业增加值	万元	668411	258393	220453	836603	734797
第二产业增加值	万元	329231	84187	127085	3487456	3849327
第三产业增加值	万元	1319720	348255	345476	3383810	3587935
地方一般公共预算收入	万元	203095	41364	26951	289217	429830
地方一般公共预算支出	万元	848937	337447	344918	1034479	1005629
住户存款余额	万元	1742505	975393	1015547	6307847	4593183
年末金融机构各项贷款余额	万元	2105814	448759	845229	5832606	5355357
三、农业、工业和通讯						
设施农业种植占地面积	公顷	506	20	35	5380	667
油料产量	吨	428	398	3192	16201	50522
棉花产量	吨					
规模以上工业企业	个	11	1	9	301	390
固定电话用户	户	57000	14963	32934	180900	128943
四、教育、卫生和社会保障						
普通中学在校学生	人	22304	9258	11800	48934	60418
小学在校学生	人	36222	12781	15669	56895	65594
医疗卫生机构床位	张	1902	662	1120	9460	5885
提供住宿的民政服务机构	个	2	7	5	34	42
提供住宿的民政服务机构床位数	张	470	170	194	3890	4605

2022年县(市)社会经济主要指标

重庆市

指　　标	单位	长寿区	江津区	合川区	永川区	南川区
一、基本情况						
行政区域面积	平方公里	1428	3218	2345	1576	2602
乡	个					2
镇	个	12	25	23	16	29
街道办事处	个	7	5	7	7	3
户籍人口	万人	87	146	148	114	68
二、综合经济						
地区生产总值	万元	9186302	13300177	10002845	12028369	4214187
第一产业增加值	万元	644181	1335071	1122653	878445	659913
第二产业增加值	万元	5650539	7524700	3237221	6494338	1619974
第三产业增加值	万元	2891582	4440406	5642971	4655586	1934300
地方一般公共预算收入	万元	504474	676453	531695	420629	227215
地方一般公共预算支出	万元	911869	1160398	919118	1054295	631592
住户存款余额	万元	5931484	10416598	9124125	7481903	3601919
年末金融机构各项贷款余额	万元	526765	10526195	7810455	8353718	5231328
三、农业、工业和通讯						
设施农业种植占地面积	公顷	2020	743	553	2200	353
油料产量	吨	13054	20274	32459	26574	17864
棉花产量	吨					
规模以上工业企业	个	291	540	247	355	137
固定电话用户	户	97536	227410	114920	195908	102000
四、教育、卫生和社会保障						
普通中学在校学生	人	30864	71509	62020	64267	36148
小学在校学生	人	32836	75519	59958	71437	35657
医疗卫生机构床位	张	5529	9933	7896	9878	4346
提供住宿的民政服务机构	个	21	78	64	54	24
提供住宿的民政服务机构床位数	张	1267	7640	6860	4322	1080

2022年县(市)社会经济主要指标

重庆市

指　　标	单位	璧山区	铜梁区	潼南区	荣昌区	开州区
一、基本情况						
行政区域面积	平方公里	915	1340	1583	1077	3964
乡	个					5
镇	个	9	23	20	15	27
街道办事处	个	6	5	3	6	8
户籍人口	万人	66	84	94	84	166
二、综合经济						
地区生产总值	万元	9209495	7336347	5585064	8173028	6620342
第一产业增加值	万元	428072	668803	910525	662142	925244
第二产业增加值	万元	4505232	3848745	2331620	4367550	2549503
第三产业增加值	万元	4276191	2818799	2342919	3143336	3145595
地方一般公共预算收入	万元	435598	401678	300332	268356	306009
地方一般公共预算支出	万元	678926	815975	750256	829147	902832
住户存款余额	万元	5493892	5473646	4057473	4249714	7862729
年末金融机构各项贷款余额	万元	6727339	4587701	4034062	4610851	4908455
三、农业、工业和通讯						
设施农业种植占地面积	公顷	270	1415	6055	659	2873
油料产量	吨	6118	16419	53480	26426	39458
棉花产量	吨					
规模以上工业企业	个	443	397	208	396	162
固定电话用户	户	88068	102805	101880	86500	175500
四、教育、卫生和社会保障						
普通中学在校学生	人	33571	53271	38237	39290	84031
小学在校学生	人	42161	41505	44794	40584	95055
医疗卫生机构床位	张	4738	4387	3691	4684	9726
提供住宿的民政服务机构	个	26	53	31	29	67
提供住宿的民政服务机构床位数	张	3362	4241	2461	1810	6979

2022年县(市)社会经济主要指标

重庆市

指　　标	单位	梁平区	武隆区	城口县	丰都县	垫江县
一、基本情况						
行政区域面积	平方公里	1890	2889	3289	2901	1516
乡	个	2	12	13	5	2
镇	个	26	10	10	23	22
街道办事处	个	5	4	2	2	2
户籍人口	万人	91	40	25	80	95
二、综合经济						
地区生产总值	万元	5771578	2659424	663069	3911704	5306113
第一产业增加值	万元	662467	324294	133934	552144	650889
第二产业增加值	万元	2798351	1094089	155973	1550349	2296995
第三产业增加值	万元	2310760	1241041	373162	1809211	2358229
地方一般公共预算收入	万元	301094	203228	61983	251883	210634
地方一般公共预算支出	万元	695828	467450	367257	652237	652138
住户存款余额	万元	4890863	1926775	975262	3955712	4218363
年末金融机构各项贷款余额	万元	3163720	2975125	1187361	2785807	3166079
三、农业、工业和通讯						
设施农业种植占地面积	公顷	2770	123	415	6	263
油料产量	吨	19943	11119	4034	20265	23115
棉花产量	吨					
规模以上工业企业	个	125	45	17	82	150
固定电话用户	户	81397	57481	30100	45000	99906
四、教育、卫生和社会保障						
普通中学在校学生	人	44443	19364	9830	38818	43735
小学在校学生	人	40935	18396	16364	32376	41792
医疗卫生机构床位	张	4905	3094	1506	5237	5188
提供住宿的民政服务机构	个	32	32	28	55	75
提供住宿的民政服务机构床位数	张	3071	2198	1576	3567	5038

2022年县(市)社会经济主要指标

重庆市

指　　标	单位	忠　县	云阳县	奉节县	巫山县	巫溪县
一、基本情况						
行政区域面积	平方公里	2187	3636	4098	2958	4019
乡	个	6	7	11	13	11
镇	个	19	31	18	11	19
街道办事处	个	4	4	4	2	2
户籍人口	万人	95	132	106	62	53
二、综合经济						
地区生产总值	万元	5080952	5576907	3952000	2222393	1238761
第一产业增加值	万元	600786	741846	691000	384505	276856
第二产业增加值	万元	2271455	2207998	1397000	665558	297770
第三产业增加值	万元	2208711	2627063	1864000	1172330	664135
地方一般公共预算收入	万元	225660	181430	169309	102211	88435
地方一般公共预算支出	万元	714303	828511	669368	547746	498215
住户存款余额	万元	5157224	5414915	3344900	2200679	1966805
年末金融机构各项贷款余额	万元	3644391	3358973	3752900	2741039	1853606
三、农业、工业和通讯						
设施农业种植占地面积	公顷	59	175	647	464	248
油料产量	吨	39651	36677	29504	19711	13801
棉花产量	吨					
规模以上工业企业	个	89	131	85	27	24
固定电话用户	户	86584	80427	94830	55389	55580
四、教育、卫生和社会保障						
普通中学在校学生	人	55809	60176	47063	31785	28157
小学在校学生	人	41768	61274	51762	33617	31025
医疗卫生机构床位	张	5973	5478	6154	3024	2412
提供住宿的民政服务机构	个	32	54	22	28	48
提供住宿的民政服务机构床位数	张	2740	6102	2298	1537	2055

2022年县(市)社会经济主要指标

重庆市、四川省

指　　标	单位	石柱土家族自治县	秀山土家族苗族自治县	酉阳土家族苗族自治县	彭水苗族土家族自治县	新都区
一、基本情况						
行政区域面积	平方公里	3014	2453	5173	3903	497
乡	个	13	4	18	18	
镇	个	17	18	19	18	2
街道办事处	个	3	5	2	3	7
户籍人口	万人	54	67	86	70	87
二、综合经济						
地区生产总值	万元	2090654	3582099	2316612	2821343	10325907
第一产业增加值	万元	375181	347990	428708	420605	231342
第二产业增加值	万元	594405	1100371	337970	1001396	3281984
第三产业增加值	万元	1121068	2133738	1549934	1399342	6812581
地方一般公共预算收入	万元	129278	170465	150858	167500	642586
地方一般公共预算支出	万元	561425	617658	637905	701553	932451
住户存款余额	万元	2646188	2215817	2758591	2339156	10964014
年末金融机构各项贷款余额	万元	2928377	3641237	2894550	2950189	8537355
三、农业、工业和通讯						
设施农业种植占地面积	公顷	57	502	136	103	705
油料产量	吨	7010	38383	35101	35047	15515
棉花产量	吨					
规模以上工业企业	个	53	80	34	29	330
固定电话用户	户	25616	65745	70915	76957	371474
四、教育、卫生和社会保障						
普通中学在校学生	人	29958	33857	57719	38113	47816
小学在校学生	人	26510	45619	54968	40253	92308
医疗卫生机构床位	张	4820	3844	3399	2802	7047
提供住宿的民政服务机构	个	14	30	23	34	9
提供住宿的民政服务机构床位数	张	431	2583	1133	1274	1209

2022年县(市)社会经济主要指标

四川省

指　　标	单位	温江区	双流区	郫都区	新津区	金堂县
一、基本情况						
行政区域面积	平方公里	276	1063	437	329	1156
乡	个					
镇	个	3	4	3	4	10
街道办事处	个	6	15	9	4	6
户籍人口	万人	57	172	99	33	90
二、综合经济						
地区生产总值	万元	7171079	19110968	13992049	4691486	6029301
第一产业增加值	万元	238869	330640	274103	196221	716736
第二产业增加值	万元	2607841	5202141	7738352	1983414	2449541
第三产业增加值	万元	4324369	13578187	5979594	2511851	2863024
地方一般公共预算收入	万元	524433	2192374	541316	343253	406489
地方一般公共预算支出	万元	781824	2893367	790552	583883	690968
住户存款余额	万元	7890467	24076641	16689434	3520149	4618689
年末金融机构各项贷款余额	万元	8306270	40049161	30871372	4791862	4491407
三、农业、工业和通讯						
设施农业种植占地面积	公顷	43	72	90	752	2215
油料产量	吨	485	21780	8396	9473	68203
棉花产量	吨					
规模以上工业企业	个	279	466	491	209	212
固定电话用户	户	266209	730743	504224	83131	132719
四、教育、卫生和社会保障						
普通中学在校学生	人	30999	73482	42028	14836	37586
小学在校学生	人	60846	136302	79731	20129	42784
医疗卫生机构床位	张	6525	10536	7364	3075	7390
提供住宿的民政服务机构	个	17	38	23	11	15
提供住宿的民政服务机构床位数	张	3748	4547	3255	746	3960

2022年县(市)社会经济主要指标

四川省

指　　标	单位	大邑县	蒲江县	都江堰市	彭州市	邛崃市
一、基本情况						
行政区域面积	平方公里	1284	580	1208	1421	1377
乡	个					
镇	个	8	6	5	9	8
街道办事处	个	3	2	6	4	6
户籍人口	万人	50	27	62	79	64
二、综合经济						
地区生产总值	万元	3298800	2115396	4836648	6389173	4006312
第一产业增加值	万元	333177	274052	378393	673595	536830
第二产业增加值	万元	1332150	738105	1492234	3589346	1650585
第三产业增加值	万元	1633473	1103239	2966021	2126232	1818897
地方一般公共预算收入	万元	181467	138125	314930	413179	310940
地方一般公共预算支出	万元	424268	288472	522997	661139	666326
住户存款余额	万元	4140615	2355613	6410016	6667555	4744425
年末金融机构各项贷款余额	万元	2682274	1761520	4211491	5998664	4066979
三、农业、工业和通讯						
设施农业种植占地面积	公顷	2450	151	12	10341	6
油料产量	吨	8823	9501	29298	14886	26307
棉花产量	吨					
规模以上工业企业	个	186	103	135	234	179
固定电话用户	户	137142	67959	193900	166875	141450
四、教育、卫生和社会保障						
普通中学在校学生	人	11431	10899	27036	26580	24119
小学在校学生	人	26145	12671	37499	40388	30821
医疗卫生机构床位	张	4981	2652	8101	8023	5488
提供住宿的民政服务机构	个	20	8	19	38	18
提供住宿的民政服务机构床位数	张	3658	730	2453	4752	2418

2022年县(市)社会经济主要指标

四川省

指　　标	单位	崇州市	简阳市	荥　县	富顺县	米易县
一、基本情况						
行政区域面积	平方公里	1089	2214	1606	1333	2105
乡	个				1	4
镇	个	9	21	19	16	7
街道办事处	个	6	16	2	3	
户籍人口	万人	65	150	65	105	23
二、综合经济						
地区生产总值	万元	4617951	6729895	2600269	3605649	1837336
第一产业增加值	万元	420146	831452	860553	778399	401932
第二产业增加值	万元	2337544	1552345	788326	1400962	796784
第三产业增加值	万元	1860261	4346098	951390	1426288	638620
地方一般公共预算收入	万元	290574	343337	78019	141565	134614
地方一般公共预算支出	万元	523653	1257401	349894	526809	210536
住户存款余额	万元	6011601	7951341	3312439	4721810	1130482
年末金融机构各项贷款余额	万元	3303344	6418364	2658086	2854238	1042016
三、农业、工业和通讯						
设施农业种植占地面积	公顷	1611	17573	2579	1960	6212
油料产量	吨	27546	84755	40644	58685	1047
棉花产量	吨					
规模以上工业企业	个	250	130	107	114	77
固定电话用户	户	154310	280500	97440	142197	52849
四、教育、卫生和社会保障						
普通中学在校学生	人	24243	64037	24229	48200	11155
小学在校学生	人	34607	59317	23055	50676	15140
医疗卫生机构床位	张	7787	8081	3624	5272	1224
提供住宿的民政服务机构	个	24	52	41	39	7
提供住宿的民政服务机构床位数	张	5583	4579	4502	5698	670

2022年县(市)社会经济主要指标

四川省

指　　标	单位	盐边县	泸　县	合江县	叙永县	古蔺县
一、基本情况						
行政区域面积	平方公里	3289	1525	2414	2973	3185
乡	个	6			5	3
镇	个	6	19	19	18	17
街道办事处	个		1	2		3
户籍人口	万人	21	105	88	71	88
二、综合经济						
地区生产总值	万元	1546846	4751877	3023086	1703281	2220622
第一产业增加值	万元	313394	723436	507374	379053	366350
第二产业增加值	万元	862519	2652448	1412321	586805	957089
第三产业增加值	万元	370933	1375993	1103391	737423	897183
地方一般公共预算收入	万元	105131	143763	118030	110397	243116
地方一般公共预算支出	万元	205000	574252	488818	405001	610382
住户存款余额	万元	840297	4668214	3971340	1889944	1738208
年末金融机构各项贷款余额	万元	696185	3367919	2460027	1975339	2592585
三、农业、工业和通讯						
设施农业种植占地面积	公顷	68	755	295	174	263
油料产量	吨	1769	56125	10246	12184	27536
棉花产量	吨					
规模以上工业企业	个	66	164	98	56	54
固定电话用户	户	33898	140000	25890	98361	101000
四、教育、卫生和社会保障						
普通中学在校学生	人	7344	60337	52844	38881	49528
小学在校学生	人	11636	41927	43069	43993	67122
医疗卫生机构床位	张	611	5195	6070	3115	3546
提供住宿的民政服务机构	个	8	24	31	25	26
提供住宿的民政服务机构床位数	张	1065	3696	4999	1905	2310

2022年县(市)社会经济主要指标

四川省

指　　标	单位	罗江区	中江县	广汉市	什邡市	绵竹市
一、基本情况						
行政区域面积	平方公里	448	2200	549	820	1246
乡	个		4			
镇	个	7	26	9	8	10
街道办事处	个			3	2	2
户籍人口	万人	24	135	59	42	49
二、综合经济						
地区生产总值	万元	1717079	4391940	5054544	4336698	4063857
第一产业增加值	万元	267675	1002298	451601	410689	380088
第二产业增加值	万元	941488	1703745	2570072	2189771	2151556
第三产业增加值	万元	507916	1685897	2032871	1736238	1532213
地方一般公共预算收入	万元	79509	115896	283878	249359	290919
地方一般公共预算支出	万元	182204	634314	438369	407715	411279
住户存款余额	万元	1367630	5641076	4728230	3359136	3246520
年末金融机构各项贷款余额	万元	1154285	3413742	4952998	2550600	2496180
三、农业、工业和通讯						
设施农业种植占地面积	公顷	4	1212	4522	792	467
油料产量	吨	50724	144545	32355	11004	19534
棉花产量	吨		17			
规模以上工业企业	个	164	137	395	243	163
固定电话用户	户	40100	130023	161029	69206	86769
四、教育、卫生和社会保障						
普通中学在校学生	人	9066	50161	18651	14016	13297
小学在校学生	人	9909	52572	29101	18297	18926
医疗卫生机构床位	张	1706	6366	4488	3756	4282
提供住宿的民政服务机构	个	16	37	23	15	20
提供住宿的民政服务机构床位数	张	1799	3578	2201	2201	1467

2022年县(市)社会经济主要指标

四川省

指　　标	单位	安州区	三台县	盐亭县	梓潼县	北川羌族自治县
一、基本情况						
行政区域面积	平方公里	1181	2660	1646	1444	3083
乡	个	1	2	2	1	10
镇	个	9	31	14	15	9
街道办事处	个			1		
户籍人口	万人	43	136	52	37	23
二、综合经济						
地区生产总值	万元	2332742	4792100	2036542	1770541	944682
第一产业增加值	万元	356071	1020613	455720	374972	150927
第二产业增加值	万元	1041250	1586748	572892	590166	243003
第三产业增加值	万元	935421	2184739	1007930	805403	550752
地方一般公共预算收入	万元	111814	140406	50160	44560	56359
地方一般公共预算支出	万元	316128	658902	385708	255477	225281
住户存款余额	万元	2489697	5368132	2346990	1651366	1223486
年末金融机构各项贷款余额	万元	2058390	3389964	1428801	1517604	1524491
三、农业、工业和通讯						
设施农业种植占地面积	公顷	604	330	48	117	15
油料产量	吨	56267	175403	68103	74877	9868
棉花产量	吨		12			
规模以上工业企业	个	146	135	38	55	75
固定电话用户	户	90137	206000	57764	57776	42922
四、教育、卫生和社会保障						
普通中学在校学生	人	16372	45637	14829	11479	8913
小学在校学生	人	21798	55427	16372	14945	9657
医疗卫生机构床位	张	2277	8599	3636	2303	1683
提供住宿的民政服务机构	个	21	73	35	5	10
提供住宿的民政服务机构床位数	张	2111	7514	3999	620	1147

2022年县(市)社会经济主要指标

四川省

指　　标	单位	平武县	江油市	旺苍县	青川县	剑阁县
一、基本情况						
行政区域面积	平方公里	5950	2721	2987	3215	3203
乡	个	14	1	2	8	2
镇	个	6	22	21	12	27
街道办事处	个		1			
户籍人口	万人	17	84	43	22	63
二、综合经济						
地区生产总值	万元	671842	6013066	1596461	598664	1663472
第一产业增加值	万元	118768	620701	323887	145355	509740
第二产业增加值	万元	248681	2805520	713756	167612	489163
第三产业增加值	万元	304393	2586845	558818	285697	664569
地方一般公共预算收入	万元	33212	300479	55559	47555	53012
地方一般公共预算支出	万元	189839	535329	343147	233346	404793
住户存款余额	万元	773513	6112535	1976019	955018	2410818
年末金融机构各项贷款余额	万元	780873	4544325	1222440	785100	1543899
三、农业、工业和通讯						
设施农业种植占地面积	公顷	230	842	60	689	201
油料产量	吨	5535	64311	22477	20113	116011
棉花产量	吨					
规模以上工业企业	个	46	237	79	49	64
固定电话用户	户	23761	223543	62800	29600	85487
四、教育、卫生和社会保障						
普通中学在校学生	人	4673	30093	16320	6747	23629
小学在校学生	人	5207	36447	18045	6785	25702
医疗卫生机构床位	张	828	7764	2974	872	2631
提供住宿的民政服务机构	个	8	37	12	15	13
提供住宿的民政服务机构床位数	张	920	5451	1009	1064	933

2022年县(市)社会经济主要指标

四川省

指　　标	单位	苍溪县	蓬溪县	大英县	射洪市	威远县
一、基本情况						
行政区域面积	平方公里	2334	1252	701	1496	1290
乡	个	6	2			
镇	个	25	17	9	21	14
街道办事处	个		1	1	2	
户籍人口	万人	73	66	51	92	68
二、综合经济						
地区生产总值	万元	2040376	1988405	1920766	5400615	4163054
第一产业增加值	万元	584666	341161	325725	832753	558040
第二产业增加值	万元	586335	861835	786159	2975127	1872365
第三产业增加值	万元	869375	785409	808882	1592735	1732649
地方一般公共预算收入	万元	90152	71828	92236	300038	134629
地方一般公共预算支出	万元	482737	421199	304815	621053	367089
住户存款余额	万元	3610900	2594929	2182833	4860370	3347864
年末金融机构各项贷款余额	万元	2110824	1712754	1925651	3516842	2499332
三、农业、工业和通讯						
设施农业种植占地面积	公顷	352	1133	656	668	3336
油料产量	吨	78216	54453	34548	63491	44254
棉花产量	吨			8	126	
规模以上工业企业	个	65	94	100	135	111
固定电话用户	户	114100	62300	22590	91437	117700
四、教育、卫生和社会保障						
普通中学在校学生	人	31157	21782	20136	33105	28531
小学在校学生	人	28346	23139	26017	39673	28532
医疗卫生机构床位	张	4114	3187	2279	4670	4013
提供住宿的民政服务机构	个	16	13	13	22	22
提供住宿的民政服务机构床位数	张	1609	1963	1752	2693	3319

2022年县(市)社会经济主要指标

四川省

指　　标	单位	资中县	隆昌市	犍为县	井研县	夹江县
一、基本情况						
行政区域面积	平方公里	1735	794	1368	840	743
乡	个					
镇	个	22	11	15	14	7
街道办事处	个		2		1	2
户籍人口	万人	119	74	54	38	34
二、综合经济						
地区生产总值	万元	3129740	3348723	2664236	1427653	2324631
第一产业增加值	万元	927423	508336	510229	387620	386910
第二产业增加值	万元	873911	1107297	1085933	423369	1091317
第三产业增加值	万元	1328406	1733090	1068074	616664	846404
地方一般公共预算收入	万元	110091	109676	120781	31663	81386
地方一般公共预算支出	万元	512476	375198	303600	257650	206001
住户存款余额	万元	4813556	3756062	2669552	2066704	3008691
年末金融机构各项贷款余额	万元	2608686	2096208	2052499	1028463	1891165
三、农业、工业和通讯						
设施农业种植占地面积	公顷	295	3073	216	1431	1753
油料产量	吨	54516	26597	19889	25098	15634
棉花产量	吨					
规模以上工业企业	个	90	137	72	59	132
固定电话用户	户	137091	125009	72148	42878	69971
四、教育、卫生和社会保障						
普通中学在校学生	人	60067	35678	20437	12215	9466
小学在校学生	人	32064	34178	22874	12516	14886
医疗卫生机构床位	张	4768	4658	3044	2327	2286
提供住宿的民政服务机构	个	44	24	23	12	1
提供住宿的民政服务机构床位数	张	4828	1901	2326	1820	520

2022年县(市)社会经济主要指标

四川省

指　　标	单位	沐川县	峨边彝族自治县	马边彝族自治县	峨眉山市	南部县
一、基本情况						
行政区域面积	平方公里	1407	2382	2293	1181	2212
乡	个	5	6	3	1	5
镇	个	8	7	12	10	33
街道办事处	个				2	4
户籍人口	万人	24	15	23	42	120
二、综合经济						
地区生产总值	万元	879703	652578	612083	3741297	4714223
第一产业增加值	万元	221365	92563	131124	351404	899470
第二产业增加值	万元	300669	313469	243464	1109582	2233985
第三产业增加值	万元	357669	246546	237495	2280311	1580768
地方一般公共预算收入	万元	35021	89963	55893	220528	120127
地方一般公共预算支出	万元	173838	219991	221964	321838	548959
住户存款余额	万元	1034882	698621	684849	4036606	4765833
年末金融机构各项贷款余额	万元	866487	997912	554832	3385097	2786605
三、农业、工业和通讯						
设施农业种植占地面积	公顷	81	18	45	1850	79
油料产量	吨	8502	3410	3693	13335	99558
棉花产量	吨					
规模以上工业企业	个	22	33	25	87	140
固定电话用户	户	35007	15436	34098	100766	124900
四、教育、卫生和社会保障						
普通中学在校学生	人	9551	5738	9962	16034	46093
小学在校学生	人	13090	11879	22411	21464	55943
医疗卫生机构床位	张	998	621	731	3156	5970
提供住宿的民政服务机构	个	13	6	4	9	44
提供住宿的民政服务机构床位数	张	1296	640	394	2114	3698

2022年县(市)社会经济主要指标

四川省

指　　标	单位	营山县	蓬安县	仪陇县	西充县	阆中市
一、基本情况						
行政区域面积	平方公里	1635	1333	1791	1107	1876
乡	个	8	5	7	5	4
镇	个	18	14	29	16	19
街道办事处	个	3	2	1	2	5
户籍人口	万人	87	65	105	57	81
二、综合经济						
地区生产总值	万元	2610509	2069374	2639518	2119121	2887789
第一产业增加值	万元	532071	495739	678959	497575	638548
第二产业增加值	万元	923373	731678	904459	676791	927609
第三产业增加值	万元	1155065	841957	1056100	944755	1321632
地方一般公共预算收入	万元	91018	67939	90055	78491	105026
地方一般公共预算支出	万元	556751	408337	512793	396228	483460
住户存款余额	万元	4239313	2892373	4056950	2711259	4385958
年末金融机构各项贷款余额	万元	2703823	1715608	2568517	1821613	2872209
三、农业、工业和通讯						
设施农业种植占地面积	公顷	3625	355	3622	1082	1282
油料产量	吨	60903	58490	84455	49650	58879
棉花产量	吨					
规模以上工业企业	个	100	71	69	102	95
固定电话用户	户	25334	106397	129870	43817	70250
四、教育、卫生和社会保障						
普通中学在校学生	人	36654	23981	40503	17465	28128
小学在校学生	人	41164	25149	47111	20822	32301
医疗卫生机构床位	张	5627	3640	4778	3935	5068
提供住宿的民政服务机构	个	43	29	28	44	41
提供住宿的民政服务机构床位数	张	3454	3018	2832	4261	3225

2022年县(市)社会经济主要指标

四川省

指　　标	单位	彭山区	仁寿县	洪雅县	丹棱县	青神县
一、基本情况						
行政区域面积	平方公里	467	2608	1898	449	387
乡	个		2		1	2
镇	个	3	26	12	4	4
街道办事处	个	5	4			1
户籍人口	万人	33	150	34	16	19
二、综合经济						
地区生产总值	万元	2095431	5199908	1472757	834150	1030201
第一产业增加值	万元	194130	1036643	237729	157624	133539
第二产业增加值	万元	1032673	1956689	444362	310965	434973
第三产业增加值	万元	868628	2206576	790666	365561	461689
地方一般公共预算收入	万元	216896	502683	126867	53720	68148
地方一般公共预算支出	万元	417847	974589	264761	147831	178226
住户存款余额	万元	2742952	8002174	2247727	1260000	1344078
年末金融机构各项贷款余额	万元	2655029	7160218	1699011	862000	840519
三、农业、工业和通讯						
设施农业种植占地面积	公顷	173	1567	214	9	250
油料产量	吨	11622	55351	12139	8259	7894
棉花产量	吨					
规模以上工业企业	个	168	208	57	56	57
固定电话用户	户	78569	254416	77700	22679	44840
四、教育、卫生和社会保障						
普通中学在校学生	人	10059	59599	10475	4661	5024
小学在校学生	人	15932	67542	17474	8225	7426
医疗卫生机构床位	张	2661	6539	1677	863	1486
提供住宿的民政服务机构	个	10	67	12	2	8
提供住宿的民政服务机构床位数	张	1565	8820	1053	220	998

2022年县(市)社会经济主要指标

四川省

指　　标	单位	南溪区	叙州区	江安县	长宁县	高　县
一、基本情况						
行政区域面积	平方公里	677	2572	948	942	1320
乡	个		2			
镇	个	8	12	14	13	13
街道办事处	个	3	3			
户籍人口	万人	41	100	58	43	52
二、综合经济						
地区生产总值	万元	2235540	5902234	2179090	2077583	2023756
第一产业增加值	万元	383078	620962	412852	393171	357041
第二产业增加值	万元	985707	2803227	833570	811340	783708
第三产业增加值	万元	866755	2478045	932668	873072	883007
地方一般公共预算收入	万元	154965	202215	176879	70077	93649
地方一般公共预算支出	万元	421755	598458	379648	265768	315521
住户存款余额	万元	1547081	3851899	1851359	1442418	1565391
年末金融机构各项贷款余额	万元	2042526	4453272	1829254	1616903	1721334
三、农业、工业和通讯						
设施农业种植占地面积	公顷	5230	465	91	273	32
油料产量	吨	16242	60994	19748	22838	17317
棉花产量	吨					
规模以上工业企业	个	99	119	82	89	71
固定电话用户	户	50572	134719	64742	61951	60234
四、教育、卫生和社会保障						
普通中学在校学生	人	21946	50993	24179	19878	23651
小学在校学生	人	24038	64311	31413	25480	29404
医疗卫生机构床位	张	1906	8569	2793	2520	2285
提供住宿的民政服务机构	个	14	20	13	14	16
提供住宿的民政服务机构床位数	张	1212	2775	1570	1244	1277

2022年县(市)社会经济主要指标

四川省

指　　标	单位	珙　县	筠连县	兴文县	屏山县	岳池县
一、基本情况						
行政区域面积	平方公里	1145	1256	1380	1504	1479
乡	个	3	5	4	3	2
镇	个	10	7	8	8	23
街道办事处	个					2
户籍人口	万人	43	45	48	31	113
二、综合经济						
地区生产总值	万元	2061500	1734652	1780222	1104773	2880272
第一产业增加值	万元	323357	351534	340529	275927	615585
第二产业增加值	万元	866331	597102	543667	390729	793075
第三产业增加值	万元	871812	786016	896026	438117	1471612
地方一般公共预算收入	万元	154519	105032	141231	127442	161656
地方一般公共预算支出	万元	323002	346980	377043	272285	608760
住户存款余额	万元	1335375	1087944	1225341	1182683	4668989
年末金融机构各项贷款余额	万元	1541663	1260003	1470888	1434526	2364742
三、农业、工业和通讯						
设施农业种植占地面积	公顷	786	105	2850	18000	1249
油料产量	吨	15692	6592	11775	11782	32500
棉花产量	吨					
规模以上工业企业	个	62	73	78	67	88
固定电话用户	户	54553	48196	66486	39504	131127
四、教育、卫生和社会保障						
普通中学在校学生	人	19076	23807	26414	15081	39246
小学在校学生	人	28314	31983	31081	20661	49441
医疗卫生机构床位	张	2530	1920	2391	1655	4997
提供住宿的民政服务机构	个	14	16	15	14	53
提供住宿的民政服务机构床位数	张	1507	1235	2128	686	3991

2022年县(市)社会经济主要指标

四川省

指　　标	单位	武胜县	邻水县	华蓥市	达川区	宣汉县
一、基本情况						
行政区域面积	平方公里	956	1908	464	2247	4272
乡	个	4		1	5	7
镇	个	19	25	8	22	28
街道办事处	个			3	6	2
户籍人口	万人	79	99	35	114	126
二、综合经济						
地区生产总值	万元	2737845	2674317	1833872	3317051	6218281
第一产业增加值	万元	526274	558813	164984	518383	1042050
第二产业增加值	万元	848691	780825	836427	1040572	3064245
第三产业增加值	万元	1362880	1334679	832461	1758096	2111986
地方一般公共预算收入	万元	112457	154190	112407	196037	350336
地方一般公共预算支出	万元	413495	557699	287447	701800	815760
住户存款余额	万元	3814785	3605884	2085154	4119461	5315453
年末金融机构各项贷款余额	万元	2034142	2066169	1330994	3653410	3003686
三、农业、工业和通讯						
设施农业种植占地面积	公顷	732	967	217	1504	2455
油料产量	吨	22918	34566	4111	75084	105950
棉花产量	吨					
规模以上工业企业	个	98	134	98	221	141
固定电话用户	户	90590	113776	51846	201726	139265
四、教育、卫生和社会保障						
普通中学在校学生	人	28838	43967	15566	62112	70925
小学在校学生	人	34898	52695	20004	55078	80379
医疗卫生机构床位	张	4140	3674	1619	7285	6761
提供住宿的民政服务机构	个	35	29	21	16	30
提供住宿的民政服务机构床位数	张	3692	2831	1980	1349	4554

2022年县(市)社会经济主要指标

四川省

指　　标	单位	开江县	大竹县	渠　县	万源市	名山区
一、基本情况						
行政区域面积	平方公里	1032	2079	2018	4053	618
乡	个	1	5	6	6	
镇	个	11	23	28	24	11
街道办事处	个	1	3	3	1	2
户籍人口	万人	56	106	127	56	27
二、综合经济						
地区生产总值	万元	1660614	4380187	4012284	1516281	1208956
第一产业增加值	万元	423718	730961	903656	421509	331873
第二产业增加值	万元	463715	1724835	1189906	350266	396167
第三产业增加值	万元	773181	1924391	1918722	744506	480916
地方一般公共预算收入	万元	60155	198666	188410	67901	42418
地方一般公共预算支出	万元	361767	600222	677391	415014	167672
住户存款余额	万元	2702761	5526429	5281672	2370535	1868678
年末金融机构各项贷款余额	万元	1252886	2754563	2787375	1612377	1363392
三、农业、工业和通讯						
设施农业种植占地面积	公顷	331	495	305	33	8
油料产量	吨	51860	57242	86747	37784	3838
棉花产量	吨					
规模以上工业企业	个	109	199	208	75	78
固定电话用户	户	48955	110216	115403	70872	49200
四、教育、卫生和社会保障						
普通中学在校学生	人	27114	54694	47093	28011	11616
小学在校学生	人	28906	53317	48951	31387	14536
医疗卫生机构床位	张	2833	7556	8251	3087	1912
提供住宿的民政服务机构	个	12	26	41	26	3
提供住宿的民政服务机构床位数	张	1716	3216	3205	2617	640

2022年县(市)社会经济主要指标

四川省

指　　标	单位	荥经县	汉源县	石棉县	天全县	芦山县
一、基本情况						
行政区域面积	平方公里	1777	2215	2678	2390	1191
乡	个	4	9	8	3	1
镇	个	7	12	3	7	6
街道办事处	个	1		1		1
户籍人口	万人	14	32	12	15	12
二、综合经济						
地区生产总值	万元	879768	1342942	1229807	834054	603098
第一产业增加值	万元	156798	300885	183918	151990	137906
第二产业增加值	万元	273896	398091	443238	271013	195739
第三产业增加值	万元	449074	643966	602651	411051	269453
地方一般公共预算收入	万元	61494	90571	80658	41014	30145
地方一般公共预算支出	万元	165917	207455	187189	167759	139681
住户存款余额	万元	1072217	1753357	786273	939480	688153
年末金融机构各项贷款余额	万元	657374	1340887	1149607	894336	559272
三、农业、工业和通讯						
设施农业种植占地面积	公顷	9	72	4	20	52
油料产量	吨	2888	701	1208	2338	1902
棉花产量	吨					
规模以上工业企业	个	48	38	54	39	53
固定电话用户	户	22558	48043	29832	20612	20595
四、教育、卫生和社会保障						
普通中学在校学生	人	4625	13332	6251	6942	4027
小学在校学生	人	7121	17250	8840	7610	5744
医疗卫生机构床位	张	817	1872	1170	1463	766
提供住宿的民政服务机构	个	4	3	4	1	6
提供住宿的民政服务机构床位数	张	670	800	720	400	1064

2022年县(市)社会经济主要指标

四川省

指　　标	单位	宝兴县	通江县	南江县	平昌县	安岳县
一、基本情况						
行政区域面积	平方公里	3114	4120	3390	2229	2690
乡	个	4	2	2		12
镇	个	3	30	29	28	32
街道办事处	个		1	1	3	2
户籍人口	万人	6	71	64	91	151
二、综合经济						
地区生产总值	万元	443831	1327347	1331186	1767897	3126365
第一产业增加值	万元	78714	406997	369985	455289	896141
第二产业增加值	万元	191360	327164	362671	508938	712284
第三产业增加值	万元	173757	593186	598530	803670	1517940
地方一般公共预算收入	万元	75911	50326	84239	85988	130325
地方一般公共预算支出	万元	154000	589454	473222	588499	629248
住户存款余额	万元	316350	2741331	2997281	3117661	5667749
年末金融机构各项贷款余额	万元	374400	1673954	1879353	2065813	2893310
三、农业、工业和通讯						
设施农业种植占地面积	公顷	40	792	339	2712	129
油料产量	吨	268	47158	40979	71471	121282
棉花产量	吨					
规模以上工业企业	个	26	51	70	79	83
固定电话用户	户	9534	69460	123637	280000	168000
四、教育、卫生和社会保障						
普通中学在校学生	人	1550	29054	26414	38550	68663
小学在校学生	人	2467	35129	30634	46214	62104
医疗卫生机构床位	张	180	4579	3659	4902	7637
提供住宿的民政服务机构	个	1	23	11	19	46
提供住宿的民政服务机构床位数	张	216	3304	1310	1494	3318

2022年县(市)社会经济主要指标

四川省

指　　标	单位	乐至县	马尔康市	汶川县	理　县	茂　县
一、基本情况						
行政区域面积	平方公里	1424	6628	4083	4318	3896
乡	个	1	10		5	
镇	个	18	3	9	6	11
街道办事处	个	2				
户籍人口	万人	77	5	9	4	11
二、综合经济						
地区生产总值	万元	2239392	656573	854145	321469	497429
第一产业增加值	万元	418764	47269	134604	42050	112185
第二产业增加值	万元	716980	215753	371392	88936	182821
第三产业增加值	万元	1103648	393551	348149	190483	202423
地方一般公共预算收入	万元	75248	28000	48607	9688	22812
地方一般公共预算支出	万元	393343	188693	226795	126864	177759
住户存款余额	万元	3441786	488423	592808	250439	511110
年末金融机构各项贷款余额	万元	2279067	1474470	414557	280543	393709
三、农业、工业和通讯						
设施农业种植占地面积	公顷	201	19	27		70
油料产量	吨	86541	6	511	7	711
棉花产量	吨					
规模以上工业企业	个	79	5	43	15	24
固定电话用户	户	68988	27737	34200	13300	25011
四、教育、卫生和社会保障						
普通中学在校学生	人	26972	3562	6237	1192	4547
小学在校学生	人	24693	3911	4920	1903	6602
医疗卫生机构床位	张	3951	785	585	189	844
提供住宿的民政服务机构	个	32	2	1	1	1
提供住宿的民政服务机构床位数	张	4610	496	300	180	180

2022年县(市)社会经济主要指标

四川省

指　　标	单位	松潘县	九寨沟县	金川县	小金县	黑水县
一、基本情况						
行政区域面积	平方公里	8342	5288	5357	5568	4142
乡	个	10	7	15	11	7
镇	个	7	5	4	7	8
街道办事处	个					
户籍人口	万人	7	7	7	8	6
二、综合经济						
地区生产总值	万元	291916	332955	232717	270930	295560
第一产业增加值	万元	64410	30884	48809	50414	51390
第二产业增加值	万元	29886	50414	19883	50290	86541
第三产业增加值	万元	197620	251657	164025	170226	157629
地方一般公共预算收入	万元	11327	17908	14764	11186	8125
地方一般公共预算支出	万元	176846	160063	176988	162696	150388
住户存款余额	万元	253200	342225	35834	342134	173949
年末金融机构各项贷款余额	万元	312808	803057	269427	192808	205901
三、农业、工业和通讯						
设施农业种植占地面积	公顷	33	1	75	15	
油料产量	吨	448	242	412	983	
棉花产量	吨					
规模以上工业企业	个	8	4	5	9	10
固定电话用户	户	21843	33388	12595	22385	11799
四、教育、卫生和社会保障						
普通中学在校学生	人	2214	2853	2090	2806	1209
小学在校学生	人	4428	4419	3317	3865	1828
医疗卫生机构床位	张	379	466	548	374	232
提供住宿的民政服务机构	个	1	2	1	1	1
提供住宿的民政服务机构床位数	张	280	275	100	360	228

2022年县(市)社会经济主要指标

四川省

指　　标	单位	壤塘县	阿坝县	若尔盖县	红原县	康定市
一、基本情况						
行政区域面积	平方公里	6644	10124	10326	8296	11593
乡	个	8	9	6	4	7
镇	个	3	6	7	6	8
街道办事处	个					2
户籍人口	万人	5	8	8	5	11
二、综合经济						
地区生产总值	万元	144822	209615	319390	197593	1195620
第一产业增加值	万元	42199	69042	143860	83787	63411
第二产业增加值	万元	6378	14480	14047	11427	492351
第三产业增加值	万元	96245	126093	161483	102379	639858
地方一般公共预算收入	万元	2900	15313	7916	12588	74196
地方一般公共预算支出	万元	160428	247714	250368	231290	273540
住户存款余额	万元	102478	198183	173679	135184	970800
年末金融机构各项贷款余额	万元	86475	182580	200856	120633	2569300
三、农业、工业和通讯						
设施农业种植占地面积	公顷		40	27	17	66
油料产量	吨	370	1360	1025		73
棉花产量	吨					
规模以上工业企业	个	1	5	5	12	19
固定电话用户	户	5811	11688	14580	10345	42200
四、教育、卫生和社会保障						
普通中学在校学生	人	2048	3373	5581	3257	8471
小学在校学生	人	6427	9045	7395	5957	8918
医疗卫生机构床位	张	302	467	382	274	1782
提供住宿的民政服务机构	个	4	1	2	1	6
提供住宿的民政服务机构床位数	张	401	140	250	80	748

2022年县(市)社会经济主要指标

四川省

指　　标	单位	泸定县	丹巴县	九龙县	雅江县	道孚县
一、基本情况						
行政区域面积	平方公里	2165	4507	6765	7569	7023
乡	个	1	3	7	10	12
镇	个	8	9	9	6	7
街道办事处	个					
户籍人口	万人	9	6	6	5	6
二、综合经济						
地区生产总值	万元	330417	253327	342086	307628	150108
第一产业增加值	万元	57277	45952	42297	33440	29138
第二产业增加值	万元	86737	77854	169712	156542	16314
第三产业增加值	万元	186403	129521	130077	117646	104656
地方一般公共预算收入	万元	34331	23688	32393	13500	17579
地方一般公共预算支出	万元	177141	167566	166753	161100	152974
住户存款余额	万元	637800	286770	168012	158200	113386
年末金融机构各项贷款余额	万元	431800	366316	269097	110000	92949
三、农业、工业和通讯						
设施农业种植占地面积	公顷	49	6	20	12	13
油料产量	吨	1831	1104	358	99	2570
棉花产量	吨					
规模以上工业企业	个	9	8	13	2	
固定电话用户	户	20000	11200	5921	9037	6740
四、教育、卫生和社会保障						
普通中学在校学生	人	7881	2649	3007	2733	2377
小学在校学生	人	5747	2811	5235	3923	5144
医疗卫生机构床位	张	448	366	298	277	352
提供住宿的民政服务机构	个	3	2	2	2	2
提供住宿的民政服务机构床位数	张	260	83	143	72	250

2022年县(市)社会经济主要指标

四川省

指　　标	单位	炉霍县	甘孜县	新龙县	德格县	白玉县
一、基本情况						
行政区域面积	平方公里	4477	6862	9259	11439	10258
乡	个	11	18	10	13	12
镇	个	4	3	6	10	4
街道办事处	个					
户籍人口	万人	5	7	5	9	6
二、综合经济						
地区生产总值	万元	145569	208472	142301	184557	198120
第一产业增加值	万元	33651	59475	32406	64081	43017
第二产业增加值	万元	22678	32159	11829	10795	50115
第三产业增加值	万元	89240	116838	98066	109681	104988
地方一般公共预算收入	万元	6006	7047	5607	8355	14592
地方一般公共预算支出	万元	171931	208537	166436	189684	162986
住户存款余额	万元	92500	158756	70273	85528	106814
年末金融机构各项贷款余额	万元	133100	140414	67881	88126	130365
三、农业、工业和通讯						
设施农业种植占地面积	公顷	27	13	80	9	48
油料产量	吨	3605	2501	1000		702
棉花产量	吨					
规模以上工业企业	个	2	4			2
固定电话用户	户	517	9673	3715	5423	6077
四、教育、卫生和社会保障						
普通中学在校学生	人	3450	4830	1665	4420	2092
小学在校学生	人	6460	8268	6253	12642	7025
医疗卫生机构床位	张	311	602	176	395	483
提供住宿的民政服务机构	个	2	5	5	7	2
提供住宿的民政服务机构床位数	张	304	408	119	345	170

2022年县(市)社会经济主要指标

四川省

指　　标	单位	石渠县	色达县	理塘县	巴塘县	乡城县
一、基本情况						
行政区域面积	平方公里	22381	8780	14004	7664	4941
乡	个	14	11	15	12	7
镇	个	7	5	7	5	3
街道办事处	个					
户籍人口	万人	10	6	7	5	3
二、综合经济						
地区生产总值	万元	219883	172065	250728	191996	169228
第一产业增加值	万元	65159	58668	89377	50646	30536
第二产业增加值	万元	24082	11413	30289	25540	55895
第三产业增加值	万元	130642	101984	131062	115810	82797
地方一般公共预算收入	万元	6545	6099	16904	22173	15152
地方一般公共预算支出	万元	265239	195410	220073	146640	116621
住户存款余额	万元	75948	145624	153055	169651	77044
年末金融机构各项贷款余额	万元	104167	116784	113393	152895	109417
三、农业、工业和通讯						
设施农业种植占地面积	公顷	243	22	1120	12	54
油料产量	吨	527	50	1400	452	400
棉花产量	吨					
规模以上工业企业	个			4	2	7
固定电话用户	户	4848	6027	9887	4771	4209
四、教育、卫生和社会保障						
普通中学在校学生	人	4173	3831	3242	4341	1066
小学在校学生	人	15694	8227	9941	5544	2214
医疗卫生机构床位	张	611	405	608	418	187
提供住宿的民政服务机构	个	5	7	8	3	1
提供住宿的民政服务机构床位数	张	180	267	367	187	84

2022年县(市)社会经济主要指标

四川省

指　　标	单位	稻城县	得荣县	西昌市	会理市	木里藏族自治县
一、基本情况						
行政区域面积	平方公里	7086	2914	2882	4518	13225
乡	个	8	6	7	4	21
镇	个	5	4	11	13	6
街道办事处	个			7	3	
户籍人口	万人	3	3	75	46	14
二、综合经济						
地区生产总值	万元	142803	114534	6721389	2268979	630720
第一产业增加值	万元	24859	18982	614583	706511	119620
第二产业增加值	万元	11548	28245	2964981	725283	295649
第三产业增加值	万元	106396	67307	3141825	837185	215451
地方一般公共预算收入	万元	8854	5363	573792	130361	71661
地方一般公共预算支出	万元	132490	114539	771326	311321	274862
住户存款余额	万元	102497	86946	5536345	1913711	283203
年末金融机构各项贷款余额	万元	118618	80879	9927600	1133655	265823
三、农业、工业和通讯						
设施农业种植占地面积	公顷	5	27	8744	270	782
油料产量	吨	1117	362	2266	2858	180
棉花产量	吨					
规模以上工业企业	个		2	94	48	7
固定电话用户	户	10497	3975	194857	8272	20300
四、教育、卫生和社会保障						
普通中学在校学生	人	1197	675	55249	13575	7651
小学在校学生	人	2594	1981	95670	28699	11712
医疗卫生机构床位	张	166	151	8869	2690	631
提供住宿的民政服务机构	个	2	4	2	7	1
提供住宿的民政服务机构床位数	张	59	171	206	1710	260

2022年县(市)社会经济主要指标

四川省

指　　标	单位	盐源县	德昌县	会东县	宁南县	普格县
一、基本情况						
行政区域面积	平方公里	8412	2301	3224	1670	1905
乡	个	6	2	4		5
镇	个	17	8	13	13	8
街道办事处	个	1	2	2		
户籍人口	万人	40	22	42	20	22
二、综合经济						
地区生产总值	万元	1628838	900346	1796370	873068	373848
第一产业增加值	万元	616268	240255	610263	304002	97496
第二产业增加值	万元	549036	257778	565582	264687	75814
第三产业增加值	万元	463534	402313	620525	304379	200538
地方一般公共预算收入	万元	103265	71682	112829	13235	16128
地方一般公共预算支出	万元	356822	196220	298667	195583	231415
住户存款余额	万元	702445	746655	716932	780000	331715
年末金融机构各项贷款余额	万元	387037	611422	734700	300285	283332
三、农业、工业和通讯						
设施农业种植占地面积	公顷	16	520	145	53	99
油料产量	吨	646	808	13992	1095	259
棉花产量	吨					
规模以上工业企业	个	25	28	25	14	5
固定电话用户	户	23240	11000	53900	27794	12040
四、教育、卫生和社会保障						
普通中学在校学生	人	24526	11280	25512	12033	12901
小学在校学生	人	34640	22659	28144	18318	35191
医疗卫生机构床位	张	1831	1566	1932	1301	949
提供住宿的民政服务机构	个	4	2	9	1	1
提供住宿的民政服务机构床位数	张	620	470	989	905	199

2022年县(市)社会经济主要指标

四川省

指　　标	单位	布拖县	金阳县	昭觉县	喜德县	冕宁县
一、基本情况						
行政区域面积	平方公里	1684	1587	2560	2118	4423
乡	个	4	6	9	6	3
镇	个	8	9	11	7	15
街道办事处	个					1
户籍人口	万人	22	22	34	22	41
二、综合经济						
地区生产总值	万元	414768	513059	510228	382176	1401323
第一产业增加值	万元	142295	121546	158659	104353	360099
第二产业增加值	万元	70920	163849	66605	57235	545705
第三产业增加值	万元	201553	227664	284964	220588	495519
地方一般公共预算收入	万元	17995	36517	19931	14435	114272
地方一般公共预算支出	万元	295558	295889	384994	251232	304511
住户存款余额	万元	178500	250056	331880	343216	1135000
年末金融机构各项贷款余额	万元	171065	368952	148810	218414	587253
三、农业、工业和通讯						
设施农业种植占地面积	公顷	32	11	216	131	2244
油料产量	吨	118	224	250	237	3494
棉花产量	吨					
规模以上工业企业	个	4	4	5	11	28
固定电话用户	户	9315	10758	16650	7626	42526
四、教育、卫生和社会保障						
普通中学在校学生	人	15324	13285	22595	16381	19586
小学在校学生	人	35606	31264	55220	26065	44016
医疗卫生机构床位	张	648	1188	1440	604	3002
提供住宿的民政服务机构	个	2	1	2	2	6
提供住宿的民政服务机构床位数	张	1050	968	217	176	498

2022年县(市)社会经济主要指标

四川省、贵州省

指标	单位	越西县	甘洛县	美姑县	雷波县	开阳县
一、基本情况						
行政区域面积	平方公里	2257	2152	2515	2838	2023
乡	个	3	4	11	10	10
镇	个	17	9	7	11	5
街道办事处	个					3
户籍人口	万人	39	24	29	29	45
二、综合经济						
地区生产总值	万元	653910	522626	415898	806045	2892005
第一产业增加值	万元	178669	105788	107310	150402	467743
第二产业增加值	万元	99760	183421	58358	357267	1182471
第三产业增加值	万元	375481	233417	250230	298376	1241791
地方一般公共预算收入	万元	28055	30337	13914	101659	113472
地方一般公共预算支出	万元	323115	238960	321043	375840	391551
住户存款余额	万元	783700	486672	303057	713700	1384510
年末金融机构各项贷款余额	万元	548700	220606	182973	344300	2690711
三、农业、工业和通讯						
设施农业种植占地面积	公顷	84	59	24	3	792
油料产量	吨	5230	1367	30	1544	18955
棉花产量	吨					
规模以上工业企业	个	9	15	7	14	44
固定电话用户	户	14898	25000	31000	5427	18925
四、教育、卫生和社会保障						
普通中学在校学生	人	24456	14931	14494	15913	18849
小学在校学生	人	48432	26671	41289	34118	31692
医疗卫生机构床位	张	1188	885	1191	991	2021
提供住宿的民政服务机构	个	2	4	2		2
提供住宿的民政服务机构床位数	张	188	1090	212		375

2022年县(市)社会经济主要指标

贵州省

指　　标	单位	息烽县	修文县	清镇市	六枝特区	水城区
一、基本情况						
行政区域面积	平方公里	1037	1072	1387	1800	3027
乡	个	1	1	3	6	10
镇	个	9	6	6	9	11
街道办事处	个	1	5	3	3	9
户籍人口	万人	28	34	56	76	81
二、综合经济						
地区生产总值	万元	1751102	1960894	3013910	1467480	3464450
第一产业增加值	万元	276892	339738	378006	461125	454877
第二产业增加值	万元	559785	798136	1080103	281232	1901643
第三产业增加值	万元	914425	823020	1555801	725123	1107930
地方一般公共预算收入	万元	54937	68500	153282	51238	128593
地方一般公共预算支出	万元	248606	205100	432920	456371	573330
住户存款余额	万元	893295	1416200	2291200	1562900	
年末金融机构各项贷款余额	万元	2144431	3213000	4382800	2830300	2830300
三、农业、工业和通讯						
设施农业种植占地面积	公顷	319	185	602	191	198
油料产量	吨	5301	8252	16567	18546	2414
棉花产量	吨					
规模以上工业企业	个	51	108	134	47	116
固定电话用户	户	27800	16686	28387	23279	38184
四、教育、卫生和社会保障						
普通中学在校学生	人	13676	18941	37404	47560	47138
小学在校学生	人	20805	31687	58442	62881	71066
医疗卫生机构床位	张	1478	1759	2851	4366	4073
提供住宿的民政服务机构	个	11	6	3	9	8
提供住宿的民政服务机构床位数	张	1273	537	330	761	1046

2022年县(市)社会经济主要指标

贵州省

指　　标	单位	盘州市	播州区	桐梓县	绥阳县	正安县
一、基本情况						
行政区域面积	平方公里	4040	2488	3208	2546	2590
乡	个	7	2	3	2	2
镇	个	14	17	20	12	16
街道办事处	个	6	5	2	1	2
户籍人口	万人	135	89	74	56	67
二、综合经济						
地区生产总值	万元	6608400	3803503	1824262	1278300	1432249
第一产业增加值	万元	784236	649919	456566	477200	389007
第二产业增加值	万元	3456706	1576922	549297	219300	260081
第三产业增加值	万元	2367458	1576662	818399	581800	783161
地方一般公共预算收入	万元	439492	111226	58238	40100	44636
地方一般公共预算支出	万元	1138922	471996	442151	253300	323482
住户存款余额	万元	3617700		2018423	1586800	1664205
年末金融机构各项贷款余额	万元	6098700		2502938	1894000	2886953
三、农业、工业和通讯						
设施农业种植占地面积	公顷	368	127	63	434	110
油料产量	吨	16440	53875	14868	31204	13630
棉花产量	吨					
规模以上工业企业	个	181	124	58	25	28
固定电话用户	户	52700	57552	19228	14308	15536
四、教育、卫生和社会保障						
普通中学在校学生	人	60571	56845	38921	25501	33251
小学在校学生	人	118622	72423	50423	33153	36583
医疗卫生机构床位	张	9393	7147	3700	3411	3327
提供住宿的民政服务机构	个	18	24	20	8	19
提供住宿的民政服务机构床位数	张	945	2731	1522	798	1279

2022年县(市)社会经济主要指标

贵州省

指　　标	单位	道真仡佬族苗族自治县	务川仡佬族苗族自治县	凤冈县	湄潭县	余庆县
一、基本情况						
行政区域面积	平方公里	2156	2822	1885	1866	1622
乡	个	3	2			1
镇	个	11	11	10	12	8
街道办事处	个	1	3	4	3	1
户籍人口	万人	35	49	46	52	31
二、综合经济						
地区生产总值	万元	907556	867900	1007600	1344042	981410
第一产业增加值	万元	310268	228100	361600	387396	305022
第二产业增加值	万元	163455	212200	199000	319415	225494
第三产业增加值	万元	433834	427600	447000	637231	450894
地方一般公共预算收入	万元	27339	36442	34524	38989	23759
地方一般公共预算支出	万元	352178	368115	311598	276962	179634
住户存款余额	万元	1202400	1254568	1173345	1862522	1123358
年末金融机构各项贷款余额	万元	1182100	1876348	1963230	2399360	1338606
三、农业、工业和通讯						
设施农业种植占地面积	公顷	187	124	167	218	168
油料产量	吨	12979	10040	18348	16742	8271
棉花产量	吨					
规模以上工业企业	个	22	16	27	32	30
固定电话用户	户	4060	8886	7076	39637	15000
四、教育、卫生和社会保障						
普通中学在校学生	人	19360	25878	22687	30782	18057
小学在校学生	人	20341	31347	26934	26687	19533
医疗卫生机构床位	张	2273	4194	2084	3244	1778
提供住宿的民政服务机构	个	14	12	15	14	8
提供住宿的民政服务机构床位数	张	719	702	725	1375	970

2022年县(市)社会经济主要指标

贵州省

指　　标	单位	习水县	赤水市	仁怀市	平坝区	普定县
一、基本情况						
行政区域面积	平方公里	3074	1852	1790	987	1080
乡	个	2	3	1	2	3
镇	个	20	11	14	7	6
街道办事处	个	4	3	5	2	4
户籍人口	万人	79	32	74	38	52
二、综合经济						
地区生产总值	万元	2601587	1193735	17066990	1444596	1517100
第一产业增加值	万元	453947	239498	390753	267046	295400
第二产业增加值	万元	1306359	431352	12595233	510026	415000
第三产业增加值	万元	841281	522885	4081004	667524	806700
地方一般公共预算收入	万元	246494	37351	992368	81921	55535
地方一般公共预算支出	万元	513393	290177	1132192	323152	283767
住户存款余额	万元	1944364	1649865	3680703	1311815	812460
年末金融机构各项贷款余额	万元	3454813	2146459	6970111	2274156	1432875
三、农业、工业和通讯						
设施农业种植占地面积	公顷	730	55	95	121	82
油料产量	吨	13320	1012	16356	11191	9288
棉花产量	吨					
规模以上工业企业	个	60	69	127	117	57
固定电话用户	户	16300	44400	32170	7505	10295
四、教育、卫生和社会保障						
普通中学在校学生	人	45295	17632	38288	20960	27165
小学在校学生	人	65397	20244	63461	35758	41933
医疗卫生机构床位	张	4498	2625	4364	2236	1925
提供住宿的民政服务机构	个	13	18	12	5	6
提供住宿的民政服务机构床位数	张	1464	1770	2015	415	900

2022年县(市)社会经济主要指标

贵州省

指　　标	单位	镇宁布依族苗族自治县	关岭布依族苗族自治县	紫云苗族布依族自治县	七星关区	大方县
一、基本情况						
行政区域面积	平方公里	1717	1464	2251	3411	3500
乡	个	3	1	2	8	24
镇	个	8	9	8	27	10
街道办事处	个	5	4	3	13	6
户籍人口	万人	40	41	41	173	123
二、综合经济						
地区生产总值	万元	1328300	1193500	954200	5437768	2554100
第一产业增加值	万元	313300	312800	314400	1039604	593800
第二产业增加值	万元	281800	208900	184100	1346536	589100
第三产业增加值	万元	733200	671800	455700	3051628	1371200
地方一般公共预算收入	万元	29188	40944	23068	230259	92843
地方一般公共预算支出	万元	240811	295172	312027	1037863	547054
住户存款余额	万元	737923	803516	651753	3999300	2312230
年末金融机构各项贷款余额	万元	2017260	1448677	1403823	9220800	2866427
三、农业、工业和通讯						
设施农业种植占地面积	公顷	98	484	101	40	577
油料产量	吨	16422	8489	24610	11316	8761
棉花产量	吨					
规模以上工业企业	个	50	41	21	123	48
固定电话用户	户	12307	10964	9359	31810	9546
四、教育、卫生和社会保障						
普通中学在校学生	人	18219	24434	23638	137394	80647
小学在校学生	人	30495	34173	36343	156658	104532
医疗卫生机构床位	张	1719	1579	1556	10821	6414
提供住宿的民政服务机构	个	15	7	11	34	35
提供住宿的民政服务机构床位数	张	1310	546	509	1396	2219

2022年县(市)社会经济主要指标

贵州省

指　　标	单位	金沙县	织金县	纳雍县	威宁彝族回族苗族自治县	赫章县
一、基本情况						
行政区域面积	平方公里	2524	2865	2452	6299	3243
乡	个	7	10	10	5	15
镇	个	14	16	13	30	10
街道办事处	个	5	7	6	6	5
户籍人口	万人	73	127	108	164	90
二、综合经济						
地区生产总值	万元	2631630	2389000	1910277	3165313	1526091
第一产业增加值	万元	473376	517000	463244	1364938	555971
第二产业增加值	万元	1066331	714000	564316	424746	153933
第三产业增加值	万元	1091923	1158000	882717	1375629	816187
地方一般公共预算收入	万元	162773	111721	90178	111259	44140
地方一般公共预算支出	万元	530337	633991	662040	978498	531651
住户存款余额	万元	1817900	1954819	1508156	1846700	1384587
年末金融机构各项贷款余额	万元	2497131	2867604	2047642	3726700	2138866
三、农业、工业和通讯						
设施农业种植占地面积	公顷	373	273	365	8978	431
油料产量	吨	29670	19456	1609	392	14
棉花产量	吨					
规模以上工业企业	个	61	63	34	67	49
固定电话用户	户	24478	7601	20085	12800	7279
四、教育、卫生和社会保障						
普通中学在校学生	人	45335	71296	64577	114702	59718
小学在校学生	人	54089	101036	92455	150791	81836
医疗卫生机构床位	张	4851	5545	4399	7470	5220
提供住宿的民政服务机构	个	18	25	20	38	23
提供住宿的民政服务机构床位数	张	804	973	900	1795	798

2022年县(市)社会经济主要指标

贵州省

指　　标	单位	黔西市	碧江区	万山区	江口县	玉屏侗族自治县
一、基本情况						
行政区域面积	平方公里	2556	1005	840	1877	524
乡	个	12	5	6	2	1
镇	个	15	3	1	6	3
街道办事处	个	5	7	4	2	4
户籍人口	万人	101	35	23	25	18
二、综合经济						
地区生产总值	万元	2470900	2598952	875410	792522	1058500
第一产业增加值	万元	525300	205270	143559	219961	136615
第二产业增加值	万元	742300	856125	288080	142944	446535
第三产业增加值	万元	1203300	1537557	443771	429617	475350
地方一般公共预算收入	万元	117840	135547	51909	21583	46983
地方一般公共预算支出	万元	518538	340561	239438	280602	258956
住户存款余额	万元	1923397	2391287	568900	681740	637339
年末金融机构各项贷款余额	万元	2953300	6820228	1148813	1149488	1463070
三、农业、工业和通讯						
设施农业种植占地面积	公顷	532	389	851	275	158
油料产量	吨	72818	5876	6300	11395	6201
棉花产量	吨					
规模以上工业企业	个	41	64	35	10	75
固定电话用户	户	27587	37118	6270	7637	16959
四、教育、卫生和社会保障						
普通中学在校学生	人	52800	42709	14289	12934	9904
小学在校学生	人	77665	49265	17235	17430	15693
医疗卫生机构床位	张	4705	4442	1335	1445	1208
提供住宿的民政服务机构	个	30	9	6	12	3
提供住宿的民政服务机构床位数	张	2501	951	389	394	348

2022年县(市)社会经济主要指标

贵州省

指　　标	单位	石阡县	思南县	印江土家族苗族自治县	德江县	沿河土家族自治县
一、基本情况						
行政区域面积	平方公里	2169	2216	1968	2070	2533
乡	个	10	8	1	8	2
镇	个	6	17	13	11	17
街道办事处	个	3	3	3	3	4
户籍人口	万人	41	67	45	56	69
二、综合经济						
地区生产总值	万元	1291755	1898140	1312582	1603100	1454456
第一产业增加值	万元	398251	525525	398629	397700	437345
第二产业增加值	万元	202307	403883	210805	287100	188017
第三产业增加值	万元	691197	968732	703148	918300	829094
地方一般公共预算收入	万元	29268	32082	31296	48647	34922
地方一般公共预算支出	万元	325638	435775	329423	439020	522423
住户存款余额	万元	981232	1568776	1272266	1232624	1491239
年末金融机构各项贷款余额	万元	1755090	2205956	2147988	2460880	1989480
三、农业、工业和通讯						
设施农业种植占地面积	公顷	101	255	156	582	252
油料产量	吨	23876	27825	18543	11946	13671
棉花产量	吨					
规模以上工业企业	个	34	60	43	47	23
固定电话用户	户	7717	53520	14390	2961	10686
四、教育、卫生和社会保障						
普通中学在校学生	人	12875	42358	24552	38128	40990
小学在校学生	人	26316	42217	28072	42509	46345
医疗卫生机构床位	张	2365	4566	2287	3709	3102
提供住宿的民政服务机构	个	11	25	14	16	8
提供住宿的民政服务机构床位数	张	900	1136	410	1166	643

2022年县(市)社会经济主要指标

贵州省

指　　标	单位	松桃苗族自治县	兴义市	兴仁市	普安县	晴隆县
一、基本情况						
行政区域面积	平方公里	2859	2908	1778	1454	1310
乡	个	6	3	1	2	4
镇	个	17	17	11	8	8
街道办事处	个	5	12	6	4	4
户籍人口	万人	73	95	57	36	35
二、综合经济						
地区生产总值	万元	1886376	5465400	2098500	1122143	954040
第一产业增加值	万元	455975	536600	379000	255623	255827
第二产业增加值	万元	395378	1829000	818900	360997	226272
第三产业增加值	万元	1035023	3099800	900600	505524	471941
地方一般公共预算收入	万元	46678	377588	129193	67843	59996
地方一般公共预算支出	万元	493696	777144	554896	319840	289930
住户存款余额	万元	1550729	4359338	1214500	735101	632568
年末金融机构各项贷款余额	万元	2466840	9608877	2589800	1355119	829444
三、农业、工业和通讯						
设施农业种植占地面积	公顷	160	160	362	80	45
油料产量	吨	19418	16600	19722	11032	3659
棉花产量	吨					
规模以上工业企业	个	49	156	68	42	21
固定电话用户	户	8000	72722	1562	2756	4556
四、教育、卫生和社会保障						
普通中学在校学生	人	36970	106361	34287	15742	17692
小学在校学生	人	48805	106578	46151	25912	24254
医疗卫生机构床位	张	2858	8210	2371	1761	1611
提供住宿的民政服务机构	个	18	11	18	4	5
提供住宿的民政服务机构床位数	张	1088	641	1005	160	239

2022年县(市)社会经济主要指标

贵州省

指　　标	单位	贞丰县	望谟县	册亨县	安龙县	凯里市
一、基本情况						
行政区域面积	平方公里	1509	3019	2597	2232	1570
乡	个	3	1	1		
镇	个	9	11	9	10	11
街道办事处	个	5	4	3	5	9
户籍人口	万人	43	33	25	50	59
二、综合经济						
地区生产总值	万元	1677474	1159933	891887	1717413	3035481
第一产业增加值	万元	352980	333939	275896	401982	219205
第二产业增加值	万元	672739	233386	199611	671492	583733
第三产业增加值	万元	651755	592608	416381	643939	2232543
地方一般公共预算收入	万元	107593	49548	49462	128395	175800
地方一般公共预算支出	万元	383477	344531	275393	429650	476216
住户存款余额	万元	1048353	510059	494896	1230416	3385420
年末金融机构各项贷款余额	万元	1328365	1386510	717786	2129434	6823281
三、农业、工业和通讯						
设施农业种植占地面积	公顷	57			1963	194
油料产量	吨	10697	8692	6422	8318	4788
棉花产量	吨					
规模以上工业企业	个	39	29	24	65	92
固定电话用户	户	2300	5972	2624	6772	53000
四、教育、卫生和社会保障						
普通中学在校学生	人	23805	19170	13745	27811	57216
小学在校学生	人	33353	22037	21371	41408	66375
医疗卫生机构床位	张	2735	1424	1265	2407	7952
提供住宿的民政服务机构	个	3	11	6	23	6
提供住宿的民政服务机构床位数	张	400	463	529	617	1099

2022年县(市)社会经济主要指标

贵州省

指　　标	单位	黄平县	施秉县	三穗县	镇远县	岑巩县
一、基本情况						
行政区域面积	平方公里	1670	1532	1030	1890	1490
乡	个	3	3	2	4	2
镇	个	8	5	7	8	9
街道办事处	个			2		1
户籍人口	万人	39	18	23	28	24
二、综合经济						
地区生产总值	万元	752856	413647	556504	694485	628850
第一产业增加值	万元	245717	126674	121950	184790	123833
第二产业增加值	万元	142772	85008	144759	155790	174086
第三产业增加值	万元	364367	201965	289795	353905	330931
地方一般公共预算收入	万元	28583	16744	16284	28602	23991
地方一般公共预算支出	万元	183853	161653	160433	167145	195269
住户存款余额	万元	855258	429022	601058	668511	621907
年末金融机构各项贷款余额	万元	1038001	588280	606595	839125	960339
三、农业、工业和通讯						
设施农业种植占地面积	公顷	159	83	44	37	10
油料产量	吨	6530	6369	3121	9510	11554
棉花产量	吨		1			
规模以上工业企业	个	12	10	13	22	34
固定电话用户	户	11600	3911	2453	4841	5136
四、教育、卫生和社会保障						
普通中学在校学生	人	20804	9007	14129	14591	14871
小学在校学生	人	21444	12240	19651	17010	18101
医疗卫生机构床位	张	1900	792	1391	1186	1238
提供住宿的民政服务机构	个	5	1	2	7	7
提供住宿的民政服务机构床位数	张	300	150	200	302	538

2022年县(市)社会经济主要指标

贵州省

指　　标	单位	天柱县	锦屏县	剑河县	台江县	黎平县
一、基本情况						
行政区域面积	平方公里	2189	1619	2182	1078	4392
乡	个	2	8	1	3	9
镇	个	11	7	11	4	14
街道办事处	个	4		1	2	3
户籍人口	万人	42	24	27	17	58
二、综合经济						
地区生产总值	万元	888218	611105	646739	449818	1065977
第一产业增加值	万元	244811	120956	162707	101678	269546
第二产业增加值	万元	204075	213626	130241	154658	252040
第三产业增加值	万元	439332	276523	353791	193482	544391
地方一般公共预算收入	万元	34208	24779	17467	20587	32193
地方一般公共预算支出	万元	243168	180674	192793	183879	331807
住户存款余额	万元	1156464	735310	716063	413419	1255186
年末金融机构各项贷款余额	万元	1129951	898828	889336	742292	1406995
三、农业、工业和通讯						
设施农业种植占地面积	公顷		108	36	74	64
油料产量	吨	8012	5251	3924	3481	10731
棉花产量	吨		6	10	3	184
规模以上工业企业	个	20	22	15	20	27
固定电话用户	户	17370	6441	3623	5391	14172
四、教育、卫生和社会保障						
普通中学在校学生	人	22104	12634	16963	10684	31683
小学在校学生	人	28246	15946	22600	12978	46855
医疗卫生机构床位	张	1952	1282	1604	726	3172
提供住宿的民政服务机构	个	7	1	4	1	15
提供住宿的民政服务机构床位数	张	397	80	320	100	337

2022年县(市)社会经济主要指标

贵州省

指　　标	单位	榕江县	从江县	雷山县	麻江县	丹寨县
一、基本情况						
行政区域面积	平方公里	3296	3225	1204	957	942
乡	个	10	7	3	1	2
镇	个	9	12	5	4	4
街道办事处	个	1	1	1	2	1
户籍人口	万人	39	40	16	17	18
二、综合经济						
地区生产总值	万元	929758	831311	480368	474980	470665
第一产业增加值	万元	242104	244465	103997	118631	104827
第二产业增加值	万元	182449	152874	81845	92174	117682
第三产业增加值	万元	505205	433972	294526	264175	248156
地方一般公共预算收入	万元	12016	29223	12692	16641	15536
地方一般公共预算支出	万元	254736	270700	142186	135640	156927
住户存款余额	万元	900065	654088	431420	543706	469108
年末金融机构各项贷款余额	万元	1525466	919783	628064	786675	556398
三、农业、工业和通讯						
设施农业种植占地面积	公顷	222	63	23	79	112
油料产量	吨	9443	6791	952	7044	1831
棉花产量	吨	39	124			
规模以上工业企业	个	27	17	7	6	12
固定电话用户	户	5506	8976	5976	9020	3420
四、教育、卫生和社会保障						
普通中学在校学生	人	22328	19803	8684	7943	11221
小学在校学生	人	35143	37346	11383	12560	14363
医疗卫生机构床位	张	1906	1435	856	1145	906
提供住宿的民政服务机构	个	6	23	10	1	4
提供住宿的民政服务机构床位数	张	328	1279	450	200	370

2022年县(市)社会经济主要指标

贵州省

指　　标	单位	都匀市	福泉市	荔波县	贵定县	瓮安县
一、基本情况						
行政区域面积	平方公里	2285	1692	2416	1627	1963
乡	个	1	1	2		1
镇	个	4	5	5	6	10
街道办事处	个	5	2	1	2	2
户籍人口	万人	51	34	19	30	50
二、综合经济						
地区生产总值	万元	2409260	2381382	772820	1344613	1759876
第一产业增加值	万元	255257	226368	136310	177647	355306
第二产业增加值	万元	358182	1285272	111207	638860	553035
第三产业增加值	万元	1795820	869743	525304	528106	851535
地方一般公共预算收入	万元	163306	147214	24108	68091	69181
地方一般公共预算支出	万元	414221	340511	200792	263808	370201
住户存款余额	万元	2800283	1145777	625569	813339	1572237
年末金融机构各项贷款余额	万元	5526196	2836284	1199022	1160805	1238821
三、农业、工业和通讯						
设施农业种植占地面积	公顷	61	92	47	152	119
油料产量	吨	13713	16460	6082	9582	19133
棉花产量	吨					
规模以上工业企业	个	53	105	14	69	69
固定电话用户	户	44167	12065	12679	7104	11490
四、教育、卫生和社会保障						
普通中学在校学生	人	32511	17071	9871	15640	28737
小学在校学生	人	38825	30001	15211	22476	37651
医疗卫生机构床位	张	4538	2022	1072	1336	2753
提供住宿的民政服务机构	个	11	1	8	7	10
提供住宿的民政服务机构床位数	张	1075	50	757	682	595

2022年县(市)社会经济主要指标

贵州省

指　　标	单位	独山县	平塘县	罗甸县	长顺县	龙里县
一、基本情况						
行政区域面积	平方公里	2442	2806	3013	1549	1520
乡	个		1	1	1	
镇	个	8	9	8	5	5
街道办事处	个	1	1	1	1	1
户籍人口	万人	35	33	36	27	24
二、综合经济						
地区生产总值	万元	1407389	1014130	905893	975155	2264103
第一产业增加值	万元	265243	275466	237171	197399	163271
第二产业增加值	万元	514692	210234	242837	327391	1106040
第三产业增加值	万元	627454	528430	425885	450365	994791
地方一般公共预算收入	万元	48802	33462	48519	42027	149678
地方一般公共预算支出	万元	293225	304758	314007	223115	365499
住户存款余额	万元	1122191	655197	676066	513830	1026701
年末金融机构各项贷款余额	万元	1521879	1563823	1366750	1333522	2341713
三、农业、工业和通讯						
设施农业种植占地面积	公顷	287	26	99	254	153
油料产量	吨	10439	14755	6797	13400	9579
棉花产量	吨					
规模以上工业企业	个	87	43	40	76	171
固定电话用户	户	8389	6657	6623	7879	9182
四、教育、卫生和社会保障						
普通中学在校学生	人	18817	10906	22538	15218	16363
小学在校学生	人	23887	25315	32846	22192	22023
医疗卫生机构床位	张	1966	1849	2164	1407	1355
提供住宿的民政服务机构	个	1	5	5	7	11
提供住宿的民政服务机构床位数	张	23	383	470	372	1911

2022年县(市)社会经济主要指标

贵州省、云南省

指　　标	单位	惠水县	三都水族自治县	呈贡区	晋宁区	富民县
一、基本情况						
行政区域面积	平方公里	2471	2376	510	1337	994
乡	个				2	
镇	个	8	6		3	5
街道办事处	个	3	2	10	3	2
户籍人口	万人	48	38	25	29	15
二、综合经济						
地区生产总值	万元	1503900	983307	5910507	2013143	1174256
第一产业增加值	万元	326200	270373	67610	367684	173485
第二产业增加值	万元	496100	227459	2422964	452208	431635
第三产业增加值	万元	681600	485475	3419933	1193251	569136
地方一般公共预算收入	万元	64348	35938	204690	112757	57537
地方一般公共预算支出	万元	339971	338099	360031	276158	133636
住户存款余额	万元	872100	803666	4955111	2058902	866719
年末金融机构各项贷款余额	万元	1384600	1402147	9570276	1674974	621413
三、农业、工业和通讯						
设施农业种植占地面积	公顷	216	86	1480	7613	254
油料产量	吨	14036	11273	32	1161	961
棉花产量	吨					
规模以上工业企业	个	137	15	175	106	62
固定电话用户	户	16075	2314	43980	12600	5810
四、教育、卫生和社会保障						
普通中学在校学生	人	27153	24178	30169	11988	6980
小学在校学生	人	43752	35277	39655	20241	8817
医疗卫生机构床位	张	1987	1594	3171	2022	968
提供住宿的民政服务机构	个	7	1	2	6	4
提供住宿的民政服务机构床位数	张	444	120	112	3005	640

2022年县(市)社会经济主要指标

云南省

指　　标	单位	宜良县	石林彝族自治县	嵩明县	禄劝彝族苗族自治县	寻甸回族彝族自治县
一、基本情况						
行政区域面积	平方公里	1914	1719	826	4240	3588
乡	个	2	1		6	4
镇	个	4	3	3	9	9
街道办事处	个	3	3	2	2	3
户籍人口	万人	43	26	31	48	58
二、综合经济						
地区生产总值	万元	2263061	1294508	1643451	1622796	1576917
第一产业增加值	万元	734189	311991	247382	437172	376763
第二产业增加值	万元	414699	181200	446950	348955	300023
第三产业增加值	万元	1114173	801317	949119	836669	900131
地方一般公共预算收入	万元	62051	68988	40552	56321	74467
地方一般公共预算支出	万元	210323	195458	227676	352022	419307
住户存款余额	万元	2370793	1102000	1822706	1085177	1571735
年末金融机构各项贷款余额	万元	1541977	996200	1420026	1348751	1217366
三、农业、工业和通讯						
设施农业种植占地面积	公顷	4743	2494	3437	307	5538
油料产量	吨	912	362	12	3103	2552
棉花产量	吨					
规模以上工业企业	个	78	34	116	14	42
固定电话用户	户	10145	11146	22744	7193	13460
四、教育、卫生和社会保障						
普通中学在校学生	人	18259	13909	15579	12265	29630
小学在校学生	人	19622	16162	25518	23352	34186
医疗卫生机构床位	张	2615	1864	2107	2576	3531
提供住宿的民政服务机构	个	8	6	5	7	6
提供住宿的民政服务机构床位数	张	524	394	880	750	876

2022年县(市)社会经济主要指标

云南省

指　　标	单位	安宁市	沾益区	马龙区	陆良县	师宗县
一、基本情况						
行政区域面积	平方公里	1302	2929	1599	1990	2784
乡	个		5	3	2	3
镇	个		2	2	7	4
街道办事处	个	9	4	5	2	3
户籍人口	万人	29	44	22	70	44
二、综合经济						
地区生产总值	万元	6618941	3955000	1300751	3436264	2141621
第一产业增加值	万元	215314	598400	223859	907105	428128
第二产业增加值	万元	4076879	1709900	645170	1171009	823785
第三产业增加值	万元	2326748	1646700	431722	1358150	889708
地方一般公共预算收入	万元	510384	84699	62070	97210	89775
地方一般公共预算支出	万元	585463	286806	227747	336017	294598
住户存款余额	万元	3426641	1212000	726915	2200205	1040471
年末金融机构各项贷款余额	万元	5733180	1208000	797859	1852722	1140719
三、农业、工业和通讯						
设施农业种植占地面积	公顷	1727	417	2256	590	269
油料产量	吨	2404	758	835	1164	32229
棉花产量	吨					
规模以上工业企业	个	123	92	49	68	39
固定电话用户	户	26404	7120	1000	16000	7402
四、教育、卫生和社会保障						
普通中学在校学生	人	21145	29980	12029	37558	33911
小学在校学生	人	24777	40558	11492	52715	39206
医疗卫生机构床位	张	4158	1600	914	4111	2766
提供住宿的民政服务机构	个	13	11	6	14	3
提供住宿的民政服务机构床位数	张	2248	300	455	2584	400

2022年县(市)社会经济主要指标

云南省

指　　标	单位	罗平县	富源县	会泽县	宣威市	江川区
一、基本情况						
行政区域面积	平方公里	3015	3283	5886	6053	808
乡	个	6	1	13	7	2
镇	个	4	9	7	13	4
街道办事处	个	3	2	5	9	2
户籍人口	万人	66	85	108	156	29
二、综合经济						
地区生产总值	万元	3421547	3161966	3728857	5140529	1815430
第一产业增加值	万元	673545	558730	888438	937631	331777
第二产业增加值	万元	1200223	1466864	1090035	1786895	623661
第三产业增加值	万元	1547779	1136372	1750384	2416003	859992
地方一般公共预算收入	万元	110098	171010	161860	138248	46252
地方一般公共预算支出	万元	366432	467816	699989	824981	138017
住户存款余额	万元	1491153	1748378	1906349	3786301	1311590
年末金融机构各项贷款余额	万元	1466992	1533300	2015047	2414801	1698575
三、农业、工业和通讯						
设施农业种植占地面积	公顷	43	608	4279	8158	1775
油料产量	吨	147794	14365	3368	226	6785
棉花产量	吨					
规模以上工业企业	个	62	82	44	105	46
固定电话用户	户	8108	29000	21877	25700	5246
四、教育、卫生和社会保障						
普通中学在校学生	人	42228	53538	72253	104818	11006
小学在校学生	人	53307	69954	67758	102183	15688
医疗卫生机构床位	张	4173	3805	5400	7719	811
提供住宿的民政服务机构	个	5	15	30	12	8
提供住宿的民政服务机构床位数	张	511	984	2468	2100	681

2022年县(市)社会经济主要指标

云南省

指　　标	单位	通海县	华宁县	易门县	峨山彝族自治县	新平彝族傣族自治县
一、基本情况						
行政区域面积	平方公里	740	1313	1527	1972	4223
乡	个	3	1	4	3	6
镇	个	4	3	1	3	4
街道办事处	个	2	1	2	2	2
户籍人口	万人	29	21	16	16	28
二、综合经济						
地区生产总值	万元	2082140	1402602	1658900	1435191	2706680
第一产业增加值	万元	308072	311236	180154	202057	359244
第二产业增加值	万元	570069	273420	705662	431173	1190196
第三产业增加值	万元	1203999	817946	773084	801961	1157240
地方一般公共预算收入	万元	44155	42042	43123	42010	48912
地方一般公共预算支出	万元	154700	162046	155055	175200	244190
住户存款余额	万元	1653284	820312	772821	640414	911875
年末金融机构各项贷款余额	万元	1259210	740704	734492	911136	1246687
三、农业、工业和通讯						
设施农业种植占地面积	公顷	684	70	510	17	620
油料产量	吨	1342	3647	3165	8388	1127
棉花产量	吨					
规模以上工业企业	个	85	27	63	28	37
固定电话用户	户	8173	3982	3637	4649	4900
四、教育、卫生和社会保障						
普通中学在校学生	人	9135	9387	6031	7814	12756
小学在校学生	人	20111	12167	7695	7818	17466
医疗卫生机构床位	张	1876	792	1121	755	1420
提供住宿的民政服务机构	个	6	4	8	5	60
提供住宿的民政服务机构床位数	张	264	368	830	354	1610

2022年县(市)社会经济主要指标

云南省

指标	单位	元江哈尼族彝族傣族自治县	澄江市	施甸县	龙陵县	昌宁县
一、基本情况						
行政区域面积	平方公里	2858	773	1953	2884	3888
乡	个	5		8	5	4
镇	个	2	4	5	5	9
街道办事处	个	3	2			
户籍人口	万人	21	18	35	31	36
二、综合经济						
地区生产总值	万元	1458237	1621783	1066373	1540875	2000948
第一产业增加值	万元	382468	150662	295391	415129	645525
第二产业增加值	万元	391931	320026	299199	685794	777572
第三产业增加值	万元	683838	1151095	471783	439952	577851
地方一般公共预算收入	万元	42540	52581	38897	69234	97257
地方一般公共预算支出	万元	158012	220098	255086	311929	316966
住户存款余额	万元	602715	1053373	926905	919306	855327
年末金融机构各项贷款余额	万元	665178	1143117	1117498	1032379	1287661
三、农业、工业和通讯						
设施农业种植占地面积	公顷	133	78	997	7	1709
油料产量	吨	3347		1652	860	6105
棉花产量	吨					
规模以上工业企业	个	27	28	26	37	48
固定电话用户	户	4645	7029	5720	4522	8811
四、教育、卫生和社会保障						
普通中学在校学生	人	10489	6056	14125	18329	16613
小学在校学生	人	15205	15909	23724	24450	20618
医疗卫生机构床位	张	831	640	2093	1385	2141
提供住宿的民政服务机构	个	10	5	3	8	10
提供住宿的民政服务机构床位数	张	545	232	148	675	1001

2022年县(市)社会经济主要指标

云南省

指　　标	单位	腾冲市	昭阳区	鲁甸县	巧家县	盐津县
一、基本情况						
行政区域面积	平方公里	5845	2200	1484	3197	2092
乡	个	5	7	2	4	4
镇	个	12	9	9	11	6
街道办事处	个	2	4	2	2	
户籍人口	万人	69	100	49	61	40
二、综合经济						
地区生产总值	万元	3479687	4295100	939068	1442200	681774
第一产业增加值	万元	656370	410521	196672	377500	167504
第二产业增加值	万元	1512886	1939584	314049	630200	162631
第三产业增加值	万元	1310431	1944995	428347	434500	351639
地方一般公共预算收入	万元	124375	137240	44339	42691	15698
地方一般公共预算支出	万元	565594	613104	344058	405211	285198
住户存款余额	万元	2896838	3387730	628675	1168630	755493
年末金融机构各项贷款余额	万元	3827729	6784208	536406	1119188	426842
三、农业、工业和通讯						
设施农业种植占地面积	公顷	149	188	102	917	
油料产量	吨	50344	94	1213	839	8072
棉花产量	吨					
规模以上工业企业	个	64	33	13	12	13
固定电话用户	户	23400	16534	6736	1015	33870
四、教育、卫生和社会保障						
普通中学在校学生	人	49385	78430	32936	33886	21657
小学在校学生	人	50485	96413	41859	38977	26598
医疗卫生机构床位	张	3893	10220	2338	2292	1866
提供住宿的民政服务机构	个	18	4	7	9	5
提供住宿的民政服务机构床位数	张	1509	1386	581	1068	1028

2022年县(市)社会经济主要指标

云南省

指　　标	单位	大关县	永善县	绥江县	镇雄县	彝良县
一、基本情况						
行政区域面积	平方公里	1721	2833	749	3696	2799
乡	个	1	7		7	5
镇	个	8	7	5	20	9
街道办事处	个		2		3	2
户籍人口	万人	29	47	17	171	63
二、综合经济						
地区生产总值	万元	502420	1528836	462253	2517147	1220920
第一产业增加值	万元	124771	235874	81245	456202	325651
第二产业增加值	万元	120027	897210	156904	671734	398160
第三产业增加值	万元	257622	395752	224104	1389211	497109
地方一般公共预算收入	万元	13830	78327	32826	115660	52346
地方一般公共预算支出	万元	238068	387918	196712	1045087	423058
住户存款余额	万元	601027	1117804	623319	2448004	933645
年末金融机构各项贷款余额	万元	461690	872626	293269	3193634	848713
三、农业、工业和通讯						
设施农业种植占地面积	公顷	122	3	4	36	4
油料产量	吨	663	6771	1003	5220	5432
棉花产量	吨					
规模以上工业企业	个	10	10	6	34	17
固定电话用户	户	6856	6136	6604	11658	2129
四、教育、卫生和社会保障						
普通中学在校学生	人	12985	26312	7372	133787	26576
小学在校学生	人	17596	30956	11094	149239	50228
医疗卫生机构床位	张	1505	2352	1033	7346	3471
提供住宿的民政服务机构	个	3	6	3	4	6
提供住宿的民政服务机构床位数	张	680	550	350	1076	659

2022年县(市)社会经济主要指标

云南省

指　　标	单位	威信县	水富市	玉龙纳西族自治县	永胜县	华坪县
一、基本情况						
行政区域面积	平方公里	1400	443	6200	4925	2142
乡	个	3		9	6	4
镇	个	7	3	6	9	4
街道办事处	个		1	1		
户籍人口	万人	46	11	23	40	16
二、综合经济						
地区生产总值	万元	820123	1000420	1120316	1197321	1000054
第一产业增加值	万元	144331	39959	216673	309658	120616
第二产业增加值	万元	227286	699387	470999	421908	585922
第三产业增加值	万元	448506	261074	432644	465755	293516
地方一般公共预算收入	万元	26936	39025	65942	29368	32301
地方一般公共预算支出	万元	313444	193467	268681	322368	173516
住户存款余额	万元	933590	580458	605794	1380401	907998
年末金融机构各项贷款余额	万元	912000	982746	634434	1239600	787682
三、农业、工业和通讯						
设施农业种植占地面积	公顷	32	3	58	29	160
油料产量	吨	4587	1348	6756	2614	921
棉花产量	吨					
规模以上工业企业	个	9	19	11	14	13
固定电话用户	户	7795	11378	7700	7100	4005
四、教育、卫生和社会保障						
普通中学在校学生	人	26906	11476	5369	10613	8653
小学在校学生	人	39936	8279	12288	21724	11199
医疗卫生机构床位	张	2378	990	744	1475	1129
提供住宿的民政服务机构	个	4	1	5	4	7
提供住宿的民政服务机构床位数	张	618	224	298	302	668

2022年县(市)社会经济主要指标

云南省

指　　标	单位	宁蒗彝族自治县	思茅区	宁洱哈尼族彝族自治县	墨江哈尼族自治县	景东彝族自治县
一、基本情况						
行政区域面积	平方公里	6025	3876	3666	5312	4532
乡	个	11	2	3	3	3
镇	个	3	4	6	12	10
街道办事处	个	2	1			
户籍人口	万人	28	25	19	37	36
二、综合经济						
地区生产总值	万元	797995	2476233	779544	956250	1223360
第一产业增加值	万元	130311	243092	200665	277916	397360
第二产业增加值	万元	245749	747697	209613	185576	181887
第三产业增加值	万元	421935	1485444	369266	492758	644113
地方一般公共预算收入	万元	27623	93571	46772	49222	50270
地方一般公共预算支出	万元	312923	243349	204691	284607	257777
住户存款余额	万元	571874	2227897	632714	683587	876972
年末金融机构各项贷款余额	万元	817532	4991525	589786	856317	1074123
三、农业、工业和通讯						
设施农业种植占地面积	公顷	44	245		18	1738
油料产量	吨	173	860	1579	3480	3665
棉花产量	吨					
规模以上工业企业	个	5	51	24	12	13
固定电话用户	户	2515	37700	16559	8034	13100
四、教育、卫生和社会保障						
普通中学在校学生	人	10583	24894	8666	14981	16299
小学在校学生	人	25721	30793	11105	20460	20095
医疗卫生机构床位	张	1051	5566	927	1921	2022
提供住宿的民政服务机构	个	3	5	14	3	4
提供住宿的民政服务机构床位数	张	230	428	670	500	495

2022年县(市)社会经济主要指标

云南省

指　　标	单位	景谷傣族彝族自治县	镇沅彝族哈尼族拉祜族自治县	江城哈尼族彝族自治县	孟连傣族拉祜族佤族自治县	澜沧拉祜族自治县
一、基本情况						
行政区域面积	平方公里	7550	4148	3429	1893	8807
乡	个	4	1	2	2	15
镇	个	6	8	5	4	5
街道办事处	个					
户籍人口	万人	32	21	12	13	49
二、综合经济						
地区生产总值	万元	1407524	931879	620864	583524	1428343
第一产业增加值	万元	438025	305623	158713	179890	365201
第二产业增加值	万元	377868	198250	173722	87645	444448
第三产业增加值	万元	591631	428006	288429	315989	618694
地方一般公共预算收入	万元	59481	34649	17799	23728	54055
地方一般公共预算支出	万元	247124	199566	195502	197636	449181
住户存款余额	万元	770863	568028	299821	691844	790837
年末金融机构各项贷款余额	万元	766885	699138	385043	484645	1383509
三、农业、工业和通讯						
设施农业种植占地面积	公顷	556	257	67	16	308
油料产量	吨	3091	3007	296	4050	3189
棉花产量	吨					
规模以上工业企业	个	19	12	14	11	20
固定电话用户	户	13197	11843	39000	5405	14198
四、教育、卫生和社会保障						
普通中学在校学生	人	15663	10903	4118	7547	20712
小学在校学生	人	21308	13474	9211	13124	37555
医疗卫生机构床位	张	1609	898	563	775	2644
提供住宿的民政服务机构	个	6	5	12	1	7
提供住宿的民政服务机构床位数	张	630	528	353	88	296

2022年县(市)社会经济主要指标

云南省

指　　标	单位	西盟佤族自治县	临翔区	凤庆县	云　县	永德县
一、基本情况						
行政区域面积	平方公里	1354	2558	3324	3660	3220
乡	个	2	7	5	5	7
镇	个	5	1	8	7	3
街道办事处	个		2			
户籍人口	万人	10	34	44	44	37
二、综合经济						
地区生产总值	万元	322148	2000637	1780732	1587754	1001305
第一产业增加值	万元	62343	322318	686054	525293	305867
第二产业增加值	万元	76472	441362	467294	466159	260018
第三产业增加值	万元	183333	1236957	627384	596302	435420
地方一般公共预算收入	万元	10246	90887	62964	43009	33038
地方一般公共预算支出	万元	171340	310606	303177	247619	207702
住户存款余额	万元	160723	1447128	871105	997228	664269
年末金融机构各项贷款余额	万元	183671	3103652	1194018	885060	543932
三、农业、工业和通讯						
设施农业种植占地面积	公顷	20	75	172	37	66
油料产量	吨	210	15493	2425	2566	1458
棉花产量	吨					
规模以上工业企业	个	4	37	22	39	16
固定电话用户	户	4439	16804	16836	10388	2628
四、教育、卫生和社会保障						
普通中学在校学生	人	4699	32087	22077	22476	19587
小学在校学生	人	8445	29563	31632	32572	29054
医疗卫生机构床位	张	487	4661	2206	2094	1962
提供住宿的民政服务机构	个	1	10	13	11	2
提供住宿的民政服务机构床位数	张	76	605	1030	689	179

2022年县(市)社会经济主要指标

云南省

指标	单位	镇康县	双江拉祜族佤族布朗族傣族自治县	耿马傣族佤族自治县	沧源佤族自治县	楚雄市
一、基本情况						
行政区域面积	平方公里	2529	2157	3727	2447	4434
乡	个	4	4	5	6	3
镇	个	3	2	4	4	12
街道办事处	个					
户籍人口	万人	19	18	30	17	55
二、综合经济						
地区生产总值	万元	737891	760297	1480651	653096	6101140
第一产业增加值	万元	193000	230678	610546	199495	493289
第二产业增加值	万元	240567	196560	354818	191363	3286007
第三产业增加值	万元	304324	333059	515287	262238	2321844
地方一般公共预算收入	万元	35250	31611	15180	32090	334593
地方一般公共预算支出	万元	207256	187551	270568	215218	553300
住户存款余额	万元	524319	381207	758219	317314	3506792
年末金融机构各项贷款余额	万元	439247	624311	607121	356215	5932553
三、农业、工业和通讯						
设施农业种植占地面积	公顷	24	84	157	3	421
油料产量	吨	423	2294	2200	552	11320
棉花产量	吨					
规模以上工业企业	个	19	27	32	16	83
固定电话用户	户	5362	16200	11944	7418	40132
四、教育、卫生和社会保障						
普通中学在校学生	人	11853	10438	15436	8346	42832
小学在校学生	人	18472	15631	25893	14366	39089
医疗卫生机构床位	张	1075	1201	1435	752	6509
提供住宿的民政服务机构	个	4	7	7	9	23
提供住宿的民政服务机构床位数	张	322	470	440	370	1149

2022年县(市)社会经济主要指标

云南省

指　　标	单位	禄丰市	双柏县	牟定县	南华县	姚安县
一、基本情况						
行政区域面积	平方公里	3549	3888	1450	2265	1700
乡	个	3	3	3	4	3
镇	个	11	5	4	6	6
街道办事处	个					
户籍人口	万人	42	15	20	24	21
二、综合经济						
地区生产总值	万元	2682321	807557	1026010	1246081	1006675
第一产业增加值	万元	563371	203731	223054	296755	289692
第二产业增加值	万元	1110024	311373	472871	457456	348113
第三产业增加值	万元	1008926	292453	330085	491870	368870
地方一般公共预算收入	万元	58931	36048	44668	56797	39147
地方一般公共预算支出	万元	295889	170711	200366	207680	176193
住户存款余额	万元	1587780	466150	624504	689107	672304
年末金融机构各项贷款余额	万元	1587178	462979	639495	733952	539431
三、农业、工业和通讯						
设施农业种植占地面积	公顷	303	1263	315	202	316
油料产量	吨	16230	2479	10578	4828	7300
棉花产量	吨					
规模以上工业企业	个	42	26	30	29	25
固定电话用户	户	12066	3440	4105	3826	4321
四、教育、卫生和社会保障						
普通中学在校学生	人	18240	6098	6213	9488	5829
小学在校学生	人	21360	7261	6982	13759	9051
医疗卫生机构床位	张	2810	783	975	1552	1309
提供住宿的民政服务机构	个	16	7	8	12	9
提供住宿的民政服务机构床位数	张	1208	692	640	229	609

2022年县(市)社会经济主要指标

云南省

指　　标	单位	大姚县	永仁县	元谋县	武定县	个旧市
一、基本情况						
行政区域面积	平方公里	4031	2150	2026	3322	1587
乡	个	4	4	7	4	2
镇	个	8	3	3	7	4
街道办事处	个					5
户籍人口	万人	28	11	22	28	37
二、综合经济						
地区生产总值	万元	1435881	698071	1266782	1363652	4278897
第一产业增加值	万元	374764	179832	317109	326014	241983
第二产业增加值	万元	583374	222416	449517	494701	2316040
第三产业增加值	万元	477743	295823	500156	542937	1720874
地方一般公共预算收入	万元	52345	39777	48689	39560	127106
地方一般公共预算支出	万元	238678	150149	203737	254735	342669
住户存款余额	万元	849213	392164	834305	848512	2702161
年末金融机构各项贷款余额	万元	890419	418155	769330	1020578	2705412
三、农业、工业和通讯						
设施农业种植占地面积	公顷	73	408	1674	314	212
油料产量	吨	3210	2848	1992	4898	1441
棉花产量	吨					
规模以上工业企业	个	38	22	44	36	88
固定电话用户	户	4988	2745	5984	5812	23778
四、教育、卫生和社会保障						
普通中学在校学生	人	12164	4073	9028	13147	22918
小学在校学生	人	13891	5841	13976	17078	29713
医疗卫生机构床位	张	1342	684	1538	1658	4548
提供住宿的民政服务机构	个	17	8	12	12	7
提供住宿的民政服务机构床位数	张	1488	844	1122	1145	1326

2022年县(市)社会经济主要指标

云南省

指　　标	单位	开远市	蒙自市	弥勒市	屏边苗族自治县	建水县
一、基本情况						
行政区域面积	平方公里	1940	2228	4004	1844	3782
乡	个	2	4	2	3	6
镇	个	3	4	9	4	8
街道办事处	个	2	5	3		
户籍人口	万人	29	46	55	16	55
二、综合经济						
地区生产总值	万元	3202301	4748086	5247434	727147	2623197
第一产业增加值	万元	304528	406937	495023	116789	516831
第二产业增加值	万元	1289906	2148957	2739299	294239	670804
第三产业增加值	万元	1607867	2192192	2013112	316119	1435562
地方一般公共预算收入	万元	134833	103625	182309	18676	123948
地方一般公共预算支出	万元	347957	334930	383706	174490	408587
住户存款余额	万元	1863514	2830094	2114049	361873	2708484
年末金融机构各项贷款余额	万元	1933670	6184519	2962192	389438	1932942
三、农业、工业和通讯						
设施农业种植占地面积	公顷	454	3957	2355	5	226
油料产量	吨	1590	2628	2407	699	5498
棉花产量	吨					
规模以上工业企业	个	97	52	70	16	32
固定电话用户	户	21400	24031	14390	2243	17300
四、教育、卫生和社会保障						
普通中学在校学生	人	16960	32497	32527	7601	52208
小学在校学生	人	24880	49104	41019	11356	39670
医疗卫生机构床位	张	4910	4708	2422	850	3823
提供住宿的民政服务机构	个	16	11	5	5	4
提供住宿的民政服务机构床位数	张	4154	548	1202	250	370

2022年县(市)社会经济主要指标

云南省

指　　标	单位	石屏县	泸西县	元阳县	红河县	金平苗族瑶族傣族自治县
一、基本情况						
行政区域面积	平方公里	3042	1674	2213	2029	3677
乡	个	2	3	11	8	9
镇	个	7	5	3	5	4
街道办事处	个					
户籍人口	万人	32	45	46	36	40
二、综合经济						
地区生产总值	万元	1428394	1771402	1000874	831936	938984
第一产业增加值	万元	401368	355888	230622	206599	202162
第二产业增加值	万元	463664	440433	244752	195685	291979
第三产业增加值	万元	563362	975081	525500	429652	444843
地方一般公共预算收入	万元	60923	140435	29147	22638	19919
地方一般公共预算支出	万元	276488	323467	297783	265253	303335
住户存款余额	万元	1377098	1463741	578947	482149	642344
年末金融机构各项贷款余额	万元	839816	1156669	624988	483347	419948
三、农业、工业和通讯						
设施农业种植占地面积	公顷	1107	2533	19	8	
油料产量	吨	2785	11054	1727	2452	1387
棉花产量	吨					
规模以上工业企业	个	35	35	10	14	20
固定电话用户	户	5038	9500	4421	2970	2557
四、教育、卫生和社会保障						
普通中学在校学生	人	16953	25734	27180	17018	24754
小学在校学生	人	22711	36763	44659	39402	31340
医疗卫生机构床位	张	1813	2888	1218	1398	2456
提供住宿的民政服务机构	个	13	9	5	8	9
提供住宿的民政服务机构床位数	张	410	720	438	349	224

2022年县(市)社会经济主要指标

云南省

指　　标	单位	绿春县	河口瑶族自治县	文山市	砚山县	西畴县
一、基本情况						
行政区域面积	平方公里	3093	1332	2977	3822	1506
乡	个	5	4	7	7	7
镇	个	4	2	7	4	2
街道办事处	个		2	3		
户籍人口	万人	25	9	55	54	26
二、综合经济						
地区生产总值	万元	608788	1223316	3859002	2396288	664099
第一产业增加值	万元	148525	169041	267511	386758	152173
第二产业增加值	万元	180411	317908	1854136	914425	202098
第三产业增加值	万元	279852	736367	1737355	1095105	309828
地方一般公共预算收入	万元	17909	30581	236067	46196	25572
地方一般公共预算支出	万元	223137	213587	500877	348937	222353
住户存款余额	万元	321283	495390	2757776	1122464	535121
年末金融机构各项贷款余额	万元	362542	416430	4984152	1464299	677606
三、农业、工业和通讯						
设施农业种植占地面积	公顷		91	739	571	625
油料产量	吨	1645	221	13112	7844	2045
棉花产量	吨					
规模以上工业企业	个	7	11	43	34	7
固定电话用户	户	2071	7987	57511	30729	2365
四、教育、卫生和社会保障						
普通中学在校学生	人	12617	4131	43266	40857	12962
小学在校学生	人	22884	7622	58498	51979	16200
医疗卫生机构床位	张	1163	937	2528	3574	1063
提供住宿的民政服务机构	个	2	2	3	33	5
提供住宿的民政服务机构床位数	张	146	142	1332	1459	389

2022年县(市)社会经济主要指标

云南省

指　　标	单位	麻栗坡县	马关县	丘北县	广南县	富宁县
一、基本情况						
行政区域面积	平方公里	2334	2676	4997	7810	5352
乡	个	7	4	9	11	7
镇	个	4	9	3	7	6
街道办事处	个					
户籍人口	万人	30	39	58	93	46
二、综合经济						
地区生产总值	万元	1118427	1373539	1239343	1852040	1551146
第一产业增加值	万元	175582	281773	347803	468534	316469
第二产业增加值	万元	511146	507752	284781	552712	557033
第三产业增加值	万元	431699	584014	606759	830794	677644
地方一般公共预算收入	万元	37657	74305	46792	64994	45985
地方一般公共预算支出	万元	318027	358383	362597	599779	375212
住户存款余额	万元	701818	999981	877043	1514404	882898
年末金融机构各项贷款余额	万元	782227	1191439	971440	1633910	1038102
三、农业、工业和通讯						
设施农业种植占地面积	公顷	7	85	3130	3903	351
油料产量	吨	2438	7373	6977	31763	4403
棉花产量	吨					
规模以上工业企业	个	13	15	26	23	18
固定电话用户	户	1863	6195	9566	15441	9862
四、教育、卫生和社会保障						
普通中学在校学生	人	16406	21370	38912	69679	32404
小学在校学生	人	22806	29812	54283	88824	42149
医疗卫生机构床位	张	1133	1858	2445	5226	2004
提供住宿的民政服务机构	个	12	6	3	10	15
提供住宿的民政服务机构床位数	张	683	294	160	956	578

2022年县(市)社会经济主要指标

云南省

指　　标	单位	景洪市	勐海县	勐腊县	大理市	漾濞彝族自治县
一、基本情况						
行政区域面积	平方公里	6867	5368	6861	1739	1860
乡	个	4	5	2	1	5
镇	个	5	6	7	9	4
街道办事处	个	5			3	
户籍人口	万人	44	34	25	66	11
二、综合经济						
地区生产总值	万元	3738931	1948128	1526832	5357077	408651
第一产业增加值	万元	613401	473331	570450	288733	127957
第二产业增加值	万元	1053676	594696	248205	1630388	96963
第三产业增加值	万元	2071854	880101	708177	3437956	183731
地方一般公共预算收入	万元	96998	60263	23468	192793	26700
地方一般公共预算支出	万元	467542	353695	407361	465809	251099
住户存款余额	万元	3355117	1076800	1235136	5948926	315650
年末金融机构各项贷款余额	万元	4465271	1212192	1142066	11199396	434842
三、农业、工业和通讯						
设施农业种植占地面积	公顷	68	2497	6442	131	32
油料产量	吨	329	903	622	2820	1263
棉花产量	吨					
规模以上工业企业	个	73	39	28	61	26
固定电话用户	户	43305	9675	11200	63892	3005
四、教育、卫生和社会保障						
普通中学在校学生	人	32851	16016	15836	37290	4410
小学在校学生	人	44023	27951	22351	47730	7572
医疗卫生机构床位	张	5228	2525	1293	9793	544
提供住宿的民政服务机构	个	59	6	4	7	3
提供住宿的民政服务机构床位数	张	917	470	284	1101	208

2022年县(市)社会经济主要指标

云南省

指　　标	单位	祥云县	宾川县	弥渡县	南涧彝族自治县	巍山彝族回族自治县
一、基本情况						
行政区域面积	平方公里	2433	2534	1525	1739	2200
乡	个	2	2	2	3	6
镇	个	8	8	6	5	4
街道办事处	个					
户籍人口	万人	48	37	33	23	32
二、综合经济						
地区生产总值	万元	2124927	1678195	973187	939512	1067613
第一产业增加值	万元	520604	732563	344517	233894	350681
第二产业增加值	万元	598895	300500	170702	275730	254040
第三产业增加值	万元	1005428	645132	457968	429888	462892
地方一般公共预算收入	万元	86269	60223	50588	28645	38240
地方一般公共预算支出	万元	302200	254822	247860	183230	245965
住户存款余额	万元	1800150	1219865	982703	511203	775406
年末金融机构各项贷款余额	万元	2003064	1452100	819540	858895	888225
三、农业、工业和通讯						
设施农业种植占地面积	公顷	1132	2998	1200	13	201
油料产量	吨	4652	3199	5343	1534	4357
棉花产量	吨					
规模以上工业企业	个	42	26	19	19	21
固定电话用户	户	15498	23740	2276	4482	6313
四、教育、卫生和社会保障						
普通中学在校学生	人	25116	18100	12114	11751	15643
小学在校学生	人	23637	25964	16527	13943	19298
医疗卫生机构床位	张	2163	2282	1273	923	1550
提供住宿的民政服务机构	个	8	5	8	7	5
提供住宿的民政服务机构床位数	张	836	500	598	543	457

2022年县(市)社会经济主要指标

云南省

指　　标	单位	永平县	云龙县	洱源县	剑川县	鹤庆县
一、基本情况						
行政区域面积	平方公里	2699	4401	2588	2238	2366
乡	个	4	7	3	3	2
镇	个	3	4	6	5	7
街道办事处	个					
户籍人口	万人	18	21	30	19	28
二、综合经济						
地区生产总值	万元	754481	772381	869757	684878	1365554
第一产业增加值	万元	274004	184265	340555	136670	259038
第二产业增加值	万元	171473	291970	138452	219904	622068
第三产业增加值	万元	309004	296146	390750	328304	484448
地方一般公共预算收入	万元	29922	34006	34287	47666	78888
地方一般公共预算支出	万元	191086	177823	210872	206325	262887
住户存款余额	万元	481287	465900	818323	566896	1102629
年末金融机构各项贷款余额	万元	449150	524000	989718	524451	1079636
三、农业、工业和通讯						
设施农业种植占地面积	公顷	264	30	107	139	20
油料产量	吨	1921	2165	1616	604	572
棉花产量	吨					
规模以上工业企业	个	12	8	13	13	20
固定电话用户	户	8042	8668	6686	4738	4212
四、教育、卫生和社会保障						
普通中学在校学生	人	9565	9588	13677	9764	13502
小学在校学生	人	12902	12931	18609	11778	17790
医疗卫生机构床位	张	1303	820	1262	889	1070
提供住宿的民政服务机构	个	3	2	3	3	4
提供住宿的民政服务机构床位数	张	221	120	335	253	542

2022年县(市)社会经济主要指标

云南省

指　　标	单位	瑞丽市	芒　市	梁河县	盈江县	陇川县
一、基本情况						
行政区域面积	平方公里	945	2901	1137	4317	1873
乡	个	2	6	6	7	5
镇	个	3	5	3	8	4
街道办事处	个	1	1			
户籍人口	万人	15	42	17	32	20
二、综合经济						
地区生产总值	万元	1531805	1900176	426918	1272926	739410
第一产业增加值	万元	164351	392450	106298	371096	225997
第二产业增加值	万元	184774	394332	95372	376484	161382
第三产业增加值	万元	1182680	1113394	225248	525346	352031
地方一般公共预算收入	万元	52822	94191	20679	40427	28794
地方一般公共预算支出	万元	386267	320361	183600	316008	271407
住户存款余额	万元	1916577	1811418	517933	888082	554345
年末金融机构各项贷款余额	万元	1764078	2557764	348570	1167989	589156
三、农业、工业和通讯						
设施农业种植占地面积	公顷	59	841	34	373	1592
油料产量	吨	117	556	425	1332	2725
棉花产量	吨					
规模以上工业企业	个	28	43	8	51	31
固定电话用户	户	28601	29990	5101	9692	7699
四、教育、卫生和社会保障						
普通中学在校学生	人	11107	29157	7876	19740	12292
小学在校学生	人	18025	37364	12033	30100	17987
医疗卫生机构床位	张	2171	4718	684	1452	1135
提供住宿的民政服务机构	个	3	4	1	3	5
提供住宿的民政服务机构床位数	张	158	350	120	660	571

2022年县(市)社会经济主要指标

云南省

指　　标	单位	泸水市	福贡县	贡山独龙族怒族自治县	兰坪白族普米族自治县	香格里拉市
一、基本情况						
行政区域面积	平方公里	3088	2744	4379	4371	11419
乡	个	3	6	3	3	7
镇	个	5	1	2	4	4
街道办事处	个	2			2	
户籍人口	万人	19	12	3	22	15
二、综合经济						
地区生产总值	万元	946379	300790	222357	1029748	1845689
第一产业增加值	万元	132870	57354	46148	156639	76604
第二产业增加值	万元	349680	101432	63507	431580	720328
第三产业增加值	万元	463829	142004	112702	441529	1048757
地方一般公共预算收入	万元	29489	8633	7506	60638	97323
地方一般公共预算支出	万元	376047	274080	168712	351616	437029
住户存款余额	万元	587358	172501	112566	504026	1037093
年末金融机构各项贷款余额	万元	1452828	216505	182780	956823	2817297
三、农业、工业和通讯						
设施农业种植占地面积	公顷	1610		1		50
油料产量	吨	131	240	305	275	2401
棉花产量	吨					
规模以上工业企业	个	15	5	3	3	17
固定电话用户	户	7199	1557	1523	16781	13574
四、教育、卫生和社会保障						
普通中学在校学生	人	13792	4486	1861	13096	4955
小学在校学生	人	18294	14293	2955	17964	12350
医疗卫生机构床位	张	2222	437	271	1172	1441
提供住宿的民政服务机构	个	8	16	2	5	42
提供住宿的民政服务机构床位数	张	498	314	172	387	491

2022年县(市)社会经济主要指标

云南省、西藏自治区

指　　标	单位	德钦县	维西傈僳族自治县	堆龙德庆区	达孜区	林周县
一、基本情况						
行政区域面积	平方公里	7291	4477	2670	1360	4465
乡	个	6	7		5	9
镇	个	2	3	3	1	1
街道办事处	个			4		
户籍人口	万人	6	16	6	3	7
二、综合经济						
地区生产总值	万元	473019	714912	1237500	227400	197900
第一产业增加值	万元	28083	96402	34600	36300	38800
第二产业增加值	万元	183763	215578	571000	97800	65600
第三产业增加值	万元	261173	402932	631900	93300	93500
地方一般公共预算收入	万元	12327	21826	198941	24345	38640
地方一般公共预算支出	万元	265196	357222	471993	125145	199505
住户存款余额	万元	200724	438158	350445	107778	59801
年末金融机构各项贷款余额	万元	318640	683269	811656	115964	159399
三、农业、工业和通讯						
设施农业种植占地面积	公顷	38	55	162	332	82
油料产量	吨	6	2054	687	658	1413
棉花产量	吨					
规模以上工业企业	个	3	3	14	8	3
固定电话用户	户	4195	2912	38992	32299	311
四、教育、卫生和社会保障						
普通中学在校学生	人	1476	6396	3598	1186	1932
小学在校学生	人	3443	12044	7420	2815	5028
医疗卫生机构床位	张	238	642	324	290	65
提供住宿的民政服务机构	个	3	5	1	1	2
提供住宿的民政服务机构床位数	张	97	374	221	120	264

2022年县(市)社会经济主要指标

西藏自治区

指　　标	单位	当雄县	尼木县	曲水县	墨竹工卡县	桑珠孜区
一、基本情况						
行政区域面积	平方公里	10229	3270	1627	5500	3666
乡	个	6	6	4	7	10
镇	个	2	2	2	1	
街道办事处	个					4
户籍人口	万人	6	3	4	5	13
二、综合经济						
地区生产总值	万元	249900	130200	221300	616100	1371100
第一产业增加值	万元	48600	24500	26300	42200	84400
第二产业增加值	万元	97000	42200	119500	495400	383800
第三产业增加值	万元	104300	63500	75500	78500	902900
地方一般公共预算收入	万元	1429	17779	21556	31571	10428
地方一般公共预算支出	万元	169437	120681	241998	176424	341883
住户存款余额	万元	57439	52314	81308	89551	601169
年末金融机构各项贷款余额	万元	188906	96803	138326	664426	866585
三、农业、工业和通讯						
设施农业种植占地面积	公顷			529	23	225
油料产量	吨		900	778	4400	4529
棉花产量	吨					
规模以上工业企业	个	9		16	7	12
固定电话用户	户	4593	735	2380	4233	49730
四、教育、卫生和社会保障						
普通中学在校学生	人	2479	1344	1107	2032	5173
小学在校学生	人	5637	3010	2792	5335	13763
医疗卫生机构床位	张	63	70	82	160	1404
提供住宿的民政服务机构	个	1	2	1	2	1
提供住宿的民政服务机构床位数	张	120	100	24	312	107

2022年县(市)社会经济主要指标

西藏自治区

指　　标	单位	南木林县	江孜县	定日县	萨迦县	拉孜县
一、基本情况						
行政区域面积	平方公里	8108	3850	13862	5752	4490
乡	个	16	18	11	9	9
镇	个	1	1	2	2	2
街道办事处	个					
户籍人口	万人	9	7	6	5	6
二、综合经济						
地区生产总值	万元	168500	299265	136000	164619	156800
第一产业增加值	万元	58300	61168	34400	33820	45800
第二产业增加值	万元	47300	67328	35900	81489	38300
第三产业增加值	万元	62900	170770	65700	49311	72700
地方一般公共预算收入	万元	5461	2237	7562	3465	2869
地方一般公共预算支出	万元	199781	203112	198239	174945	157674
住户存款余额	万元	73638	136042	56819	42905	58312
年末金融机构各项贷款余额	万元	147719	150121	128750	93232	167168
三、农业、工业和通讯						
设施农业种植占地面积	公顷	7	44	2	4	1
油料产量	吨	1811	3013	1451	1446	4003
棉花产量	吨					
规模以上工业企业	个		1	1	1	2
固定电话用户	户	5378	5358	3894	2950	7026
四、教育、卫生和社会保障						
普通中学在校学生	人	4222	2777	2943	2098	2439
小学在校学生	人	10398	7761	7476	5544	6421
医疗卫生机构床位	张	120	283	228	104	275
提供住宿的民政服务机构	个	1	1	1	1	1
提供住宿的民政服务机构床位数	张	92	102	280	64	132

2022年县(市)社会经济主要指标

西藏自治区

指　　标	单位	昂仁县	谢通门县	白朗县	仁布县	康马县
一、基本情况						
行政区域面积	平方公里	28206	13965	2806	2124	6180
乡	个	15	18	9	8	8
镇	个	2	1	2	1	1
街道办事处	个					
户籍人口	万人	6	5	5	4	2
二、综合经济						
地区生产总值	万元	137900	177200	155800	100900	79300
第一产业增加值	万元	37000	34900	50500	15300	18800
第二产业增加值	万元	49500	83000	44300	41300	20300
第三产业增加值	万元	51400	59300	61000	44300	40200
地方一般公共预算收入	万元	1598	1552	2246	5301	1800
地方一般公共预算支出	万元	154281	140185	163514	105560	114646
住户存款余额	万元	51758	45142	46544	53291	41042
年末金融机构各项贷款余额	万元	109546	91098	103536	105991	63685
三、农业、工业和通讯						
设施农业种植占地面积	公顷	2	10	242	3	1
油料产量	吨	666	601	1776	672	742
棉花产量	吨					
规模以上工业企业	个		3	4	2	
固定电话用户	户	3324	3046	2660	4170	4938
四、教育、卫生和社会保障						
普通中学在校学生	人	2439	2019	1985	1568	899
小学在校学生	人	5690	5425	5146	3219	2033
医疗卫生机构床位	张	332	188	118	98	83
提供住宿的民政服务机构	个	1	1	1	1	1
提供住宿的民政服务机构床位数	张	125	215	45	102	48

2022年县(市)社会经济主要指标

西藏自治区

指　　标	单位	定结县	仲巴县	亚东县	吉隆县	聂拉木县
一、基本情况						
行政区域面积	平方公里	5835	43608	4240	9024	7870
乡	个	7	12	5	4	5
镇	个	3	1	2	2	2
街道办事处	个					
户籍人口	万人	2	3	1	2	2
二、综合经济						
地区生产总值	万元	65600	130400	106300	112000	112622
第一产业增加值	万元	12000	27600	13600	13300	15778
第二产业增加值	万元	20800	51400	34100	51700	42340
第三产业增加值	万元	32800	51400	58600	47000	54504
地方一般公共预算收入	万元	3057	22658	7431	2958	2338
地方一般公共预算支出	万元	106300	167027	134235	114518	104995
住户存款余额	万元	35377	39589	96121	48943	24685
年末金融机构各项贷款余额	万元	55884	55832	56830	50434	38160
三、农业、工业和通讯						
设施农业种植占地面积	公顷	1	1	9	5	8
油料产量	吨	576		22	939	141
棉花产量	吨					
规模以上工业企业	个		1			1
固定电话用户	户	3860	2654	4005	5122	1639
四、教育、卫生和社会保障						
普通中学在校学生	人	878	1313	409	678	725
小学在校学生	人	2183	3570	1159	1897	1897
医疗卫生机构床位	张	74	113	63	80	110
提供住宿的民政服务机构	个	2	1	1	2	1
提供住宿的民政服务机构床位数	张	102	116	98	75	89

2022年县(市)社会经济主要指标

西藏自治区

指　　标	单位	萨嘎县	岗巴县	卡若区	江达县	贡觉县
一、基本情况						
行政区域面积	平方公里	12423	3941	10974	13159	6320
乡	个	7	4	12	11	11
镇	个	1	1	3	2	1
街道办事处	个					
户籍人口	万人	2	1	13	10	5
二、综合经济						
地区生产总值	万元	74300	70500	862408	390762	145448
第一产业增加值	万元	13100	6000	48925	39300	17655
第二产业增加值	万元	24400	22700	288483	257040	51867
第三产业增加值	万元	36800	41800	525000	94422	75926
地方一般公共预算收入	万元	1240		25948	26519	7220
地方一般公共预算支出	万元	94317	87328	277798	319368	166540
住户存款余额	万元	29484	26382	378795	69065	56473
年末金融机构各项贷款余额	万元	63490	38489	1609847	273396	271543
三、农业、工业和通讯						
设施农业种植占地面积	公顷	3	2	99	13	13
油料产量	吨	13	249	56	302	470
棉花产量	吨					
规模以上工业企业	个			6	1	
固定电话用户	户	1820	2514	30018	1735	350
四、教育、卫生和社会保障						
普通中学在校学生	人	753	501	23282	3698	1611
小学在校学生	人	1872	1111	14519	8940	4168
医疗卫生机构床位	张	92	58	1737	224	170
提供住宿的民政服务机构	个	3	1	4	1	2
提供住宿的民政服务机构床位数	张	114	38	2006	328	167

2022年县(市)社会经济主要指标

西藏自治区

指　　标	单位	类乌齐县	丁青县	察雅县	八宿县	左贡县
一、基本情况						
行政区域面积	平方公里	6340	12371	8256	12564	11840
乡	个	8	11	10	10	7
镇	个	2	2	3	4	3
街道办事处	个					
户籍人口	万人	6	10	7	5	5
二、综合经济						
地区生产总值	万元	171914	216279	197003	177696	170908
第一产业增加值	万元	30390	49184	26203	19005	22978
第二产业增加值	万元	59123	61025	90800	76440	57950
第三产业增加值	万元	82401	106070	80000	82251	89980
地方一般公共预算收入	万元	4464	5714	10337	6709	6073
地方一般公共预算支出	万元	193800	210035	227964	151796	186701
住户存款余额	万元	48751	73278	75160	104600	
年末金融机构各项贷款余额	万元	45300	130620	96032	93200	108500
三、农业、工业和通讯						
设施农业种植占地面积	公顷	13	53	35		2
油料产量	吨		1111	360	277	12
棉花产量	吨					
规模以上工业企业	个	2			1	
固定电话用户	户	8156	8200	6606	6248	2400
四、教育、卫生和社会保障						
普通中学在校学生	人	2739	4530	1953	1814	1502
小学在校学生	人	6845	13593	6130	4884	4906
医疗卫生机构床位	张	200	441	258	162	213
提供住宿的民政服务机构	个	1	1	2	3	1
提供住宿的民政服务机构床位数	张	214	280	192	232	224

2022年县(市)社会经济主要指标

西藏自治区

指　　标	单位	芒康县	洛隆县	边坝县	巴宜区	工布江达县
一、基本情况						
行政区域面积	平方公里	11577	8060	8775	8560	12967
乡	个	14	7	9	3	6
镇	个	2	4	2	4	3
街道办事处	个				2	1
户籍人口	万人	9	6	4	5	4
二、综合经济						
地区生产总值	万元	324660	166772	156060	1013300	206700
第一产业增加值	万元	42839	28322	22709	18900	26500
第二产业增加值	万元	154841	52550	53781	350800	64800
第三产业增加值	万元	126980	85900	79570	643600	115400
地方一般公共预算收入	万元	16917	8294	6449	24241	7510
地方一般公共预算支出	万元	249461	127989	160297	167424	142678
住户存款余额	万元	110121	39808	39000	727878	78100
年末金融机构各项贷款余额	万元	1564172	76923	53900	2564909	222800
三、农业、工业和通讯						
设施农业种植占地面积	公顷	47		33	470	15
油料产量	吨	313	969	801	375	980
棉花产量	吨					
规模以上工业企业	个	2			10	
固定电话用户	户	7401	1705	6039	42317	3586
四、教育、卫生和社会保障						
普通中学在校学生	人	3357	2477	1754	8260	1360
小学在校学生	人	7586	6529	5714	6734	4034
医疗卫生机构床位	张	247	255	176	1042	113
提供住宿的民政服务机构	个	1	1	1	2	1
提供住宿的民政服务机构床位数	张	194	140	198	689	140

2022年县(市)社会经济主要指标

西藏自治区

指　标	单位	米林县	墨脱县	波密县	察隅县	朗　县
一、基本情况						
行政区域面积	平方公里	9490	31395	16760	31408	4120
乡	个	5	7	7	3	3
镇	个	3	1	3	3	3
街道办事处	个					
户籍人口	万人	2	1	4	3	2
二、综合经济						
地区生产总值	万元	209000	79200	371700	115200	87800
第一产业增加值	万元	19100	5400	31400	19300	12900
第二产业增加值	万元	86800	30200	144000	37500	16800
第三产业增加值	万元	103100	43600	196300	58400	58100
地方一般公共预算收入	万元	7043	6810	15751	15035	6416
地方一般公共预算支出	万元	177658	116044	133267	163298	136724
住户存款余额	万元	80831	44478	117622	85600	56949
年末金融机构各项贷款余额	万元	232575	115757	266185	95400	118602
三、农业、工业和通讯						
设施农业种植占地面积	公顷	101	7	54	33	21
油料产量	吨	380	27	880	120	371
棉花产量	吨					
规模以上工业企业	个	1	1	2		
固定电话用户	户	5587	3800	9951	6154	3870
四、教育、卫生和社会保障						
普通中学在校学生	人	1173	504	1278	1047	493
小学在校学生	人	2408	1480	3257	2582	1633
医疗卫生机构床位	张	110	159	277	140	164
提供住宿的民政服务机构	个	1	1	2	1	1
提供住宿的民政服务机构床位数	张	125	87	205	140	170

2022年县(市)社会经济主要指标

西藏自治区

指　　标	单位	乃东区	扎囊县	贡嘎县	桑日县	琼结县
一、基本情况						
行政区域面积	平方公里	2209	2150	2386	2632	1035
乡	个	5	3	4	3	3
镇	个	1	2	5	1	1
街道办事处	个	1				
户籍人口	万人	8	4	5	2	2
二、综合经济						
地区生产总值	万元	776675	199572	246320	222527	67843
第一产业增加值	万元	17944	11028	11371	6425	4742
第二产业增加值	万元	293422	113169	113947	133645	29339
第三产业增加值	万元	465309	75375	121003	82457	33762
地方一般公共预算收入	万元	20000	4717	665		2952
地方一般公共预算支出	万元	171000	133404	116738	91189	78156
住户存款余额	万元		88221	120811	44506	42719
年末金融机构各项贷款余额	万元	259772	81270	366454	66323	35262
三、农业、工业和通讯						
设施农业种植占地面积	公顷	102	31	37		69
油料产量	吨	1259	1284	776	328	712
棉花产量	吨					
规模以上工业企业	个	6		2	4	1
固定电话用户	户		13747	2684	4353	2006
四、教育、卫生和社会保障						
普通中学在校学生	人	1213	1299	1455	616	452
小学在校学生	人	2317	2932	3852	1094	1162
医疗卫生机构床位	张	50	90	116	71	63
提供住宿的民政服务机构	个	1	1	1	1	1
提供住宿的民政服务机构床位数	张	222	336	373	240	136

2022年县(市)社会经济主要指标

西藏自治区

指　　标	单位	曲松县	措美县	洛扎县	加查县	隆子县
一、基本情况						
行政区域面积	平方公里	2070	4177	5031	4391	10102
乡	个	3	2	5	5	9
镇	个	2	2	2	2	2
街道办事处	个					
户籍人口	万人	2	1	2	2	4
二、综合经济						
地区生产总值	万元	110365	101391	85019	230891	186009
第一产业增加值	万元	5326	3935	5792	11094	10459
第二产业增加值	万元	61787	56958	41229	125857	91161
第三产业增加值	万元	43252	40499	37998	93941	84389
地方一般公共预算收入	万元	5065	646	5314	6471	8222
地方一般公共预算支出	万元	82290	92478	113300	97710	172454
住户存款余额	万元	41053	41622	62967	94801	107327
年末金融机构各项贷款余额	万元	54679	31984	95767	195236	87281
三、农业、工业和通讯						
设施农业种植占地面积	公顷	9	2	7	14	22
油料产量	吨	410	191	886	171	463
棉花产量	吨					
规模以上工业企业	个	3			3	1
固定电话用户	户	758	2439	200		5200
四、教育、卫生和社会保障						
普通中学在校学生	人	443	287	727	734	1109
小学在校学生	人	926	943	1671	2045	2681
医疗卫生机构床位	张	65	55	109	95	102
提供住宿的民政服务机构	个	1	1	1	1	1
提供住宿的民政服务机构床位数	张	189	126	107	108	304

2022年县(市)社会经济主要指标

西藏自治区

指　　标	单位	错那县	浪卡子县	色尼区	嘉黎县	比如县
一、基本情况						
行政区域面积	平方公里	35191	7970	16195	13069	11684
乡	个	9	8	9	8	8
镇	个	1	2	3	2	2
街道办事处	个					
户籍人口	万人	2	4	12	4	9
二、综合经济						
地区生产总值	万元	91286	111158	740396	140320	191591
第一产业增加值	万元	3550	7106	51004	21287	43545
第二产业增加值	万元	45244	50396	251804	35785	32687
第三产业增加值	万元	42492	53655	437588	83248	115360
地方一般公共预算收入	万元	5240	2046	5691	1634	7995
地方一般公共预算支出	万元	135116	150520	314892	192648	253297
住户存款余额	万元	68085	55849	209473	53192	66124
年末金融机构各项贷款余额	万元	56269	92153	342541	95107	137612
三、农业、工业和通讯						
设施农业种植占地面积	公顷	13	5			
油料产量	吨	400	709		5	3
棉花产量	吨					
规模以上工业企业	个		1		2	1
固定电话用户	户	217	2228		4988	1570
四、教育、卫生和社会保障						
普通中学在校学生	人	363	1634	5287	2361	4950
小学在校学生	人	759	2954	9970	5889	12802
医疗卫生机构床位	张	107	96	200	164	340
提供住宿的民政服务机构	个	1	1	1	1	1
提供住宿的民政服务机构床位数	张	176	164	413	99	264

2022年县(市)社会经济主要指标

西藏自治区

指　　标	单位	聂荣县	安多县	申扎县	索　县	班戈县
一、基本情况						
行政区域面积	平方公里	8991	100000	25646	5631	28438
乡	个	9	9	6	8	6
镇	个	1	4	2	2	4
街道办事处	个					
户籍人口	万人	4	4	2	6	4
二、综合经济						
地区生产总值	万元	117512	130162	74975	132850	112834
第一产业增加值	万元	19550	21291	14289	23125	22680
第二产业增加值	万元	31659	26892	13076	27527	31095
第三产业增加值	万元	66303	81979	47609	82198	59058
地方一般公共预算收入	万元	2378	1886	1647	4774	1283
地方一般公共预算支出	万元	177551	214986	152383	194785	185226
住户存款余额	万元	33162	50684	90074	31662	34000
年末金融机构各项贷款余额	万元	60894	87870	38390	82711	78400
三、农业、工业和通讯						
设施农业种植占地面积	公顷					
油料产量	吨				53	
棉花产量	吨					
规模以上工业企业	个					
固定电话用户	户	6303	3257	4536	5212	1100
四、教育、卫生和社会保障						
普通中学在校学生	人	1245	1023	1243	3534	1606
小学在校学生	人	3710	3023	2307	8483	3901
医疗卫生机构床位	张	137	235	167	151	152
提供住宿的民政服务机构	个	1	1	1	1	1
提供住宿的民政服务机构床位数	张	176	130	120	241	90

2022年县(市)社会经济主要指标

西藏自治区

指　　标	单位	巴青县	尼玛县	双湖县	普兰县	札达县
一、基本情况						
行政区域面积	平方公里	9811	73300	116637	12500	24600
乡	个	7	13	6	2	6
镇	个	3	1	1	1	1
街道办事处	个					
户籍人口	万人	6	3	2	1	1
二、综合经济						
地区生产总值	万元	127274	102973	61155	78645	70499
第一产业增加值	万元	29155	20931	12445	6283	6084
第二产业增加值	万元	21090	18352	10149	24619	25542
第三产业增加值	万元	77029	63690	38561	47743	38873
地方一般公共预算收入	万元	4323	1726	997	6464	6171
地方一般公共预算支出	万元	220151	199945	85893	89070	137776
住户存款余额	万元	59545	48236	27262	32140	41293
年末金融机构各项贷款余额	万元	84868	66576	43083	71838	50090
三、农业、工业和通讯						
设施农业种植占地面积	公顷				29	9
油料产量	吨				33	10
棉花产量	吨					
规模以上工业企业	个					
固定电话用户	户	1052	3236		4772	2178
四、教育、卫生和社会保障						
普通中学在校学生	人	3143	1243	748	225	157
小学在校学生	人	8751	3198	2486	1019	555
医疗卫生机构床位	张	138	205	186	75	50
提供住宿的民政服务机构	个	1	1	1	3	1
提供住宿的民政服务机构床位数	张	202	56	54	38	18

2022年县(市)社会经济主要指标

西藏自治区

指　　标	单位	噶尔县	日土县	革吉县	改则县	措勤县
一、基本情况						
行政区域面积	平方公里	18080	77120	45710	135618	22894
乡	个	4	4	4	6	4
镇	个	1	1	1	1	1
街道办事处	个					
户籍人口	万人	2	1	2	3	2
二、综合经济						
地区生产总值	万元	299819	70509	90653	119846	75142
第一产业增加值	万元	8596	9523	16100	31404	8901
第二产业增加值	万元	103417	18828	21692	22289	19230
第三产业增加值	万元	187806	42158	52861	66153	47011
地方一般公共预算收入	万元	7158	5745	2000	5672	1614
地方一般公共预算支出	万元	106727	114330	89539	121385	85769
住户存款余额	万元	148872	49298	30568	43660	31426
年末金融机构各项贷款余额	万元	224810	67929	28468	53987	39628
三、农业、工业和通讯						
设施农业种植占地面积	公顷	75	4		10	
油料产量	吨	3	12			
棉花产量	吨					
规模以上工业企业	个	2				
固定电话用户	户	19596	3269		323	3635
四、教育、卫生和社会保障						
普通中学在校学生	人	535	297	835	1090	646
小学在校学生	人	2630	1003	2017	3009	1566
医疗卫生机构床位	张	415	62	88	128	100
提供住宿的民政服务机构	个	1	1	1	1	1
提供住宿的民政服务机构床位数	张	24	48	120	121	192

2022年县(市)社会经济主要指标

陕西省

指　　标	单位	长安区	高陵区	鄠邑区	蓝田县	周至县
一、基本情况						
行政区域面积	平方公里	1589	294	1279	2006	2969
乡	个					
镇	个				18	19
街道办事处	个	25	7	13	1	1
户籍人口	万人	135	38	60	70	70
二、综合经济						
地区生产总值	万元	14182800	3888200	3412700	1570100	1607000
第一产业增加值	万元	359300	321200	334600	347800	438900
第二产业增加值	万元	8306700	2055300	1992200	303100	267300
第三产业增加值	万元	5516800	1511700	1085900	919200	900800
地方一般公共预算收入	万元	209800	135500	90400	53563	28899
地方一般公共预算支出	万元	610200	310946	401000	495700	508794
住户存款余额	万元	10375200	5051987	4379265	2303800	2419385
年末金融机构各项贷款余额	万元	6758600	3672153	2078441	1510904	1462083
三、农业、工业和通讯						
设施农业种植占地面积	公顷	387	1449	1096	875	544
油料产量	吨	967	86	323	3850	580
棉花产量	吨				50	
规模以上工业企业	个	232	215	144	58	34
固定电话用户	户	81252	55757	62882	55701	41009
四、教育、卫生和社会保障						
普通中学在校学生	人	37082	13439	19039	24127	25331
小学在校学生	人	70064	27547	26630	26436	34979
医疗卫生机构床位	张	7035	3113	3482	2216	2800
提供住宿的民政服务机构	个	22	10	6	22	7
提供住宿的民政服务机构床位数	张	3495	1135	2123	638	990

2022年县(市)社会经济主要指标

陕西省

指　　标	单位	耀州区	宜君县	陈仓区	凤翔区	岐山县
一、基本情况						
行政区域面积	平方公里	1613	1476	2428	1179	856
乡	个		1			
镇	个	8	6	15	12	9
街道办事处	个	6	1	3		
户籍人口	万人	38	9	60	51	45
二、综合经济						
地区生产总值	万元	2402366	510200	2569848	2852937	1705904
第一产业增加值	万元	200670	86000	321501	323299	309203
第二产业增加值	万元	1023600	219800	1416605	1594972	692332
第三产业增加值	万元	1178096	204400	831742	934666	704369
地方一般公共预算收入	万元	65967	16122	40155	68722	34419
地方一般公共预算支出	万元	371988	166598	289088	282296	299192
住户存款余额	万元	1440331	321320	2768300	2181332	2695227
年末金融机构各项贷款余额	万元	790800	273410	1499300	1382455	1156892
三、农业、工业和通讯						
设施农业种植占地面积	公顷	257	64	608	705	1378
油料产量	吨	1703	174	1835	856	1218
棉花产量	吨					
规模以上工业企业	个	121	21	171	97	102
固定电话用户	户	9355	3816	19989	13789	27336
四、教育、卫生和社会保障						
普通中学在校学生	人	13972	2254	19223	17061	14081
小学在校学生	人	27166	4137	25551	19520	20558
医疗卫生机构床位	张	3642	425	3865	2205	3115
提供住宿的民政服务机构	个	11	2	4	3	12
提供住宿的民政服务机构床位数	张	1921	480	565	736	598

2022年县(市)社会经济主要指标

陕西省

指　　标	单位	扶风县	眉　县	陇　县	千阳县	麟游县
一、基本情况						
行政区域面积	平方公里	705	858	2277	997	1704
乡	个					
镇	个	7	7	10	7	7
街道办事处	个	1	1			
户籍人口	万人	43	32	27	13	8
二、综合经济						
地区生产总值	万元	1890642	1926948	1149387	875769	2253900
第一产业增加值	万元	287800	340295	245415	130089	91890
第二产业增加值	万元	940623	932509	465205	506193	1968900
第三产业增加值	万元	662219	654144	438767	239487	193110
地方一般公共预算收入	万元	24475	42411	16897	10189	102569
地方一般公共预算支出	万元	264080	250377	251288	147689	214010
住户存款余额	万元	2118504	1047292	1234634	584410	223280
年末金融机构各项贷款余额	万元	1006450	1212068	507762	257095	394218
三、农业、工业和通讯						
设施农业种植占地面积	公顷	303	426	183	238	84
油料产量	吨	511	519	3967	1700	4484
棉花产量	吨					
规模以上工业企业	个	104	107	27	40	11
固定电话用户	户	30000	52711	4659	3125	2338
四、教育、卫生和社会保障						
普通中学在校学生	人	14080	13848	13157	4650	2889
小学在校学生	人	18312	21710	19596	6193	3711
医疗卫生机构床位	张	2124	2303	2056	780	663
提供住宿的民政服务机构	个	5	13	2	3	2
提供住宿的民政服务机构床位数	张	694	322	400	325	476

2022年县(市)社会经济主要指标

陕西省

指　　标	单位	凤　县	太白县	三原县	泾阳县	乾　县
一、基本情况						
行政区域面积	平方公里	3187	2698	577	599	1002
乡	个					
镇	个	9	7	9	8	15
街道办事处	个		2	1	1	1
户籍人口	万人	9	5	40	38	58
二、综合经济						
地区生产总值	万元	1041762	506956	2488700	1242900	1888200
第一产业增加值	万元	105459	97144	375400	428700	412200
第二产业增加值	万元	649628	232566	1219700	216500	595200
第三产业增加值	万元	286675	177246	893600	597700	880800
地方一般公共预算收入	万元	23236	6651	43700	27637	21000
地方一般公共预算支出	万元	182004	123812	333700	277861	362000
住户存款余额	万元	560318	350028	2144711	2204560	1983714
年末金融机构各项贷款余额	万元	300422	243827	1259474	1104680	909562
三、农业、工业和通讯						
设施农业种植占地面积	公顷	54	229	5859	2690	140
油料产量	吨	1121	476	1661	382	5601
棉花产量	吨					
规模以上工业企业	个	25	7	162	28	49
固定电话用户	户	19061	5667	15985	7132	20859
四、教育、卫生和社会保障						
普通中学在校学生	人	2824	1312	16234	14713	21698
小学在校学生	人	3842	2059	25184	23640	29489
医疗卫生机构床位	张	662	225	2018	2053	2450
提供住宿的民政服务机构	个	4	4	5	3	1
提供住宿的民政服务机构床位数	张	2365	231	960	352	306

2022年县(市)社会经济主要指标

陕西省

指　　标	单位	礼泉县	永寿县	长武县	旬邑县	淳化县
一、基本情况						
行政区域面积	平方公里	1012	889	568	1811	986
乡	个					
镇	个	11	6	7	9	7
街道办事处	个	1	1	1	1	1
户籍人口	万人	50	20	19	29	19
二、综合经济						
地区生产总值	万元	1838700	1026600	1410400	1241900	1001800
第一产业增加值	万元	591200	267200	221600	370100	371200
第二产业增加值	万元	519300	332900	954400	513900	332300
第三产业增加值	万元	728200	426500	234400	357900	298300
地方一般公共预算收入	万元	29552	6465	106952	44281	5200
地方一般公共预算支出	万元	374228	203753	279603	283516	229500
住户存款余额	万元	1371252	693500	868763	1016705	666200
年末金融机构各项贷款余额	万元	590352	369900	455361	463239	428000
三、农业、工业和通讯						
设施农业种植占地面积	公顷	668	69	95	41	620
油料产量	吨	1668	3686	692	1865	3885
棉花产量	吨					
规模以上工业企业	个	66	29	19	24	28
固定电话用户	户	58690	2614	8056	5061	766
四、教育、卫生和社会保障						
普通中学在校学生	人	19906	8678	7748	10895	5140
小学在校学生	人	22126	11857	10396	16012	7329
医疗卫生机构床位	张	2116	1098	1069	967	669
提供住宿的民政服务机构	个	28	1	5	3	7
提供住宿的民政服务机构床位数	张	271	160	452	627	823

2022年县(市)社会经济主要指标

陕西省

指　　标	单位	武功县	兴平市	彬州市	华州区	潼关县
一、基本情况						
行政区域面积	平方公里	398	508	1184	1139	526
乡	个					
镇	个	7	8	8	9	4
街道办事处	个	1	5	2	1	1
户籍人口	万人	43	60	36	32	15
二、综合经济						
地区生产总值	万元	1899560	3023413	3262600	1157600	486520
第一产业增加值	万元	290600	364313	248000	198400	75100
第二产业增加值	万元	893960	1467000	2361100	545300	137820
第三产业增加值	万元	715000	1192100	653500	413900	273600
地方一般公共预算收入	万元	16714	52639	211322	62359	12582
地方一般公共预算支出	万元	293745	380000	370227	292255	172288
住户存款余额	万元	1838081	3063800	1911853	1692533	740549
年末金融机构各项贷款余额	万元	700554	1238700	1166967	685671	296458
三、农业、工业和通讯						
设施农业种植占地面积	公顷	570	2294	226	2843	128
油料产量	吨	412	312	11750	2425	3098
棉花产量	吨					
规模以上工业企业	个	61	153	46	21	16
固定电话用户	户	52914	24886	4204	39300	13200
四、教育、卫生和社会保障						
普通中学在校学生	人	18066	22003	13258	10793	6067
小学在校学生	人	22316	33764	28715	16203	8750
医疗卫生机构床位	张	2360	3016	2075	2200	783
提供住宿的民政服务机构	个	2	10	2	3	5
提供住宿的民政服务机构床位数	张	284	550	515	415	351

2022年县(市)社会经济主要指标

陕西省

指　　标	单位	大荔县	合阳县	澄城县	蒲城县	白水县
一、基本情况						
行政区域面积	平方公里	1776	1437	1122	1584	984
乡	个					
镇	个	15	11	9	15	7
街道办事处	个	2	1	1	2	1
户籍人口	万人	70	44	36	76	27
二、综合经济						
地区生产总值	万元	2050700	1362880	1251330	2510270	1012620
第一产业增加值	万元	643800	386100	414300	499000	462300
第二产业增加值	万元	473100	329780	314830	1038670	161620
第三产业增加值	万元	933800	647000	522200	972600	388700
地方一般公共预算收入	万元	28200	36050	32109	83523	14751
地方一般公共预算支出	万元	473000	376472	333968	529158	261326
住户存款余额	万元	2718700	1722504	2035070	3342328	1127585
年末金融机构各项贷款余额	万元	1230500	786959	910913	2077992	545228
三、农业、工业和通讯						
设施农业种植占地面积	公顷	36266	690	967	14002	412
油料产量	吨	24609	3845	3974	4948	7670
棉花产量	吨					
规模以上工业企业	个	73	34	27	86	33
固定电话用户	户	70000	35616	29085	100524	20000
四、教育、卫生和社会保障						
普通中学在校学生	人	27436	16216	12915	32377	10718
小学在校学生	人	41036	23381	18954	46076	14606
医疗卫生机构床位	张	3934	2146	2045	4634	1635
提供住宿的民政服务机构	个	14	178	12	11	3
提供住宿的民政服务机构床位数	张	3169	1579	999	1318	1184

2022年县(市)社会经济主要指标

陕西省

指　　标	单位	富平县	韩城市	华阴市	安塞区	延长县
一、基本情况						
行政区域面积	平方公里	1242	1621	817	2949	2368
乡	个					
镇	个	14	6	4	8	7
街道办事处	个	1	2	2	3	1
户籍人口	万人	79	39	24	19	15
二、综合经济						
地区生产总值	万元	2227000	4009440	793400	1656099	760784
第一产业增加值	万元	559700	285100	125100	218691	179788
第二产业增加值	万元	840900	2861540	115500	1116073	336062
第三产业增加值	万元	826400	862800	552800	321335	244934
地方一般公共预算收入	万元	79509	336122	25543	92151	22862
地方一般公共预算支出	万元	538340	648671	220231	274217	217590
住户存款余额	万元	3121147	3324771	1273774	658031	579448
年末金融机构各项贷款余额	万元	1670291	2472196	967955	619508	523032
三、农业、工业和通讯						
设施农业种植占地面积	公顷	4618	602	413	4462	1200
油料产量	吨	1191	1677	1034	440	938
棉花产量	吨					34
规模以上工业企业	个	68	88	20	29	28
固定电话用户	户	46244	54920	26313	14995	20881
四、教育、卫生和社会保障						
普通中学在校学生	人	30798	16377	9799	11590	5064
小学在校学生	人	44701	28372	15842	14029	8035
医疗卫生机构床位	张	5240	2569	1215	746	693
提供住宿的民政服务机构	个	9	2	9	5	8
提供住宿的民政服务机构床位数	张	1402	240	534	362	536

2022年县(市)社会经济主要指标

陕西省

指　　标	单位	延川县	志丹县	吴起县	甘泉县	富　县
一、基本情况						
行政区域面积	平方公里	1985	3794	3788	2272	4180
乡	个				2	1
镇	个	7	7	8	3	6
街道办事处	个	1	1	1	1	1
户籍人口	万人	18	16	14	9	15
二、综合经济						
地区生产总值	万元	1298900	2202904	2398531	368143	925820
第一产业增加值	万元	137000	126692	82735	60764	248850
第二产业增加值	万元	880500	1751203	1928626	125958	387650
第三产业增加值	万元	281400	325009	387170	181421	289320
地方一般公共预算收入	万元	30844	134701	149328	12531	13593
地方一般公共预算支出	万元	306548	313478	335910	139199	201267
住户存款余额	万元	649388	981692	958421	350288	607482
年末金融机构各项贷款余额	万元	1607892	797647	743655	259211	839667
三、农业、工业和通讯						
设施农业种植占地面积	公顷	1312	1204	215	1439	623
油料产量	吨	287	483	3650	1	218
棉花产量	吨					
规模以上工业企业	个	18	19	40	15	22
固定电话用户	户	12512	15800	23358	10870	9201
四、教育、卫生和社会保障						
普通中学在校学生	人	6931	4936	9870	4296	8394
小学在校学生	人	10629	16754	15539	6400	13635
医疗卫生机构床位	张	814	695	852	425	767
提供住宿的民政服务机构	个	9	1	2	8	4
提供住宿的民政服务机构床位数	张	920	300	180	140	545

2022年县(市)社会经济主要指标

陕西省

指　　标	单位	洛川县	宜川县	黄龙县	黄陵县	子长市
一、基本情况						
行政区域面积	平方公里	1792	2933	2747	2292	2396
乡	个		2	2		
镇	个	8	4	5	5	8
街道办事处	个	1	1		1	3
户籍人口	万人	21	12	5	12	26
二、综合经济						
地区生产总值	万元	2967300	491819	230510	2825227	1658428
第一产业增加值	万元	393570	220361	81910	154912	113612
第二产业增加值	万元	2124250	61611	50180	2256044	1092901
第三产业增加值	万元	449480	209847	98420	414271	451915
地方一般公共预算收入	万元	8965	10799	8061	427739	171093
地方一般公共预算支出	万元	218521	178560	181603	430028	356467
住户存款余额	万元	903848	544100	266091	1026099	957962
年末金融机构各项贷款余额	万元	771980	352900	173837	688812	780622
三、农业、工业和通讯						
设施农业种植占地面积	公顷	32	373	58	296	1312
油料产量	吨		538	1054	598	759
棉花产量	吨					
规模以上工业企业	个	24	9	11	28	34
固定电话用户	户	21500	20958	11118	2000	23000
四、教育、卫生和社会保障						
普通中学在校学生	人	11078	8876	1730	5683	13591
小学在校学生	人	19072	9184	2734	9478	17939
医疗卫生机构床位	张	1030	583	263	944	1315
提供住宿的民政服务机构	个	1	3	5	2	4
提供住宿的民政服务机构床位数	张	260	500	388	90	681

2022年县(市)社会经济主要指标

陕西省

指　　标	单位	南郑区	城固县	洋　县	西乡县	勉　县
一、基本情况						
行政区域面积	平方公里	2818	2265	3206	3253	2406
乡	个					
镇	个	20	15	15	15	17
街道办事处	个	2	2	3	2	1
户籍人口	万人	58	54	44	41	41
二、综合经济						
地区生产总值	万元	2475676	3104201	2126069	1472148	2005386
第一产业增加值	万元	428538	622381	410822	299346	301446
第二产业增加值	万元	1146476	1501984	1016291	567882	997554
第三产业增加值	万元	900662	979836	698956	604920	706386
地方一般公共预算收入	万元	91565	34617	30211	20086	27119
地方一般公共预算支出	万元	418706	386970	361955	319336	330596
住户存款余额	万元	2993923	3207282	2329565	2059871	2719145
年末金融机构各项贷款余额	万元	1366861	1012096	917318	1024529	1292800
三、农业、工业和通讯						
设施农业种植占地面积	公顷	224	1105	589	135	389
油料产量	吨	29866	18099	27556	23031	26207
棉花产量	吨					
规模以上工业企业	个	102	109	87	114	93
固定电话用户	户	36207	32030	8969	53247	68000
四、教育、卫生和社会保障						
普通中学在校学生	人	28784	22021	19498	19917	15868
小学在校学生	人	32707	28079	22067	21527	18873
医疗卫生机构床位	张	2539	3362	1907	2710	2798
提供住宿的民政服务机构	个	14	12	7	16	9
提供住宿的民政服务机构床位数	张	1893	2151	665	2498	2360

2022年县(市)社会经济主要指标

陕西省

指　　标	单位	宁强县	略阳县	镇巴县	留坝县	佛坪县
一、基本情况						
行政区域面积	平方公里	3260	2831	3437	1965	1267
乡	个					
镇	个	16	15	19	7	6
街道办事处	个	2	2	1	1	1
户籍人口	万人	32	17	27	4	3
二、综合经济						
地区生产总值	万元	1391274	774100	1053646	244141	142756
第一产业增加值	万元	227112	117800	237058	42143	24626
第二产业增加值	万元	665220	326900	358110	65897	27677
第三产业增加值	万元	498942	329400	458478	136101	90453
地方一般公共预算收入	万元	9180	16255	9768	8262	2482
地方一般公共预算支出	万元	296349	287361	294222	113853	105544
住户存款余额	万元	1429384	972330	976147	191396	185892
年末金融机构各项贷款余额	万元	518959	578369	448284	120837	99190
三、农业、工业和通讯						
设施农业种植占地面积	公顷	259	323	105	131	18
油料产量	吨	15164	6010	11652	943	370
棉花产量	吨					
规模以上工业企业	个	57	37	63	11	7
固定电话用户	户	32031	21032	41000	8700	2200
四、教育、卫生和社会保障						
普通中学在校学生	人	13815	5105	13065	1417	1019
小学在校学生	人	14784	7953	14914	1789	1618
医疗卫生机构床位	张	1734	898	1371	248	162
提供住宿的民政服务机构	个	7	9	7	6	7
提供住宿的民政服务机构床位数	张	1256	1300	1310	314	350

2022年县(市)社会经济主要指标

陕西省

指　　标	单位	横山区	府谷县	靖边县	定边县	绥德县
一、基本情况						
行政区域面积	平方公里	4333	3201	5088	6920	1853
乡	个				2	
镇	个	13	14	16	16	15
街道办事处	个	5		1	1	
户籍人口	万人	38	25	36	36	35
二、综合经济						
地区生产总值	万元	3315000	9010048	5182258	3991628	1201830
第一产业增加值	万元	289400	120865	386561	366250	247885
第二产业增加值	万元	2257600	7032400	3406100	2692000	105800
第三产业增加值	万元	768000	1856783	1389597	933378	848145
地方一般公共预算收入	万元	146066	490033	175598	155276	18005
地方一般公共预算支出	万元	483139	543884	518252	540471	415537
住户存款余额	万元	754100	5748025	2320969	2016255	1458293
年末金融机构各项贷款余额	万元	469600	2523376	1190870	1579639	696192
三、农业、工业和通讯						
设施农业种植占地面积	公顷	343	84	2483	686	171
油料产量	吨	497	1832	11694	16679	22009
棉花产量	吨		9			
规模以上工业企业	个	51	232	65	61	11
固定电话用户	户	27736	28930	46028	57596	25190
四、教育、卫生和社会保障						
普通中学在校学生	人	16649	16936	21053	17719	14551
小学在校学生	人	27263	21797	46117	32517	20713
医疗卫生机构床位	张	1555	1353	1610	1518	3346
提供住宿的民政服务机构	个	4	7	141	2	5
提供住宿的民政服务机构床位数	张	1100	704	2520	174	1206

2022年县(市)社会经济主要指标

陕西省

指　　标	单位	米脂县	佳　县	吴堡县	清涧县	子洲县
一、基本情况						
行政区域面积	平方公里	1212	2029	421	1881	2042
乡	个					1
镇	个	8	12	5	9	11
街道办事处	个	1	1	1	1	1
户籍人口	万人	22	26	8	21	29
二、综合经济						
地区生产总值	万元	816700	865258	337900	774900	891200
第一产业增加值	万元	158500	215091	71100	243400	214600
第二产业增加值	万元	273700	339600	49000	173300	305000
第三产业增加值	万元	384500	310567	217800	358200	371600
地方一般公共预算收入	万元	12350	15933	4937	9954	11464
地方一般公共预算支出	万元	306113	331562	196031	300465	321882
住户存款余额	万元	833640	505065	321167	520100	501116
年末金融机构各项贷款余额	万元	397300	214711	146500	384200	408610
三、农业、工业和通讯						
设施农业种植占地面积	公顷	19	191	29	224	41
油料产量	吨	7647	2876	1158	14834	3739
棉花产量	吨					
规模以上工业企业	个	16	33	11	49	12
固定电话用户	户	16278	8985	8508	11700	19708
四、教育、卫生和社会保障						
普通中学在校学生	人	8269	3563	2736	2720	4254
小学在校学生	人	10463	4479	4093	5940	7441
医疗卫生机构床位	张	846	913	522	648	752
提供住宿的民政服务机构	个	7	6	2	24	8
提供住宿的民政服务机构床位数	张	660	780	552	537	200

2022年县(市)社会经济主要指标

陕西省

指　　标	单位	神木市	汉阴县	石泉县	宁陕县	紫阳县
一、基本情况						
行政区域面积	平方公里	7635	1365	1516	3667	2240
乡	个					
镇	个	14	10	11	11	17
街道办事处	个	6				
户籍人口	万人	46	31	18	7	33
二、综合经济						
地区生产总值	万元	22314672	1195648	988484	265500	1087844
第一产业增加值	万元	280196	200071	116464	65700	200168
第二产业增加值	万元	18417700	537347	475703	69300	423191
第三产业增加值	万元	3616776	458230	396317	130500	464485
地方一般公共预算收入	万元	2370297	14846	10803	6406	11624
地方一般公共预算支出	万元	2213720	275000	228052	170766	344316
住户存款余额	万元	10873523	1390948	1081285	404700	1248845
年末金融机构各项贷款余额	万元	7065315	850249	671567	170300	626717
三、农业、工业和通讯						
设施农业种植占地面积	公顷	791	757	573	108	15
油料产量	吨	6090	26090	13914	409	10964
棉花产量	吨					
规模以上工业企业	个	353	84	73	13	70
固定电话用户	户	41012	25182	9331	5670	28030
四、教育、卫生和社会保障						
普通中学在校学生	人	31905	17284	7858	2677	15824
小学在校学生	人	58724	20531	10655	4035	19195
医疗卫生机构床位	张	3057	1816	966	400	1428
提供住宿的民政服务机构	个	39	15	19	8	26
提供住宿的民政服务机构床位数	张	1696	1925	2344	1248	2476

2022年县(市)社会经济主要指标

陕西省

指　　标	单位	岚皋县	平利县	镇坪县	白河县	旬阳市
一、基本情况						
行政区域面积	平方公里	1957	2648	1502	1454	3541
乡	个					
镇	个	12	11	7	11	21
街道办事处	个					
户籍人口	万人	16	23	6	21	44
二、综合经济						
地区生产总值	万元	602931	1136844	280235	864754	2205309
第一产业增加值	万元	116716	159176	52775	139196	245287
第二产业增加值	万元	243557	675097	94278	398024	1189379
第三产业增加值	万元	242658	302571	133182	327534	770643
地方一般公共预算收入	万元	9520	9106	3815	8743	32982
地方一般公共预算支出	万元	232981	260472	147513	255099	442189
住户存款余额	万元	797719	1101286	124653	1010998	2191134
年末金融机构各项贷款余额	万元	430660	679427	133210	603146	1266195
三、农业、工业和通讯						
设施农业种植占地面积	公顷	13	93	16	143	493
油料产量	吨	3353	9631	1641	8252	22602
棉花产量	吨					
规模以上工业企业	个	47	108	31	65	76
固定电话用户	户	23989	26076	6623	9956	23940
四、教育、卫生和社会保障						
普通中学在校学生	人	7512	9288	2662	11368	17885
小学在校学生	人	8961	13064	3420	14174	24216
医疗卫生机构床位	张	918	1167	321	1054	2566
提供住宿的民政服务机构	个	15	18	5	24	19
提供住宿的民政服务机构床位数	张	1860	3116	336	2675	2990

2022年县(市)社会经济主要指标

陕西省

指　　标	单位	商州区	洛南县	丹凤县	商南县	山阳县
一、基本情况						
行政区域面积	平方公里	2672	2830	2438	2307	3535
乡	个					
镇	个	14	14	11	9	16
街道办事处	个	4	2	1	1	2
户籍人口	万人	56	45	31	25	46
二、综合经济						
地区生产总值	万元	1616830	1446160	1064360	1004290	1797656
第一产业增加值	万元	203020	242670	163800	158660	230153
第二产业增加值	万元	434030	603740	320300	402480	873844
第三产业增加值	万元	979780	599750	580260	443150	693659
地方一般公共预算收入	万元	44287	38121	17622	20198	36100
地方一般公共预算支出	万元	392358	398711	295839	313117	404663
住户存款余额	万元	3676849	1982253	1493478	1251476	1879014
年末金融机构各项贷款余额	万元	3380985	996812	905298	850842	1296976
三、农业、工业和通讯						
设施农业种植占地面积	公顷	307	357	93	214	142
油料产量	吨	433	4508	1243	7844	2634
棉花产量	吨					
规模以上工业企业	个	41	57	47	41	59
固定电话用户	户	7103	45364	17450	6150	20050
四、教育、卫生和社会保障						
普通中学在校学生	人	24967	18042	14003	12783	26446
小学在校学生	人	36056	31412	20902	17972	32615
医疗卫生机构床位	张	4354	2335	2071	1988	2747
提供住宿的民政服务机构	个	15	20	9	13	24
提供住宿的民政服务机构床位数	张	1767	948	1217	1349	2318

2022年县(市)社会经济主要指标

陕西省、甘肃省

指　　标	单位	镇安县	柞水县	永登县	皋兰县	榆中县
一、基本情况						
行政区域面积	平方公里	3488	2332	5141	2180	3302
乡	个			3		9
镇	个	14	8	13	6	11
街道办事处	个	1	1			
户籍人口	万人	29	16	38	15	46
二、综合经济						
地区生产总值	万元	1083170	1013100	1338279	895304	1959063
第一产业增加值	万元	174180	85200	144211	92514	186579
第二产业增加值	万元	416040	545100	409737	386438	957630
第三产业增加值	万元	492950	382800	784331	416352	814854
地方一般公共预算收入	万元	25000	21340	57129	57147	37596
地方一般公共预算支出	万元	356600	243494	331105	190477	389464
住户存款余额	万元	1388500	908606	1440606	1028201	2293540
年末金融机构各项贷款余额	万元	847800	640154	2031496	3007513	3932807
三、农业、工业和通讯						
设施农业种植占地面积	公顷	116	132	442	616	981
油料产量	吨	2021	350	5449	2222	7611
棉花产量	吨					
规模以上工业企业	个	50	35	39	36	62
固定电话用户	户	10365	4174	21669	3820	31778
四、教育、卫生和社会保障						
普通中学在校学生	人	15576	7489	14645	4797	24718
小学在校学生	人	21170	12116	16221	5798	30382
医疗卫生机构床位	张	2036	869	2165	595	2505
提供住宿的民政服务机构	个	12	14	1	2	3
提供住宿的民政服务机构床位数	张	1841	400	68	175	240

2022年县(市)社会经济主要指标

甘肃省

指　　标	单位	永昌县	靖远县	会宁县	景泰县	清水县
一、基本情况						
行政区域面积	平方公里	5877	5792	6439	5485	2012
乡	个	1	5	4	3	3
镇	个	9	13	24	8	15
街道办事处	个					
户籍人口	万人	23	50	56	24	33
二、综合经济						
地区生产总值	万元	1128426	986902	847247	765034	423591
第一产业增加值	万元	235299	418043	370507	231708	153137
第二产业增加值	万元	397356	235424	78034	219584	25955
第三产业增加值	万元	495771	333435	398706	313742	244499
地方一般公共预算收入	万元	31392	43741	24724	62715	21898
地方一般公共预算支出	万元	297620	431216	514284	300069	276982
住户存款余额	万元	1264961	1313492	1289977	983181	807581
年末金融机构各项贷款余额	万元	1183338	1210436	1181919	847060	585246
三、农业、工业和通讯						
设施农业种植占地面积	公顷	708	4345	901	518	165
油料产量	吨	8417	5916	6713	16836	18346
棉花产量	吨					
规模以上工业企业	个	53	36	33	36	14
固定电话用户	户	14300	46700	68706	23298	32921
四、教育、卫生和社会保障						
普通中学在校学生	人	7980	21930	23319	11147	17046
小学在校学生	人	7846	29136	32460	15239	23095
医疗卫生机构床位	张	850	1714	2330	1005	1170
提供住宿的民政服务机构	个	3	7	3	4	3
提供住宿的民政服务机构床位数	张	610	276	192	309	240

2022年县(市)社会经济主要指标

甘肃省

指　　标	单位	秦安县	甘谷县	武山县	张家川回族自治县	凉州区
一、基本情况						
行政区域面积	平方公里	1602	1582	2011	1312	4908
乡	个		2	2	5	
镇	个	17	13	13	10	37
街道办事处	个					9
户籍人口	万人	57	64	47	38	103
二、综合经济						
地区生产总值	万元	939903	964794	768946	371194	4034895
第一产业增加值	万元	273013	280600	293060	125770	1106324
第二产业增加值	万元	93043	158415	95282	29691	710397
第三产业增加值	万元	573847	525779	380604	215733	2218174
地方一般公共预算收入	万元	36398	43897	26722	14122	127219
地方一般公共预算支出	万元	411659	413964	341730	340489	729763
住户存款余额	万元	1803200	1813209	1312830	836598	6433467
年末金融机构各项贷款余额	万元	1413725	1094601	909096	524588	6105348
三、农业、工业和通讯						
设施农业种植占地面积	公顷	101	1341	213	193	9866
油料产量	吨	12293	13708	17300	5367	506
棉花产量	吨					
规模以上工业企业	个	9	29	16	10	111
固定电话用户	户	49100	72653	111027	8158	85100
四、教育、卫生和社会保障						
普通中学在校学生	人	25119	38053	29847	17494	48764
小学在校学生	人	26567	48848	34499	28832	66132
医疗卫生机构床位	张	1444	2363	2096	1280	7734
提供住宿的民政服务机构	个	2	2	3	2	10
提供住宿的民政服务机构床位数	张	142	160	240	80	2421

2022年县(市)社会经济主要指标

甘肃省

指　　标	单位	民勤县	古浪县	天祝藏族自治县	甘州区	肃南裕固族自治县
一、基本情况						
行政区域面积	平方公里	15835	5047	7150	3661	23618
乡	个		4	5	5	5
镇	个	18	15	14	13	3
街道办事处	个	1			5	
户籍人口	万人	26	37	20	52	4
二、综合经济						
地区生产总值	万元	1078507	809033	711131	2535845	386318
第一产业增加值	万元	497670	373611	173711	631563	105056
第二产业增加值	万元	217339	86046	198768	437163	147378
第三产业增加值	万元	363498	349376	338652	1467119	133884
地方一般公共预算收入	万元	31914	30619	42330	107000	29660
地方一般公共预算支出	万元	343760	506806	462727	402537	214027
住户存款余额	万元	1520071	1136802	791386	4158621	167857
年末金融机构各项贷款余额	万元	1352826	1168451	1044676	4181725	163790
三、农业、工业和通讯						
设施农业种植占地面积	公顷	2177	1401	383	3393	1
油料产量	吨	31013	2892	3429	3458	409
棉花产量	吨					
规模以上工业企业	个	42	24	34	79	23
固定电话用户	户	14173	37725	5856	90220	1052
四、教育、卫生和社会保障						
普通中学在校学生	人	6806	15593	7534	25230	991
小学在校学生	人	6763	19654	10232	31295	1380
医疗卫生机构床位	张	1564	2523	1452	5257	404
提供住宿的民政服务机构	个	6	5	7	10	5
提供住宿的民政服务机构床位数	张	610	850	904	1224	202

2022年县(市)社会经济主要指标

甘肃省

指　　标	单位	民乐县	临泽县	高台县	山丹县	崆峒区
一、基本情况						
行政区域面积	平方公里	3687	2729	4346	5402	1936
乡	个				2	10
镇	个	10	7	9	6	7
街道办事处	个					3
户籍人口	万人	25	15	16	20	53
二、综合经济						
地区生产总值	万元	736785	702915	651061	802192	1930267
第一产业增加值	万元	243043	254568	251974	217065	254834
第二产业增加值	万元	157391	115003	103082	228978	490062
第三产业增加值	万元	336351	333344	296005	356150	1185371
地方一般公共预算收入	万元	31074	23055	24514	42106	49087
地方一般公共预算支出	万元	335877	194911	255981	287767	396186
住户存款余额	万元	872005	880819	953156	1113766	3000267
年末金融机构各项贷款余额	万元	975790	784258	625082	783325	3591645
三、农业、工业和通讯						
设施农业种植占地面积	公顷	458	838	1219	238	1896
油料产量	吨	10765	1184	1306	17858	8756
棉花产量	吨			2		
规模以上工业企业	个	28	24	33	24	43
固定电话用户	户	21807	18753	18160	19784	84932
四、教育、卫生和社会保障						
普通中学在校学生	人	14436	5682	5318	8908	29301
小学在校学生	人	15395	6761	6719	10867	39898
医疗卫生机构床位	张	2212	1020	1135	1487	6223
提供住宿的民政服务机构	个	4	3	4	8	7
提供住宿的民政服务机构床位数	张	320	353	665	720	350

2022年县(市)社会经济主要指标

甘肃省

指　　标	单位	泾川县	灵台县	崇信县	庄浪县	静宁县
一、基本情况						
行政区域面积	平方公里	1461	1976	850	1553	2194
乡	个	3	4	2	3	7
镇	个	11	9	4	15	17
街道办事处	个	1	1		1	
户籍人口	万人	34	22	10	45	47
二、综合经济						
地区生产总值	万元	515866	476607	628470	849823	1000123
第一产业增加值	万元	155877	160558	108132	328431	421744
第二产业增加值	万元	65545	85492	370827	87951	134187
第三产业增加值	万元	294444	230557	149511	433441	444192
地方一般公共预算收入	万元	13790	47660	38245	26109	35265
地方一般公共预算支出	万元	261066	246321	187010	433157	501606
住户存款余额	万元	1235801	841225	472914	1227467	1376162
年末金融机构各项贷款余额	万元	864412	551320	432428	892978	1231616
三、农业、工业和通讯						
设施农业种植占地面积	公顷	1000	659	833	16	129
油料产量	吨	4307	10978	3249	5078	9023
棉花产量	吨					
规模以上工业企业	个	9	7	15	7	15
固定电话用户	户	19369	20863	7099	27190	37040
四、教育、卫生和社会保障						
普通中学在校学生	人	12880	9757	4826	22868	24365
小学在校学生	人	17090	11700	6525	29237	26859
医疗卫生机构床位	张	1793	1280	997	2605	2446
提供住宿的民政服务机构	个	5	5	4	4	6
提供住宿的民政服务机构床位数	张	393	530	269	276	350

2022年县(市)社会经济主要指标

甘肃省

指　　标	单位	华亭市	肃州区	金塔县	瓜州县	肃北蒙古族自治县
一、基本情况						
行政区域面积	平方公里	1201	3386	16664	24130	66748
乡	个	3	1	2	5	2
镇	个	7	14	7	10	2
街道办事处	个		7			
户籍人口	万人	19	42	14	13	1
二、综合经济						
地区生产总值	万元	1014616	2569676	925924	1209393	259000
第一产业增加值	万元	87742	447688	349237	222890	15000
第二产业增加值	万元	672952	667006	306473	554728	139000
第三产业增加值	万元	253922	1454982	270214	431775	105000
地方一般公共预算收入	万元	76016	121417	38556	53191	35880
地方一般公共预算支出	万元	214291	371533	230384	231779	132065
住户存款余额	万元	1063288	4506477	733922	739082	110744
年末金融机构各项贷款余额	万元	770046	4441544	583632	1110155	124000
三、农业、工业和通讯						
设施农业种植占地面积	公顷	14	3420	1734	843	8
油料产量	吨	2967	700	2331	2360	584
棉花产量	吨			68	25024	
规模以上工业企业	个	16	106	34	69	27
固定电话用户	户	20445	111467	21163	14244	3756
四、教育、卫生和社会保障						
普通中学在校学生	人	12138	22775	6032	6165	524
小学在校学生	人	15453	25905	5952	8724	643
医疗卫生机构床位	张	1447	4399	839	912	169
提供住宿的民政服务机构	个	4	18	6	4	2
提供住宿的民政服务机构床位数	张	207	3823	360	318	108

2022年县(市)社会经济主要指标

甘肃省

指　　标	单位	阿克塞哈萨克族自治县	玉门市	敦煌市	西峰区	庆城县
一、基本情况						
行政区域面积	平方公里	29195	13496	26720	999	2692
乡	个	3	2		2	6
镇	个	1	10	9	5	9
街道办事处	个		1		3	
户籍人口	万人	1	14	14	40	29
二、综合经济						
地区生产总值	万元	117458	2450735	876918	3013046	1139031
第一产业增加值	万元	12989	260549	125106	85444	132421
第二产业增加值	万元	30630	1818700	196414	1441907	739327
第三产业增加值	万元	73839	371485	555398	1485695	267283
地方一般公共预算收入	万元	8224	47343	42774	86545	47645
地方一般公共预算支出	万元	76966	249358	225675	367977	276248
住户存款余额	万元	98419	804356	2156113	4272284	1262290
年末金融机构各项贷款余额	万元	120210	1002822	2089855	3338342	1299213
三、农业、工业和通讯						
设施农业种植占地面积	公顷	3	2000	32	239	813
油料产量	吨		6391	961	6971	12207
棉花产量	吨		1097	5027		
规模以上工业企业	个	7	76	28	31	23
固定电话用户	户	4048	16397	44853	57000	21374
四、教育、卫生和社会保障						
普通中学在校学生	人	681	7050	7633	36632	12792
小学在校学生	人	768	9547	8633	51032	21382
医疗卫生机构床位	张	82	1147	992	5442	1213
提供住宿的民政服务机构	个	1	5	6	9	2
提供住宿的民政服务机构床位数	张	20	323	262	509	180

2022年县(市)社会经济主要指标

甘肃省

指　　标	单位	环　县	华池县	合水县	正宁县	宁　县
一、基本情况						
行政区域面积	平方公里	9236	3791	2933	1320	2653
乡	个	10	9	4	2	4
镇	个	10	6	8	8	14
街道办事处	个					
户籍人口	万人	36	14	18	24	55
二、综合经济						
地区生产总值	万元	1517817	1506084	851682	362276	780381
第一产业增加值	万元	206127	76748	78285	73234	239769
第二产业增加值	万元	906991	1259880	598512	101886	156484
第三产业增加值	万元	404699	169456	174885	187156	384128
地方一般公共预算收入	万元	59587	40027	24935	17296	29272
地方一般公共预算支出	万元	529011	256188	188820	206038	371800
住户存款余额	万元	1053249	588743	772450	994261	1698935
年末金融机构各项贷款余额	万元	1053249	404578	373772	480165	698549
三、农业、工业和通讯						
设施农业种植占地面积	公顷	598	186	249	33	439
油料产量	吨	11049	3851	3645	6866	21581
棉花产量	吨					
规模以上工业企业	个	17	10	9	8	10
固定电话用户	户	15622	10800	6253	34200	29888
四、教育、卫生和社会保障						
普通中学在校学生	人	21104	8419	8437	12321	21934
小学在校学生	人	22351	10569	13280	16907	32006
医疗卫生机构床位	张	1153	1300	985	1034	1857
提供住宿的民政服务机构	个	6	5	25	5	3
提供住宿的民政服务机构床位数	张	289	260	265	168	100

2022年县(市)社会经济主要指标

甘肃省

指　　标	单位	镇原县	安定区	通渭县	陇西县	渭源县
一、基本情况						
行政区域面积	平方公里	3500	3646	2910	2407	2053
乡	个	6	7	4	5	4
镇	个	13	12	14	12	12
街道办事处	个		3			
户籍人口	万人	52	47	43	52	34
二、综合经济						
地区生产总值	万元	1052242	1431818	672992	976836	513227
第一产业增加值	万元	356282	224820	130795	188268	184073
第二产业增加值	万元	314416	278305	83762	190685	49795
第三产业增加值	万元	381544	928693	458435	597883	279359
地方一般公共预算收入	万元	30069	54926	28111	64309	19448
地方一般公共预算支出	万元	447578	483499	429229	451041	345898
住户存款余额	万元	1668475	2296383	927890	1801565	844319
年末金融机构各项贷款余额	万元	892525	2723337	877832	2126441	597153
三、农业、工业和通讯						
设施农业种植占地面积	公顷	319	666	174	693	558
油料产量	吨	19738	11574	19397	9838	4970
棉花产量	吨					
规模以上工业企业	个	11	51	23	36	18
固定电话用户	户	34996	21040	7543	16974	5660
四、教育、卫生和社会保障						
普通中学在校学生	人	29490	19684	13002	28627	13871
小学在校学生	人	32770	31900	18805	41229	20005
医疗卫生机构床位	张	2040	2944	1723	3492	2616
提供住宿的民政服务机构	个	5	10	5	8	13
提供住宿的民政服务机构床位数	张	391	526	378	370	592

2022年县(市)社会经济主要指标

甘肃省

指　　标	单位	临洮县	漳　县	岷　县	武都区	成　县
一、基本情况						
行政区域面积	平方公里	2855	2165	3575	4642	1677
乡	个	6	3	3	10	3
镇	个	12	10	15	26	14
街道办事处	个				4	
户籍人口	万人	55	21	49	60	27
二、综合经济						
地区生产总值	万元	1019698	332649	632069	1676915	822075
第一产业增加值	万元	185678	84150	126819	330024	97399
第二产业增加值	万元	220178	67609	75683	180031	394499
第三产业增加值	万元	613842	180890	429567	1166860	330177
地方一般公共预算收入	万元	51565	20094	31516	43500	48083
地方一般公共预算支出	万元	430591	200430	435828	490514	273339
住户存款余额	万元	2042612	568722	1298065	2409500	1301414
年末金融机构各项贷款余额	万元	1447610	363420	1571085	3296500	972635
三、农业、工业和通讯						
设施农业种植占地面积	公顷	910	836	24	876	114
油料产量	吨	1691	6901	9476	5904	10085
棉花产量	吨					
规模以上工业企业	个	39	5	15	14	11
固定电话用户	户	11470	5567	6784	16752	44100
四、教育、卫生和社会保障						
普通中学在校学生	人	27735	10279	29368	39199	10482
小学在校学生	人	39784	17538	44744	54463	22962
医疗卫生机构床位	张	3518	890	2354	2543	1660
提供住宿的民政服务机构	个	13	3	10	9	55
提供住宿的民政服务机构床位数	张	367	142	828	425	910

2022年县(市)社会经济主要指标

甘肃省

指　　标	单位	文　县	宕昌县	康　县	西和县	礼　县
一、基本情况						
行政区域面积	平方公里	5004	3331	2968	1862	4300
乡	个	6	14	3	4	7
镇	个	14	11	18	16	22
街道办事处	个					
户籍人口	万人	24	29	20	44	53
二、综合经济						
地区生产总值	万元	701096	369702	288402	444104	516826
第一产业增加值	万元	85402	91130	52575	93882	127864
第二产业增加值	万元	401704	14670	49977	97934	72807
第三产业增加值	万元	213990	263902	185850	252288	316155
地方一般公共预算收入	万元	21727	12859	15085	24584	25507
地方一般公共预算支出	万元	296525	334654	250820	384392	442418
住户存款余额	万元	832339	826139	637915	1317200	1453052
年末金融机构各项贷款余额	万元	600562	621488	320023	720200	965530
三、农业、工业和通讯						
设施农业种植占地面积	公顷	53	38	175	34	162
油料产量	吨	4377	3624	2748	8717	17963
棉花产量	吨					
规模以上工业企业	个	19	3	5	15	7
固定电话用户	户	55534	9900	12780	17980	41800
四、教育、卫生和社会保障						
普通中学在校学生	人	10124	15189	10313	24729	27483
小学在校学生	人	14145	20883	13793	35642	39152
医疗卫生机构床位	张	1504	1656	775	1469	1990
提供住宿的民政服务机构	个	30	2	21		6
提供住宿的民政服务机构床位数	张	250	82	51		226

2022年县(市)社会经济主要指标

甘肃省

指标	单位	徽县	两当县	临夏市	临夏县	康乐县
一、基本情况						
行政区域面积	平方公里	2722	1411	89	1213	1083
乡	个	2	6		16	10
镇	个	13	6	4	9	5
街道办事处	个			7		
户籍人口	万人	22	5	29	43	31
二、综合经济						
地区生产总值	万元	672371	132206	1126898	566806	279464
第一产业增加值	万元	120500	43397	15297	142897	88494
第二产业增加值	万元	267113	4981	202843	75732	57130
第三产业增加值	万元	284758	83828	908758	348177	133840
地方一般公共预算收入	万元	36516	6731	67196	26249	15267
地方一般公共预算支出	万元	225809	106937	308746	438818	345795
住户存款余额	万元	923174	234685	2590400	715686	631702
年末金融机构各项贷款余额	万元	770600	160728	2496300	517449	418116
三、农业、工业和通讯						
设施农业种植占地面积	公顷	788	87	405	647	71
油料产量	吨	7496	1300	1415	12143	9038
棉花产量	吨					
规模以上工业企业	个	13	3	14	11	6
固定电话用户	户	14600	5322	43147	12000	10700
四、教育、卫生和社会保障						
普通中学在校学生	人	11588	1969	25638	18359	19052
小学在校学生	人	15798	2611	35693	36709	32696
医疗卫生机构床位	张	1378	246	3545	1490	1744
提供住宿的民政服务机构	个	1	1	4	1	4
提供住宿的民政服务机构床位数	张	70	6	350	300	316

2022年县(市)社会经济主要指标

甘肃省

指　　标	单位	永靖县	广河县	和政县	东乡族自治县	积石山保安族东乡族撒拉族自治县
一、基本情况						
行政区域面积	平方公里	1864	538	960	1511	910
乡	个	7	3	4	16	10
镇	个	10	6	9	8	7
街道办事处	个					
户籍人口	万人	21	31	25	39	28
二、综合经济						
地区生产总值	万元	758059	243432	341881	434519	335038
第一产业增加值	万元	203580	68575	56789	112017	70181
第二产业增加值	万元	263486	42326	80349	77711	23627
第三产业增加值	万元	290993	132531	204743	244791	241230
地方一般公共预算收入	万元	28672	13930	12728	17111	12225
地方一般公共预算支出	万元	299914	298189	305558	488691	330360
住户存款余额	万元	964400	473400	661047	323479	391886
年末金融机构各项贷款余额	万元	846694	429600	486558	475262	400839
三、农业、工业和通讯						
设施农业种植占地面积	公顷	1140	4	37	36	20
油料产量	吨	1117	1366	13285	58	15072
棉花产量	吨					
规模以上工业企业	个	13	6	11	10	4
固定电话用户	户	30400	5832	6522	2653	9900
四、教育、卫生和社会保障						
普通中学在校学生	人	11158	18259	11507	15884	17713
小学在校学生	人	14406	37123	27264	42482	30685
医疗卫生机构床位	张	1576	1398	1135	1023	1477
提供住宿的民政服务机构	个	4	2	2	4	3
提供住宿的民政服务机构床位数	张	121	360	316	398	136

2022年县(市)社会经济主要指标

甘肃省

指　　标	单位	合作市	临潭县	卓尼县	舟曲县	迭部县
一、基本情况						
行政区域面积	平方公里	2091	1417	5139	3015	4756
乡	个	3	5	4	4	6
镇	个	3	11	11	15	5
街道办事处	个	4				
户籍人口	万人	10	16	11	14	6
二、综合经济						
地区生产总值	万元	690900	297409	315876	326885	208620
第一产业增加值	万元	31696	50467	66400	50430	40058
第二产业增加值	万元	107447	22658	36135	31309	36954
第三产业增加值	万元	551757	224284	213341	245146	131608
地方一般公共预算收入	万元	28410	9586	8771	9943	6731
地方一般公共预算支出	万元	228530	311192	264745	314251	192981
住户存款余额	万元	613501	434929	304967	521318	207229
年末金融机构各项贷款余额	万元	974707	304215	213634	432604	182927
三、农业、工业和通讯						
设施农业种植占地面积	公顷	4	38	25	60	26
油料产量	吨	2185	7602	2817	5010	1236
棉花产量	吨					
规模以上工业企业	个	9	3	4	7	7
固定电话用户	户	9329	4999	7779	14018	2622
四、教育、卫生和社会保障						
普通中学在校学生	人	9178	7885	7274	6382	2703
小学在校学生	人	9895	11639	9593	9994	4627
医疗卫生机构床位	张	713	574	534	598	332
提供住宿的民政服务机构	个	2	7	18	3	2
提供住宿的民政服务机构床位数	张	53	345	573	156	60

2022年县(市)社会经济主要指标

甘肃省、青海省

指　　标	单位	玛曲县	碌曲县	夏河县	湟中区	大通回族土族自治县
一、基本情况						
行政区域面积	平方公里	9637	5299	6266	2444	3090
乡	个	2	2	5	5	11
镇	个	6	5	8	10	9
街道办事处	个				1	
户籍人口	万人	6	4	9	48	47
二、综合经济						
地区生产总值	万元	219550	153590	238300	2189633	1402988
第一产业增加值	万元	64085	40879	75800	296420	243273
第二产业增加值	万元	13969	10489	22400	1304474	751604
第三产业增加值	万元	141496	102222	140100	588739	408111
地方一般公共预算收入	万元	2843	3946	11457	31241	83168
地方一般公共预算支出	万元	229843	190316	252576	461153	536834
住户存款余额	万元	89277	83952	230582	1349597	1499192
年末金融机构各项贷款余额	万元	122862	122257	222769	1186121	1552476
三、农业、工业和通讯						
设施农业种植占地面积	公顷				2979	531
油料产量	吨		186	2393	39412	40020
棉花产量	吨					
规模以上工业企业	个	6	2	2	68	45
固定电话用户	户	2876	1500	11125	43317	60047
四、教育、卫生和社会保障						
普通中学在校学生	人	3496	2624	5055	27611	26773
小学在校学生	人	6920	3757	9853	28102	34826
医疗卫生机构床位	张	228	266	465	979	1923
提供住宿的民政服务机构	个	1	2	8	1	6
提供住宿的民政服务机构床位数	张	82	91	209	368	523

2022年县(市)社会经济主要指标

青海省

指　　标	单位	湟源县	乐都区	平安区	民和回族土族自治县	互助土族自治县
一、基本情况						
行政区域面积	平方公里	1545	2500	769	1891	3424
乡	个	7	12	5	14	11
镇	个	2	6	1	8	7
街道办事处	个		2	2		1
户籍人口	万人	13	28	13	44	40
二、综合经济						
地区生产总值	万元	328447	1152769	939890	1255222	1258670
第一产业增加值	万元	74034	197166	66274	168001	275891
第二产业增加值	万元	148949	363569	439869	568327	414576
第三产业增加值	万元	105464	592034	433747	518894	568203
地方一般公共预算收入	万元	17209	25983	22078	50210	35619
地方一般公共预算支出	万元	229697	374340	227980	414032	513315
住户存款余额	万元	504085	1207583	841900	921775	1075895
年末金融机构各项贷款余额	万元	551996	1138874	2056600	595597	1052992
三、农业、工业和通讯						
设施农业种植占地面积	公顷	936	346	55	218	530
油料产量	吨	10821	11230	10135	9229	61340
棉花产量	吨					
规模以上工业企业	个	14	25	16	20	22
固定电话用户	户	20089	29886	29996	55269	55096
四、教育、卫生和社会保障						
普通中学在校学生	人	5831	8695	5157	25888	18652
小学在校学生	人	7377	16168	11399	31407	26667
医疗卫生机构床位	张	708	852	904	1485	1787
提供住宿的民政服务机构	个	5	4	1	2	4
提供住宿的民政服务机构床位数	张	199	240	115	260	1360

2022年县(市)社会经济主要指标

青海省

指　　标	单位	化隆回族自治县	循化撒拉族自治县	门源回族自治县	祁连县	海晏县
一、基本情况						
行政区域面积	平方公里	2707	1815	6382	13886	4853
乡	个	11	6	8	4	4
镇	个	6	3	4	3	2
街道办事处	个			8	5	
户籍人口	万人	31	17	16	5	3
二、综合经济						
地区生产总值	万元	580849	394859	376721	201335	234776
第一产业增加值	万元	103409	73846	123725	83539	31480
第二产业增加值	万元	235140	127016	49575	26802	61696
第三产业增加值	万元	242300	193996	203421	90994	141600
地方一般公共预算收入	万元	24609	7922	19294	10000	12273
地方一般公共预算支出	万元	263948	257530	314080	213777	174775
住户存款余额	万元	395986	460355	395422	161100	211825
年末金融机构各项贷款余额	万元	309870	298732	356492	203674	238407
三、农业、工业和通讯						
设施农业种植占地面积	公顷	33		36		2
油料产量	吨	24511	4513	27743	1341	2026
棉花产量	吨					
规模以上工业企业	个	10	7	11	5	14
固定电话用户	户	21799	11705	3312	10640	12838
四、教育、卫生和社会保障						
普通中学在校学生	人	16461	11103	11356	2767	2144
小学在校学生	人	24651	16319	12779	4041	2448
医疗卫生机构床位	张	780	741	768	290	398
提供住宿的民政服务机构	个	2	2	3	3	1
提供住宿的民政服务机构床位数	张	240	102	220	66	100

2022年县(市)社会经济主要指标

青海省

指　　标	单位	刚察县	同仁市	尖扎县	泽库县	河南蒙古族自治县
一、基本情况						
行政区域面积	平方公里	8138	3275	1559	6622	6700
乡	个	3	8	6	3	4
镇	个	2	3	3	4	2
街道办事处	个	4	8		10	1
户籍人口	万人	4	10	6	8	4
二、综合经济						
地区生产总值	万元	194828	410321	284971	208656	204994
第一产业增加值	万元	74485	68862	33061	115144	104674
第二产业增加值	万元	30103	64561	149126	26413	35101
第三产业增加值	万元	90240	276898	102784	67099	65219
地方一般公共预算收入	万元	12772	12540	19967	3361	5682
地方一般公共预算支出	万元	187484	240446	225984	216516	171175
住户存款余额	万元	99937	383900	158700	65079	68714
年末金融机构各项贷款余额	万元	149619	395600	199000	123747	127510
三、农业、工业和通讯						
设施农业种植占地面积	公顷		94	61		
油料产量	吨	11122	2874	771	3254	
棉花产量	吨					
规模以上工业企业	个	9	3	6	3	6
固定电话用户	户	9104	10090	6966	1977	2340
四、教育、卫生和社会保障						
普通中学在校学生	人	1742	3795	3705	5110	1646
小学在校学生	人	4075	10810	6221	9595	4170
医疗卫生机构床位	张	255	1266	382	450	334
提供住宿的民政服务机构	个	3	2	3	2	3
提供住宿的民政服务机构床位数	张	154	130	457	74	159

2022年县(市)社会经济主要指标

青海省

指　　标	单位	共和县	同德县	贵德县	兴海县	贵南县
一、基本情况						
行政区域面积	平方公里	17209	4653	3600	12178	6650
乡	个	4	3	3	4	3
镇	个	7	2	4	3	3
街道办事处	个					
户籍人口	万人	13	6	11	8	8
二、综合经济						
地区生产总值	万元	1048298	181367	290512	261010	221506
第一产业增加值	万元	125493	116061	49519	120277	128890
第二产业增加值	万元	589664	21563	137631	66884	34647
第三产业增加值	万元	333141	43743	103362	73849	57969
地方一般公共预算收入	万元	39361	9529	18642	14520	4153
地方一般公共预算支出	万元	442035	203265	305291	187618	209394
住户存款余额	万元	601072	86715	376467	122369	105681
年末金融机构各项贷款余额	万元	1028802	166900	278134	165904	155500
三、农业、工业和通讯						
设施农业种植占地面积	公顷	36	9	285	13	28
油料产量	吨	10519	2480	5695	6888	9429
棉花产量	吨					
规模以上工业企业	个	43		6	4	
固定电话用户	户	70963	5494	16277	9639	6771
四、教育、卫生和社会保障						
普通中学在校学生	人	6179	2787	4672	4067	3567
小学在校学生	人	13314	6733	9328	10266	7703
医疗卫生机构床位	张	481	590	1315	680	450
提供住宿的民政服务机构	个	3	1	4	5	4
提供住宿的民政服务机构床位数	张	148	36	283	252	186

2022年县(市)社会经济主要指标

青海省

指　　标	单位	玛沁县	班玛县	甘德县	达日县	久治县
一、基本情况						
行政区域面积	平方公里	13400	6139	7046	14842	8757
乡	个	6	8	6	9	5
镇	个	2	1	1	1	1
街道办事处	个					
户籍人口	万人	6	3	4	4	3
二、综合经济						
地区生产总值	万元	223850	50338	45389	47937	53529
第一产业增加值	万元	31922	15343	14133	13068	16941
第二产业增加值	万元	82484	14609	16445	16790	13774
第三产业增加值	万元	109445	20387	14811	18079	22814
地方一般公共预算收入	万元	11417	2253	1410	1841	2307
地方一般公共预算支出	万元	189248	130844	134059	135246	103662
住户存款余额	万元	192726	48902	29709	44521	36899
年末金融机构各项贷款余额	万元	256847	55034	61387	69548	44553
三、农业、工业和通讯						
设施农业种植占地面积	公顷	4	3			
油料产量	吨		3			
棉花产量	吨					
规模以上工业企业	个	3				1
固定电话用户	户	7600	2367	1700	1755	3695
四、教育、卫生和社会保障						
普通中学在校学生	人	2273	1447	1580	1464	1026
小学在校学生	人	6391	4257	5185	6309	3988
医疗卫生机构床位	张	353	218	281	224	159
提供住宿的民政服务机构	个	1	3	1	12	4
提供住宿的民政服务机构床位数	张	168	67	170	544	138

2022年县(市)社会经济主要指标

青海省

指　　标	单位	玛多县	玉树市	杂多县	称多县	治多县
一、基本情况						
行政区域面积	平方公里	26248	15411	35500	14618	80642
乡	个	2	6	7	2	5
镇	个	2	2	1	5	1
街道办事处	个		4			
户籍人口	万人	2	12	8	6	4
二、综合经济						
地区生产总值	万元	36730	196118	145427	76804	90608
第一产业增加值	万元	9419	84965	107049	41926	63099
第二产业增加值	万元	10914	19718	13970	9179	10775
第三产业增加值	万元	16397	91434	24407	25699	16734
地方一般公共预算收入	万元	3110	10810	2089	1409	1802
地方一般公共预算支出	万元	124432	282950	166394	163937	166011
住户存款余额	万元	22230	258358	82597	49291	26037
年末金融机构各项贷款余额	万元	83200	121480	60731	61084	43085
三、农业、工业和通讯						
设施农业种植占地面积	公顷		63	8	5	
油料产量	吨		52		54	
棉花产量	吨					
规模以上工业企业	个					
固定电话用户	户	260	20563	2809	4459	2271
四、教育、卫生和社会保障						
普通中学在校学生	人	500	5979	3875	2441	1471
小学在校学生	人	1600	18139	11544	7188	4713
医疗卫生机构床位	张	300	400	276	312	262
提供住宿的民政服务机构	个	2	19	4	9	6
提供住宿的民政服务机构床位数	张	150	158	132	354	589

2022年县(市)社会经济主要指标

青海省

指标	单位	囊谦县	曲麻莱县	格尔木市	德令哈市	茫崖市
一、基本情况						
行政区域面积	平方公里	12741	46636	119176	27700	49859
乡	个	9	5	2	1	
镇	个	1	1	2	3	3
街道办事处	个			5	3	
户籍人口	万人	10	4	14	7	5
二、综合经济						
地区生产总值	万元	125570	88224	4464545	1090302	1088800
第一产业增加值	万元	85145	57338	78692	92676	1900
第二产业增加值	万元	16363	8558	3276342	560566	970600
第三产业增加值	万元	24062	22328	1109511	437060	116300
地方一般公共预算收入	万元	5573	1233	243670	39950	53590
地方一般公共预算支出	万元	231087	163101	514092	208533	102037
住户存款余额	万元	105677	39937	1758857	668929	189049
年末金融机构各项贷款余额	万元	129199	81805	1868551	1417147	9605
三、农业、工业和通讯						
设施农业种植占地面积	公顷	15		548	136	
油料产量	吨	203		435	1910	
棉花产量	吨					
规模以上工业企业	个			73	45	12
固定电话用户	户	823	2736	83311	30400	14328
四、教育、卫生和社会保障						
普通中学在校学生	人	4894	1176	12480	4269	444
小学在校学生	人	12384	4028	19030	6142	588
医疗卫生机构床位	张	423	174	1815	932	150
提供住宿的民政服务机构	个		2	3	10	
提供住宿的民政服务机构床位数	张		260	146	176	

2022年县(市)社会经济主要指标

青海省、宁夏回族自治区

指　　标	单位	乌兰县	都兰县	天峻县	永宁县	贺兰县
一、基本情况						
行政区域面积	平方公里	12250	45270	25989	934	1201
乡	个		4	7	1	1
镇	个	4	4	3	5	4
街道办事处	个				1	1
户籍人口	万人	3	7	2	25	26
二、综合经济						
地区生产总值	万元	409796	589056	222800	1362378	1703145
第一产业增加值	万元	54590	208685	42700	231097	243330
第二产业增加值	万元	256835	275708	64600	373847	542699
第三产业增加值	万元	98371	104663	115500	757434	917116
地方一般公共预算收入	万元	9400	9220	4487	105211	121563
地方一般公共预算支出	万元	138541	196541	145377	318187	351944
住户存款余额	万元	155812	212162	84500	1712462	2144000
年末金融机构各项贷款余额	万元	164800	229464	148600	1515329	1983100
三、农业、工业和通讯						
设施农业种植占地面积	公顷	81	200	2	2287	2554
油料产量	吨	828	9492		159	1743
棉花产量	吨					
规模以上工业企业	个	15	19	2	62	75
固定电话用户	户	12487	21248	3605	7231	15665
四、教育、卫生和社会保障						
普通中学在校学生	人	1591	3649	295	19389	16260
小学在校学生	人	2110	5268	1751	25961	26143
医疗卫生机构床位	张	150	382	123	969	1192
提供住宿的民政服务机构	个	2	4	2	1	3
提供住宿的民政服务机构床位数	张	152	160	75	370	574

2022年县(市)社会经济主要指标

宁夏回族自治区

指标	单位	灵武市	平罗县	盐池县	同心县	青铜峡市
一、基本情况						
行政区域面积	平方公里	3009	2061	6554	4435	2325
乡	个	2	6	4	4	
镇	个	6	7	4	7	8
街道办事处	个	1		1		1
户籍人口	万人	25	31	17	39	27
二、综合经济						
地区生产总值	万元	7755810	2288752	1932876	1384569	1798714
第一产业增加值	万元	208602	299805	150713	260062	339842
第二产业增加值	万元	6661451	1230770	1286143	552126	975601
第三产业增加值	万元	885757	758177	496020	572381	483271
地方一般公共预算收入	万元	456069	82335	78250	39234	78404
地方一般公共预算支出	万元	689059	410745	405323	553830	378755
住户存款余额	万元	1870065	1499725	944723	857456	1371152
年末金融机构各项贷款余额	万元	2592215	1311891	1104605	1539599	1528038
三、农业、工业和通讯						
设施农业种植占地面积	公顷	2589	1087	247	9526	2543
油料产量	吨	28	6853	284	4820	
棉花产量	吨					
规模以上工业企业	个	148	167	67	62	88
固定电话用户	户	6938	4857	14474	15245	
四、教育、卫生和社会保障						
普通中学在校学生	人	15285	16266	8288	27050	13010
小学在校学生	人	21416	18089	11662	41861	13966
医疗卫生机构床位	张	1583	1350	722	1413	1079
提供住宿的民政服务机构	个	3	3	7	7	5
提供住宿的民政服务机构床位数	张	1245	460	1352	1480	804

2022年县(市)社会经济主要指标

宁夏回族自治区

指　　标	单位	西吉县	隆德县	泾源县	彭阳县	中宁县
一、基本情况						
行政区域面积	平方公里	3129	991	1129	2534	3370
乡	个	15	10	4	8	6
镇	个	4	3	3	4	6
街道办事处	个					
户籍人口	万人	47	15	11	24	35
二、综合经济						
地区生产总值	万元	861047	402102	231868	886735	2127925
第一产业增加值	万元	229752	78774	30876	168944	242393
第二产业增加值	万元	123517	82707	37896	351144	1195997
第三产业增加值	万元	507778	240621	163096	366647	689535
地方一般公共预算收入	万元	19601	10032	8753	43357	70216
地方一般公共预算支出	万元	652102	331020	234939	433174	528815
住户存款余额	万元	768718	528761	304341	560500	1784309
年末金融机构各项贷款余额	万元	1112807	394192	354337	638200	2244417
三、农业、工业和通讯						
设施农业种植占地面积	公顷	531	1168	10	1010	860
油料产量	吨	12938	2110	88	1776	114
棉花产量	吨					
规模以上工业企业	个	11	9	3	10	69
固定电话用户	户	5943	3026	4301	5300	15178
四、教育、卫生和社会保障						
普通中学在校学生	人	26565	7599	6609	11199	20929
小学在校学生	人	33071	8993	8106	13122	28980
医疗卫生机构床位	张	1739	921	486	859	1263
提供住宿的民政服务机构	个	6	8	5	9	5
提供住宿的民政服务机构床位数	张	1137	1152	518	807	1440

2022年县(市)社会经济主要指标

宁夏回族自治区、新疆维吾尔自治区

指　　标	单位	海原县	乌鲁木齐县	高昌区	鄯善县	托克逊县
一、基本情况						
行政区域面积	平方公里	4990	4210	13651	39760	16564
乡	个	12	3	3	3	1
镇	个	5	3	6	7	7
街道办事处	个		2	4		
户籍人口	万人	46	5	32	22	12
二、综合经济						
地区生产总值	万元	988609	319744	1438180	2197808	1633560
第一产业增加值	万元	185684	85022	332944	271713	140746
第二产业增加值	万元	239727	83097	294752	1344639	1118719
第三产业增加值	万元	563198	151625	810484	581456	374095
地方一般公共预算收入	万元	25005	34769	136564	178124	203445
地方一般公共预算支出	万元	621658	140615	365383	311627	220268
住户存款余额	万元	650000		930500	1005540	369761
年末金融机构各项贷款余额	万元	872600		1480600	1013769	634403
三、农业、工业和通讯						
设施农业种植占地面积	公顷	1227	6058	6350	1666	984
油料产量	吨	7934	393	137	55	1108
棉花产量	吨			674	1188	9377
规模以上工业企业	个	10	8	57	62	59
固定电话用户	户	20500	12869	54001	49613	22856
四、教育、卫生和社会保障						
普通中学在校学生	人	30149	2165	21513	16166	7210
小学在校学生	人	38849	3680	34686	23961	11434
医疗卫生机构床位	张	1470	173	1728	1223	701
提供住宿的民政服务机构	个	4	1	3	3	4
提供住宿的民政服务机构床位数	张	1160	100	210	140	386

2022年县(市)社会经济主要指标

新疆维吾尔自治区

指　　标	单位	伊州区	巴里坤哈萨克自治县	伊吾县	昌吉市	阜康市
一、基本情况						
行政区域面积	平方公里	80794	36900	19530	7974	8219
乡	个	12	7	4	2	3
镇	个	7	5	3	8	4
街道办事处	个	5			6	3
户籍人口	万人	43	10	2	41	16
二、综合经济						
地区生产总值	万元	5297193	1315914	2076762	5376139	3646964
第一产业增加值	万元	294837	121287	45410	538379	451199
第二产业增加值	万元	3004399	901073	1873749	2023487	2489148
第三产业增加值	万元	1997957	293554	157603	2814273	706617
地方一般公共预算收入	万元	383663	193714	316288	404633	197773
地方一般公共预算支出	万元	625230	363516	229216	637259	426916
住户存款余额	万元	5806444	322339	146000	5427450	1414754
年末金融机构各项贷款余额	万元	7231177	799248	116000	9308023	2220300
三、农业、工业和通讯						
设施农业种植占地面积	公顷	1168	32	4	180	46
油料产量	吨	1086	458	31	806	8
棉花产量	吨	34933	445	40	56699	27131
规模以上工业企业	个	113	29	32	157	75
固定电话用户	户	104068	10356	7199	107294	51426
四、教育、卫生和社会保障						
普通中学在校学生	人	24936	2919	1186	29212	7798
小学在校学生	人	33153	5280	1856	35528	10362
医疗卫生机构床位	张	2651	244	234	5854	758
提供住宿的民政服务机构	个	5	4	3	11	4
提供住宿的民政服务机构床位数	张	858	444	169	2975	461

2022年县(市)社会经济主要指标

新疆维吾尔自治区

指　　标	单位	呼图壁县	玛纳斯县	奇台县	吉木萨尔县	木垒哈萨克自治县
一、基本情况						
行政区域面积	平方公里	9517	9171	16644	8142	13582
乡	个	1	4	6	3	7
镇	个	6	7	10	6	4
街道办事处	个					
户籍人口	万人	20	23	23	13	8
二、综合经济						
地区生产总值	万元	1733811	1890435	2565575	5327989	1154329
第一产业增加值	万元	615468	608559	395683	253693	125145
第二产业增加值	万元	484551	592562	1444509	4491037	746521
第三产业增加值	万元	633793	689314	725383	583259	282663
地方一般公共预算收入	万元	109684	107192	131234	74468	51967
地方一般公共预算支出	万元	350559	342531	431829	432440	255247
住户存款余额	万元	1086692	1241492	1453634	728820	350332
年末金融机构各项贷款余额	万元	1272762	1351775	1995530	895420	570320
三、农业、工业和通讯						
设施农业种植占地面积	公顷	62	43	60	193	
油料产量	吨	102	232	3569	2326	1229
棉花产量	吨	100040	106317		714	
规模以上工业企业	个	55	34	43	83	34
固定电话用户	户	19576	10802	32195	20739	3163
四、教育、卫生和社会保障						
普通中学在校学生	人	8083	5549	10294	5165	3098
小学在校学生	人	9964	7257	14273	7791	5018
医疗卫生机构床位	张	887	610	972	679	420
提供住宿的民政服务机构	个	3	2	6	5	2
提供住宿的民政服务机构床位数	张	430	610	390	900	250

2022年县(市)社会经济主要指标

新疆维吾尔自治区

指　　标	单位	博乐市	阿拉山口市	精河县	温泉县	库尔勒市
一、基本情况						
行政区域面积	平方公里	5947	1227	10424	5885	6787
乡	个	1		1	3	9
镇	个	4	1	4	3	3
街道办事处	个	5	2			7
户籍人口	万人	19		12	6	49
二、综合经济						
地区生产总值	万元	2168030	1148177	1133608	366739	9816222
第一产业增加值	万元	492020		398889	127260	499364
第二产业增加值	万元	673583	458341	348223	74811	7238160
第三产业增加值	万元	1002427	689836	386496	164668	2078698
地方一般公共预算收入	万元	168618	103091	76813	24123	251300
地方一般公共预算支出	万元	477829	242625	268912	198592	674398
住户存款余额	万元	1853009		764736	259150	7624465
年末金融机构各项贷款余额	万元	2973764	99000	984020	401262	7149771
三、农业、工业和通讯						
设施农业种植占地面积	公顷	100		17	13	508
油料产量	吨	392		392	832	1040
棉花产量	吨	60436		129634		123476
规模以上工业企业	个	56	38	28	10	89
固定电话用户	户	65551	957	13947	9738	119279
四、教育、卫生和社会保障						
普通中学在校学生	人	11600	244	5113	1869	32058
小学在校学生	人	17392	602	8986	3130	56993
医疗卫生机构床位	张	1616	100	746	322	3699
提供住宿的民政服务机构	个	6		4	3	14
提供住宿的民政服务机构床位数	张	843		448	172	1405

2022年县(市)社会经济主要指标

新疆维吾尔自治区

指　　标	单位	轮台县	尉犁县	若羌县	且末县	焉耆回族自治县
一、基本情况						
行政区域面积	平方公里	14182	59190	202300	138376	2429
乡	个	7	5	3	7	4
镇	个	4	3	5	6	4
街道办事处	个					
户籍人口	万人	11	11	3	6	12
二、综合经济						
地区生产总值	万元	809355	766713	871686	364700	627370
第一产业增加值	万元	211498	384926	142579	110671	167761
第二产业增加值	万元	261450	51995	594904	56982	132797
第三产业增加值	万元	336407	329792	134203	197046	326812
地方一般公共预算收入	万元	129173	24947	104808	13082	37325
地方一般公共预算支出	万元	297117	187716	236074	212669	191315
住户存款余额	万元	567274	591302	245122	268953	694756
年末金融机构各项贷款余额	万元	634123	627470	556713	274539	429861
三、农业、工业和通讯						
设施农业种植占地面积	公顷	181	153	92	38	103
油料产量	吨	1455	811	482	1140	1682
棉花产量	吨	135657	142753	7835	20567	970
规模以上工业企业	个	37	12	19	5	18
固定电话用户	户	7097	6560	2548	18283	31899
四、教育、卫生和社会保障						
普通中学在校学生	人	7596	4928	2119	3711	6803
小学在校学生	人	16239	6863	3268	8451	11367
医疗卫生机构床位	张	1309	356	352	559	877
提供住宿的民政服务机构	个	4	1	4	1	5
提供住宿的民政服务机构床位数	张	595	324	180	130	360

2022年县(市)社会经济主要指标

新疆维吾尔自治区

指　　标	单位	和静县	和硕县	博湖县	阿克苏市	库车市
一、基本情况						
行政区域面积	平方公里	34976	12741	3593	13584	14530
乡	个	4	4	5	3	5
镇	个	8	3	2	3	9
街道办事处	个				7	4
户籍人口	万人	15	5	6	58	48
二、综合经济						
地区生产总值	万元	1176292	457991	308046	3237233	3796963
第一产业增加值	万元	329989	217492	114426	388786	377572
第二产业增加值	万元	409111	46640	35850	945700	2293018
第三产业增加值	万元	437192	193859	157770	1902747	1126373
地方一般公共预算收入	万元	71943	14033	14502	287136	460630
地方一般公共预算支出	万元	306838	149384	137618	691637	738639
住户存款余额	万元	765496	382685	311949	6371200	1620599
年末金融机构各项贷款余额	万元	643620	287219	648056	7068300	2501247
三、农业、工业和通讯						
设施农业种植占地面积	公顷	687	921	194	1430	754
油料产量	吨	2652	463	2218	2525	2529
棉花产量	吨		3038	9753	134423	249857
规模以上工业企业	个	30	20	9	120	80
固定电话用户	户	17469	9183	8724	92300	43476
四、教育、卫生和社会保障						
普通中学在校学生	人	9440	3097	2922	44989	39535
小学在校学生	人	14238	4593	3616	88647	64798
医疗卫生机构床位	张	766	318	459	2059	2727
提供住宿的民政服务机构	个	5	4	4	10	23
提供住宿的民政服务机构床位数	张	626	296	136	754	1529

2022年县(市)社会经济主要指标

新疆维吾尔自治区

指　　标	单位	温宿县	沙雅县	新和县	拜城县	乌什县
一、基本情况						
行政区域面积	平方公里	14335	31849	5821	19100	9082
乡	个	5	4	2	10	6
镇	个	8	7	6	4	3
街道办事处	个					
户籍人口	万人	23	26	19	24	22
二、综合经济						
地区生产总值	万元	1115673	1220536	777580	1507292	661672
第一产业增加值	万元	357883	309248	246009	192435	143536
第二产业增加值	万元	266887	435709	168503	939646	132318
第三产业增加值	万元	490903	475579	363068	375211	385818
地方一般公共预算收入	万元	78000	214450	58020	252170	32647
地方一般公共预算支出	万元	479729	487868	266971	477458	367788
住户存款余额	万元	906429	776938	373967	774500	346718
年末金融机构各项贷款余额	万元	1367700	1554715	667296	1017900	532260
三、农业、工业和通讯						
设施农业种植占地面积	公顷	369	99	933	243	585
油料产量	吨	2107	1520	1400	5271	1440
棉花产量	吨	70370	257043	114269	802	
规模以上工业企业	个	51	41	22	44	17
固定电话用户	户	9906	18000	7318	10200	15800
四、教育、卫生和社会保障						
普通中学在校学生	人	17093	19536	15037	16329	16112
小学在校学生	人	30664	33183	28762	28295	31769
医疗卫生机构床位	张	886	1195	1338	1025	646
提供住宿的民政服务机构	个	13	12	10	9	16
提供住宿的民政服务机构床位数	张	337	925	672	965	1050

2022年县(市)社会经济主要指标

新疆维吾尔自治区

指　　标	单位	阿瓦提县	柯坪县	阿图什市	阿克陶县	阿合奇县
一、基本情况						
行政区域面积	平方公里	12543	8846	16161	25059	12737
乡	个	2	2	4	7	5
镇	个	7	3	3	5	1
街道办事处	个			3		
户籍人口	万人	27	5	29	23	5
二、综合经济						
地区生产总值	万元	834306	233933	855616	621049	185557
第一产业增加值	万元	276333	45596	123443	106923	16793
第二产业增加值	万元	139339	72667	224808	224665	48833
第三产业增加值	万元	418634	115670	507365	289461	119931
地方一般公共预算收入	万元	41032	14157	53100	50645	11025
地方一般公共预算支出	万元	413072	175625	460000	537929	183546
住户存款余额	万元	575958	97772	729300	310523	84349
年末金融机构各项贷款余额	万元	1022989	141166	943500	440065	98566
三、农业、工业和通讯						
设施农业种植占地面积	公顷	427	26	72	314	36
油料产量	吨	2364		300	268	52
棉花产量	吨	181225	19067	12442	7475	
规模以上工业企业	个	22	14	25	13	2
固定电话用户	户	14911	2030	19771	13742	2357
四、教育、卫生和社会保障						
普通中学在校学生	人	20210	4760	24878	16437	1885
小学在校学生	人	33957	7709	43226	38904	4991
医疗卫生机构床位	张	1403	392	2910	1461	270
提供住宿的民政服务机构	个	7	5	11	14	3
提供住宿的民政服务机构床位数	张	502	300	1012	1200	160

2022年县(市)社会经济主要指标

新疆维吾尔自治区

指　　标	单位	乌恰县	喀什市	疏附县	疏勒县	英吉沙县
一、基本情况						
行政区域面积	平方公里	22000	1003	2710	2103	3400
乡	个	8	9	6	12	10
镇	个	3	2	4	3	4
街道办事处	个		8			
户籍人口	万人	6	68	28	38	30
二、综合经济						
地区生产总值	万元	508977	2767554	619525	903576	579958
第一产业增加值	万元	21170	125638	239901	370425	189224
第二产业增加值	万元	278349	695584	99150	154472	117004
第三产业增加值	万元	209458	1946332	280474	378679	273730
地方一般公共预算收入	万元	55772	205097	28488	44116	21846
地方一般公共预算支出	万元	281690	950021	396681	505597	392783
住户存款余额	万元	121716	3386376	277460	597927	256562
年末金融机构各项贷款余额	万元	204730	3749295	400794	549771	275582
三、农业、工业和通讯						
设施农业种植占地面积	公顷	77	797	910	2490	1576
油料产量	吨	62	180	1830	3360	1590
棉花产量	吨		19370	4775	48391	32741
规模以上工业企业	个	9	47	25	55	15
固定电话用户	户	16876	90931	20943	3093	29285
四、教育、卫生和社会保障						
普通中学在校学生	人	2509	69494	20072	27941	25733
小学在校学生	人	7001	122415	43742	59752	55769
医疗卫生机构床位	张	443	7061	1474	2722	1804
提供住宿的民政服务机构	个	9	8	14	16	13
提供住宿的民政服务机构床位数	张	640	1684	1195	1619	1140

2022年县(市)社会经济主要指标

新疆维吾尔自治区

指　　标	单位	泽普县	莎车县	叶城县	麦盖提县	岳普湖县
一、基本情况						
行政区域面积	平方公里	988	8912	28561	10095	2956
乡	个	11	15	15	8	5
镇	个	2	14	6	2	4
街道办事处	个		5			
户籍人口	万人	21	89	55	24	17
二、综合经济						
地区生产总值	万元	584011	1578522	1260517	793581	451623
第一产业增加值	万元	222191	567671	451500	402363	119643
第二产业增加值	万元	111571	261097	206689	96135	94460
第三产业增加值	万元	250249	749754	602328	295083	237520
地方一般公共预算收入	万元	25907	69500	61665	24580	22368
地方一般公共预算支出	万元	291451	996730	706547	341690	317909
住户存款余额	万元	643759	1136310	748922	490100	261479
年末金融机构各项贷款余额	万元	406225	1334227	854585	567443	324023
三、农业、工业和通讯						
设施农业种植占地面积	公顷	292	4593	1766	616	245
油料产量	吨	529	1415	6402	831	257
棉花产量	吨	8012	88418	20231	81972	81752
规模以上工业企业	个	15	46	45	18	16
固定电话用户	户	18293	23668	61970	11255	9717
四、教育、卫生和社会保障						
普通中学在校学生	人	17102	85425	44463	17982	11866
小学在校学生	人	32275	166425	100736	36075	26499
医疗卫生机构床位	张	1187	4583	3627	1552	1012
提供住宿的民政服务机构	个	18	40	31	12	8
提供住宿的民政服务机构床位数	张	1274	4472	2739	1315	470

2022年县(市)社会经济主要指标

新疆维吾尔自治区

指　　标	单位	伽师县	巴楚县	塔什库尔干塔吉克自治县	和田市	和田县
一、基本情况						
行政区域面积	平方公里	6528	18254	23678	688	40966
乡	个	7	8	10	5	10
镇	个	6	4	2	3	2
街道办事处	个				4	
户籍人口	万人	46	38	4	42	35
二、综合经济						
地区生产总值	万元	903797	989103	193458	1360184	562491
第一产业增加值	万元	372776	365316	14250	51902	153120
第二产业增加值	万元	164947	226049	61207	239501	117643
第三产业增加值	万元	366074	397737	118001	1068781	291728
地方一般公共预算收入	万元	46055	39230	17369	126500	32145
地方一般公共预算支出	万元	566996	538012	307942	625900	513240
住户存款余额	万元	476616	749029	90550	1702200	210180
年末金融机构各项贷款余额	万元	681405	1087690	107299	1280900	288289
三、农业、工业和通讯						
设施农业种植占地面积	公顷	1157	809	12	687	438
油料产量	吨	524	1297		3030	3473
棉花产量	吨	158709	150728	679	86	1092
规模以上工业企业	个	18	29	4	27	23
固定电话用户	户	18854	4613	9456	50612	12217
四、教育、卫生和社会保障						
普通中学在校学生	人	38616	30505	2607	36778	26534
小学在校学生	人	89433	66341	4259	101427	78446
医疗卫生机构床位	张	1096	2271	226	2551	1402
提供住宿的民政服务机构	个	17	4	12	14	16
提供住宿的民政服务机构床位数	张	1220	459	526	1081	1650

2022年县(市)社会经济主要指标

新疆维吾尔自治区

指　　标	单位	墨玉县	皮山县	洛浦县	策勒县	于田县
一、基本情况						
行政区域面积	平方公里	25386	39008	14012	31578	39031
乡	个	11	10	5	6	13
镇	个	5	6	4	2	2
街道办事处	个	3	1	1	1	2
户籍人口	万人	65	29	30	17	29
二、综合经济						
地区生产总值	万元	970006	495215	516587	324405	497542
第一产业增加值	万元	349299	122904	113058	95319	151503
第二产业增加值	万元	154513	71409	89661	39301	87503
第三产业增加值	万元	466194	300902	313868	189785	258536
地方一般公共预算收入	万元	70500	24151	52465	22056	38188
地方一般公共预算支出	万元	833800	493036	463969	314504	633174
住户存款余额	万元	483200	282800	299706	190400	295400
年末金融机构各项贷款余额	万元	787400	361800	470064	363000	439600
三、农业、工业和通讯						
设施农业种植占地面积	公顷		328	267	144	232
油料产量	吨	277	973	860	2124	299
棉花产量	吨	1841	1021	298	972	1484
规模以上工业企业	个	19	5	24	7	17
固定电话用户	户	152300	33150	5210	7513	6100
四、教育、卫生和社会保障						
普通中学在校学生	人	49438	20425	22554	11210	20873
小学在校学生	人	125916	54829	64456	25170	52582
医疗卫生机构床位	张	3442	1432	1877	740	1650
提供住宿的民政服务机构	个	24	15	16	9	15
提供住宿的民政服务机构床位数	张	1622	1289	1480	750	1660

2022年县(市)社会经济主要指标

新疆维吾尔自治区

指　　标	单位	民丰县	伊宁市	奎屯市	霍尔果斯市	伊宁县
一、基本情况						
行政区域面积	平方公里	56709	693	910	1909	4382
乡	个	6	5	1	1	8
镇	个	1	4			10
街道办事处	个	1	9	6	4	
户籍人口	万人	4	61	14	7	40
二、综合经济						
地区生产总值	万元	179102	3502388	2543896	2083528	1228645
第一产业增加值	万元	37288	119754	110643	132481	472950
第二产业增加值	万元	15104	1168942	1478431	208552	347163
第三产业增加值	万元	126710	2213692	954822	1742495	408532
地方一般公共预算收入	万元	20819	243195	164114	440044	89973
地方一般公共预算支出	万元	164527	761261	354830	767087	464569
住户存款余额	万元	111739	4091935	3142300	145210	573027
年末金融机构各项贷款余额	万元	103227	9883456	4153570	238254	1054365
三、农业、工业和通讯						
设施农业种植占地面积	公顷	68	773		21	98
油料产量	吨	6	303	19	885	3081
棉花产量	吨	9		21559		
规模以上工业企业	个	2	41	38	22	40
固定电话用户	户	7700	148600	67688	10504	37058
四、教育、卫生和社会保障						
普通中学在校学生	人	2626	47223	14004	2751	28831
小学在校学生	人	5428	71389	12869	3188	47468
医疗卫生机构床位	张	302	6098	2318	378	1800
提供住宿的民政服务机构	个	1	6	9	1	4
提供住宿的民政服务机构床位数	张	100	653	1841	60	410

2022年县(市)社会经济主要指标

新疆维吾尔自治区

指　　标	单位	察布查尔锡伯自治县	霍城县	巩留县	新源县	昭苏县
一、基本情况						
行政区域面积	平方公里	3583	2703	3823	7230	9116
乡	个	6	3	2	2	4
镇	个	7	6	6	9	6
街道办事处	个					
户籍人口	万人	19	27	18	31	17
二、综合经济						
地区生产总值	万元	885863	1192340	740679	1287318	535551
第一产业增加值	万元	380336	420261	310674	419465	263694
第二产业增加值	万元	185891	243087	182448	418727	39944
第三产业增加值	万元	319636	528992	247557	449126	231913
地方一般公共预算收入	万元	53032	52212	32649	70573	26500
地方一般公共预算支出	万元	349639	360308	255779	355998	325321
住户存款余额	万元	603746	1089267	464573	952930	322246
年末金融机构各项贷款余额	万元	817399	1040292	487411	924432	431070
三、农业、工业和通讯						
设施农业种植占地面积	公顷	518	49	44	253	15
油料产量	吨	2620	3646	3373	2654	47662
棉花产量	吨	1622	752			
规模以上工业企业	个	30	15	14	26	7
固定电话用户	户	31139	34010	21349	68693	12924
四、教育、卫生和社会保障						
普通中学在校学生	人	10431	17290	12575	21046	9085
小学在校学生	人	15924	25448	20344	30157	16266
医疗卫生机构床位	张	725	1360	810	1400	714
提供住宿的民政服务机构	个	9	1	1	6	1
提供住宿的民政服务机构床位数	张	764	214	350	565	229

2022年县(市)社会经济主要指标

新疆维吾尔自治区

指　　标	单位	特克斯县	尼勒克县	塔城市	乌苏市	沙湾市
一、基本情况						
行政区域面积	平方公里	7389	9917	4356	14376	12460
乡	个	2	6	4	7	3
镇	个	6	5	3	10	9
街道办事处	个			3	5	
户籍人口	万人	16	17	14	21	20
二、综合经济						
地区生产总值	万元	486864	754592	1300500	2477100	2454338
第一产业增加值	万元	176110	266978	404500	1064000	1331047
第二产业增加值	万元	64025	216790	171500	714100	319075
第三产业增加值	万元	246729	270824	724500	699000	804216
地方一般公共预算收入	万元	32380	39886	44100	107640	91855
地方一般公共预算支出	万元	247783	298333	327800	354452	308003
住户存款余额	万元	286661	373811	819100	1877908	1497081
年末金融机构各项贷款余额	万元	409762	506466	1683600	1845168	1285181
三、农业、工业和通讯						
设施农业种植占地面积	公顷	558	62	66	118	115
油料产量	吨	8476	4034	50	3104	4869
棉花产量	吨				231151	225686
规模以上工业企业	个	9	10	10	38	33
固定电话用户	户	18336	20109	54800	29600	44625
四、教育、卫生和社会保障						
普通中学在校学生	人	11509	10542	10198	12050	10604
小学在校学生	人	18280	16877	9497	14746	12278
医疗卫生机构床位	张	712	843	1378	1261	735
提供住宿的民政服务机构	个	2	1	4	1	4
提供住宿的民政服务机构床位数	张	249	360	82	280	711

2022年县(市)社会经济主要指标

新疆维吾尔自治区

指　　标	单位	额敏县	托里县	裕民县	和布克赛尔蒙古自治县	阿勒泰市
一、基本情况						
行政区域面积	平方公里	9158	19987	6220	29908	10826
乡	个	5	4	4	6	6
镇	个	6	4	2	2	5
街道办事处	个					4
户籍人口	万人	15	9	5	5	18
二、综合经济						
地区生产总值	万元	1220600	534445	242184	545500	1118460
第一产业增加值	万元	425900	142411	98639	140900	146874
第二产业增加值	万元	224000	190529	31671	224300	186479
第三产业增加值	万元	570700	201505	111874	180300	785107
地方一般公共预算收入	万元	29541	32472	10088	146616	52030
地方一般公共预算支出	万元	323655	185643	157970	190198	332664
住户存款余额	万元	901863	261643	255900	236969	1455074
年末金融机构各项贷款余额	万元	952300	268026	253400	185462	2177722
三、农业、工业和通讯						
设施农业种植占地面积	公顷		17	42	0	16
油料产量	吨	622	1546	10817	67	24001
棉花产量	吨		2362		10214	
规模以上工业企业	个	19	17	4	12	11
固定电话用户	户	33000	13298	8711	3834	8806
四、教育、卫生和社会保障						
普通中学在校学生	人	9169	5222	2198	2178	10583
小学在校学生	人	12318	8338	3920	4158	12080
医疗卫生机构床位	张	752	566	260	533	1765
提供住宿的民政服务机构	个	4	6	1	2	13
提供住宿的民政服务机构床位数	张	600	318	146	316	722

2022年县(市)社会经济主要指标

新疆维吾尔自治区

指　标	单位	布尔津县	富蕴县	福海县	哈巴河县	青河县
一、基本情况						
行政区域面积	平方公里	10345	32212	32378	8180	15744
乡	个	3	5	3	3	3
镇	个	4	5	3	4	4
街道办事处	个					
户籍人口	万人	7	10	6	8	6
二、综合经济						
地区生产总值	万元	396882	823174	519830	650560	308880
第一产业增加值	万元	37302	67145	207310	97563	44639
第二产业增加值	万元	155005	551672	103500	365435	111024
第三产业增加值	万元	204575	204357	209020	187562	153217
地方一般公共预算收入	万元	26441	96291	39880	64494	24751
地方一般公共预算支出	万元	200005	271064	234897	225698	205717
住户存款余额	万元	285507	373595	379321	268514	
年末金融机构各项贷款余额	万元	481494	446212	665025	326452	239036
三、农业、工业和通讯						
设施农业种植占地面积	公顷	3	11	31	5	
油料产量	吨	12103	130	7420	12232	44
棉花产量	吨					
规模以上工业企业	个	21	20	12	15	12
固定电话用户	户	14900	20088	14881	19614	23979
四、教育、卫生和社会保障						
普通中学在校学生	人	4191	6637	3551	5985	4505
小学在校学生	人	6480	10417	5819	7622	7302
医疗卫生机构床位	张	546	554	374	629	287
提供住宿的民政服务机构	个	9	1	4	6	1
提供住宿的民政服务机构床位数	张	440	110	244	364	110

2022年县(市)社会经济主要指标

新疆维吾尔自治区

指　　标	单位	吉木乃县	石河子市	阿拉尔市	图木舒克市
一、基本情况					
行政区域面积	平方公里	7146	457	6757	3848
乡	个	3		1	
镇	个	4	2	15	14
街道办事处	个		5	3	3
户籍人口	万人	4	35	35	24
二、综合经济					
地区生产总值	万元	180782	4762798	3809065	2301649
第一产业增加值	万元	13654	118559	1667673	730546
第二产业增加值	万元	62299	2977251	778765	578274
第三产业增加值	万元	104829	1666988	1362627	992829
地方一般公共预算收入	万元	13369	696824	181690	107043
地方一般公共预算支出	万元	177828	905433	1202512	1106755
住户存款余额	万元	128745	5230901	2412940	1490757
年末金融机构各项贷款余额	万元	122722	3674899	3176614	2285874
三、农业、工业和通讯					
设施农业种植占地面积	公顷	14	129	1151	403
油料产量	吨	6184	406	9010	11431
棉花产量	吨		51016	379038	165493
规模以上工业企业	个	6	113	176	92
固定电话用户	户	9903	49700	40676	17196
四、教育、卫生和社会保障					
普通中学在校学生	人	1878	13928	21412	22336
小学在校学生	人	2578	21697	30410	38732
医疗卫生机构床位	张	167	5130	2786	1997
提供住宿的民政服务机构	个	8	17	12	3
提供住宿的民政服务机构床位数	张	170	3518	1434	900

2022年县(市)社会经济主要指标

新疆维吾尔自治区

指　　标	单位	五家渠市	北屯市	铁门关市	双河市
一、基本情况					
行政区域面积	平方公里	740	911	1952	742
乡	个				
镇	个	3	3	9	5
街道办事处	个	3	3	1	1
户籍人口	万人	10	5	13	6
二、综合经济					
地区生产总值	万元	2574880	531696	1189654	694411
第一产业增加值	万元	111047	81910	385258	184414
第二产业增加值	万元	1890163	158957	292449	121145
第三产业增加值	万元	573670	290829	511947	388852
地方一般公共预算收入	万元	301164	41574	58814	41108
地方一般公共预算支出	万元	991117	423574	682958	451212
住户存款余额	万元	1440574	1062779		1054930
年末金融机构各项贷款余额	万元	1591532	951210		1073508
三、农业、工业和通讯					
设施农业种植占地面积	公顷	220	356	514	259
油料产量	吨	51	7081	2458	1606
棉花产量	吨	44771		53263	80164
规模以上工业企业	个	60	22	91	27
固定电话用户	户	36994	23390	9595	9590
四、教育、卫生和社会保障					
普通中学在校学生	人	11143	4620	13104	3897
小学在校学生	人	9181	5469	15510	3419
医疗卫生机构床位	张	1010	975	359	280
提供住宿的民政服务机构	个	3	4	1	3
提供住宿的民政服务机构床位数	张	935	880	290	498

2022年县(市)社会经济主要指标

新疆维吾尔自治区

指　　标	单位	可克达拉市	昆玉市	胡杨河市	新星市
一、基本情况					
行政区域面积	平方公里	980	2122	679	540
乡	个				
镇	个	5	5	1	3
街道办事处	个	2	1	1	
户籍人口	万人	8	6	3	9
二、综合经济					
地区生产总值	万元	1015637	383740	766368	337474
第一产业增加值	万元	209908	177625	252847	96406
第二产业增加值	万元	426370	68658	267370	75111
第三产业增加值	万元	379359	137457	246151	165957
地方一般公共预算收入	万元	100289	25021	9085	8183
地方一般公共预算支出	万元	967428	381423	42839	286375
住户存款余额	万元	2078270			920345
年末金融机构各项贷款余额	万元	1824734			1674258
三、农业、工业和通讯					
设施农业种植占地面积	公顷	170	156	24	299
油料产量	吨	2536	2987	652	2553
棉花产量	吨	23890	220	130476	19057
规模以上工业企业	个	28	13	57	47
固定电话用户	户	13651	5839	3411	5375
四、教育、卫生和社会保障					
普通中学在校学生	人	5735	3968	2016	5235
小学在校学生	人	5796	9950	1272	6745
医疗卫生机构床位	张	765	217	165	365
提供住宿的民政服务机构	个	4		3	4
提供住宿的民政服务机构床位数	张	582		398	213

2

按地方一般公共预算收入分组县（市）资料

2022年地方一般公共预算收入分组的社会经济基本情况

指　　标	单位	地方一般公共预算收入			
		1亿元以下	1亿元—5亿元	5亿元-10亿元	10亿元以上
一、基本情况					
县个数	个	125	572	452	939
行政区域面积	万平方公里	171	308	154	272
乡	个	678	2397	1821	2775
镇	个	465	3949	4090	10153
街道办事处	个	33	408	475	2474
户籍人口	万人	804	15172	19693	66763
二、综合经济					
地区生产总值	亿元	3273	50539	73668	473815
第一产业增加值	亿元	733	13399	15980	46435
第二产业增加值	亿元	1132	14358	25334	220920
第三产业增加值	亿元	1407	22782	32355	206460
地方一般公共预算收入	亿元	67	1717	3236	30022
地方一般公共预算支出	亿元	2084	16047	15892	61584
住户存款余额	亿元	2441	56223	82790	408395
年末金融机构各项贷款余额	亿元	2096	47917	67681	481693
三、农业、工业和通讯					
设施农业种植占地面积	公顷	4933	316925	361477	1951979
油料产量	万吨	18	384	633	2237
棉花产量	万吨	15	105	90	260
规模以上工业企业	个	913	16495	31412	242691
固定电话用户	万户	73	938	1160	5276
四、教育、卫生和社会保障					
普通中学在校学生	万人	34	708	982	3582
小学在校学生	万人	65	969	1306	4745
医疗卫生机构床位	万张	4	75	99	362
提供住宿的社会工作机构	个	409	4421	6267	22995
提供住宿的社会工作机构床位数	万张	4	36	50	235

2022年地方一般公共预算收入达10亿元的县(市)分布

单位：万元

省(区、市)	县(市)	地方一般公共预算收入	省(区、市)	县(市)	地方一般公共预算收入
北京市	大兴区	1044324		涞源县	141264
	怀柔区	434689		曲阳县	103953
	平谷区	275721		涿州市	342115
	密云区	396936		定州市	309391
	延庆区	242937		高碑店市	172301
天津市	宝坻区	301877		怀来县	171851
	宁河区	145372		滦平县	222770
	静海区	379293		宽城满族自治县	126951
	蓟州区	205373		沧　县	151019
河北省	藁城区	469087		青　县	127341
	鹿泉区	400644		肃宁县	139795
	栾城区	207946		泊头市	116243
	井陉县	115472		任丘市	442529
	正定县	548938		黄骅市	689293
	无极县	138367		河间市	159552
	平山县	252954		固安县	335969
	元氏县	156945		永清县	213900
	辛集市	281568		香河县	319738
	晋州市	135582		大城县	131919
	新乐市	132790		文安县	182898
	丰南区	390261		大厂回族自治县	273343
	丰润区	306461		霸州市	290281
	曹妃甸区	1032952		三河市	547459
	滦南县	176224		枣强县	113980
	乐亭县	143900		安平县	112046
	迁西县	120324		故城县	120164
	玉田县	152974		景　县	119006
	遵化市	185818		深州市	128424
	迁安市	666342	山西省	清徐县	204837
	滦州市	260001		古交市	283449
	昌黎县	182692		左云县	234039
	肥乡区	130954		盂　县	140489
	永年区	236485		上党区	207014
	成安县	161215		屯留区	163566
	涉　县	179513		襄垣县	264291
	磁　县	119463		长子县	295188
	广平县	110222		武乡县	182644
	魏　县	169476		沁源县	306523
	武安市	478163		沁水县	400069
	信都区	337712		阳城县	419049
	宁晋县	162666		泽州县	514158
	清河县	119175		高平市	568970
	沙河市	134362		山阴县	249832
	清苑区	160794		怀仁市	241353
	徐水区	228395		昔阳县	115860
	阜平县	175965		寿阳县	161200
	定兴县	108358		灵石县	276488

续表 1　　　　单位：万元

省(区、市)	县(市)	地方一般公共预算收入	省(区、市)	县(市)	地方一般公共预算收入
	介休市	344366		大石桥市	203404
	河津市	212724		灯塔市	114609
	宁武县	196357		建平县	118823
	河曲县	292540		北票市	101671
	保德县	161626		凌源市	112600
	原平市	138870		兴城市	100658
	洪洞县	122690	吉林省	农安县	106477
	乡宁县	322696		榆树市	115688
	蒲　县	207072		公主岭市	176748
	离石区	316514		梅河口市	275233
	兴　县	300044		前郭尔罗斯蒙古族自治县	111380
	临　县	172265		长岭县	106946
	柳林县	529992		扶余市	109037
	岚　县	108418		大安市	107445
	中阳县	272101		延吉市	175466
	孝义市	447690	黑龙江省	富锦市	107081
	汾阳市	273219		嫩江市	107927
内蒙古自治区	土默特左旗	198710	上海市	奉贤区	2224845
	和林格尔县	143127		崇明区	1218788
	土默特右旗	101452	江苏省	浦口区	602768
	霍林郭勒市	164059		江宁区	2029631
	东胜区	766620		六合区	457799
	达拉特旗	333828		溧水区	573130
	准格尔旗	1592680		高淳区	388008
	鄂托克前旗	172062		锡山区	1117521
	鄂托克旗	489256		江阴市	2268272
	杭锦旗	104018		宜兴市	1317220
	乌审旗	430220		铜山区	539274
	伊金霍洛旗	1343959		丰　县	332543
	鄂温克族自治旗	113891		沛　县	500149
	临河区	164594		睢宁县	422491
	乌拉特后旗	150472		新沂市	460698
	集宁区	125237		邳州市	432799
	乌兰浩特市	100388		武进区	2039309
	锡林浩特市	332552		金坛区	512698
	东乌珠穆沁旗	186427		溧阳市	810916
	西乌珠穆沁旗	239086		吴中区	2103973
	阿拉善左旗	160529		吴江区	2260614
辽宁省	康平县	113909		常熟市	2200023
	法库县	115812		张家港市	2190735
	新民市	155990		昆山市	4301800
	瓦房店市	590558		太仓市	1778188
	庄河市	615424		通州区	752222
	海城市	300548		海门区	561652
	东港市	173813		如东县	527214
	凤城市	116246		启东市	671570
	凌海市	124880		如皋市	735044

续表 2

单位：万元

省(区、市)	县(市)	地方一般公共预算收入	省(区、市)	县(市)	地方一般公共预算收入
	海安市	660203		余姚市	1207431
	赣榆区	334903		慈溪市	2047306
	东海县	300280		洞头区	173125
	灌云县	237754		永嘉县	357557
	灌南县	236147		平阳县	367406
	淮安区	348824		苍南县	302661
	淮阴区	319934		文成县	107693
	洪泽区	238983		泰顺县	151032
	涟水县	300184		瑞安市	660057
	盱眙县	204680		乐清市	834679
	金湖县	272803		龙港市	229129
	盐都区	428238		嘉善县	804787
	大丰区	581616		海盐县	623726
	响水县	253463		海宁市	950769
	滨海县	289589		平湖市	807227
	阜宁县	305023		桐乡市	1058401
	射阳县	307600		德清县	798420
	建湖县	376518		长兴县	818826
	东台市	606007		安吉县	624837
	邗江区	532805		柯桥区	1325910
	江都区	558692		上虞区	910102
	宝应县	244783		新昌县	416516
	仪征市	466517		诸暨市	902800
	高邮市	400919		嵊州市	472840
	丹徒区	231539		武义县	331033
	丹阳市	719302		浦江县	243761
	扬中市	361516		磐安县	137800
	句容市	398162		兰溪市	344951
	姜堰区	412864		义乌市	1328995
	兴化市	480194		东阳市	816147
	靖江市	679943		永康市	668606
	泰兴市	900135		衢江区	147600
	宿豫区	350190		常山县	166087
	沭阳县	607067		开化县	125073
	泗阳县	300313		龙游县	275986
	泗洪县	275706		江山市	289696
浙江省	萧山区	3183090		岱山县	200134
	余杭区	3529300		三门县	320589
	富阳区	917363		天台县	247958
	临安区	839885		仙居县	186522
	桐庐县	414900		温岭市	813380
	淳安县	239200		临海市	621134
	建德市	520165		玉环市	503800
	鄞州区	2795978		青田县	221595
	奉化区	692970		缙云县	213525
	象山县	608166		遂昌县	152783
	宁海县	624665		松阳县	100288

续表 3　　　　单位：万元

省(区、市)	县(市)	地方一般公共预算收入	省(区、市)	县(市)	地方一般公共预算收入
	景宁畲族自治县	158950		涡阳县	209961
	龙泉市	115400		蒙城县	278201
安徽省	长丰县	549000		利辛县	191768
	肥东县	600543		东至县	137775
	肥西县	638460		青阳县	153478
	庐江县	262303		郎溪县	220504
	巢湖市	261875		泾县	165847
	湾沚区	377920		宁国市	372265
	繁昌区	388681		广德市	359172
	南陵县	236708	福建省	长乐区	680510
	无为市	307749		闽侯县	1007442
	怀远县	264245		连江县	336899
	五河县	162023		罗源县	117647
	固镇县	166577		闽清县	181514
	凤台县	288513		永泰县	114278
	寿县	192337		平潭县	235611
	当涂县	366020		福清市	1172052
	含山县	165323		仙游县	296457
	和县	298824		沙县区	105761
	濉溪县	284000		永安市	200771
	义安区	200719		惠安县	623191
	枞阳县	122998		安溪县	315321
	怀宁县	165657		永春县	138451
	宿松县	105305		德化县	159742
	桐城市	222780		石狮市	436207
	潜山市	110808		晋江市	1508800
	歙县	149180		南安市	682192
	休宁县	105178		龙海区	496343
	来安县	254334		长泰区	164489
	全椒县	245341		漳浦县	181803
	定远县	258047		东山县	162738
	凤阳县	405000		南靖县	100274
	天长市	467416		建阳区	140270
	明光市	223923		邵武市	130038
	临泉县	185961		建瓯市	112039
	太和县	215157		永定区	105646
	阜南县	155480		长汀县	101023
	颍上县	311763		上杭县	340635
	界首市	203222		漳平市	105902
	砀山县	145404		福安市	395648
	萧县	205379		福鼎市	238985
	灵璧县	142906	江西省	新建区	613225
	泗县	155468		南昌县	1062500
	霍邱县	250186		安义县	146148
	舒城县	218458		进贤县	212402
	金寨县	200337		乐平市	332868
	霍山县	168601		上栗县	166836

续表 4 单位：万元

省(区、市)	县(市)	地方一般公共预算收入	省(区、市)	县(市)	地方一般公共预算收入
	芦溪县	123383		鄱阳县	155742
	柴桑区	126812		万年县	153090
	武宁县	142301		婺源县	105272
	修水县	156108		德兴市	256038
	永修县	209555	山东省	长清区	234015
	德安县	147105		章丘区	542042
	都昌县	106902		济阳区	299042
	湖口县	218076		平阴县	300116
	彭泽县	186461		商河县	201181
	瑞昌市	262581		即墨区	995479
	共青城市	225712		胶州市	1129809
	庐山市	161717		平度市	612927
	分宜县	152798		莱西市	576992
	余江区	145458		桓台县	403127
	贵溪市	519209		高青县	191466
	南康区	255786		沂源县	222758
	赣县区	177809		滕州市	635912
	信丰县	159567		垦利区	300538
	崇义县	100486		利津县	246166
	于都县	155009		广饶县	556652
	兴国县	100691		蓬莱区	373454
	会昌县	105779		龙口市	1137563
	瑞金市	161444		莱阳市	243624
	龙南市	172020		莱州市	424884
	吉安县	179924		招远市	473712
	吉水县	121826		栖霞市	133216
	峡江县	100558		海阳市	300120
	新干县	130538		临朐县	246538
	永丰县	140441		昌乐县	285032
	泰和县	167174		青州市	510709
	遂川县	117104		诸城市	605694
	安福县	116871		寿光市	982764
	奉新县	167318		安丘市	302500
	万载县	179096		高密市	545001
	上高县	211174		昌邑市	371645
	宜丰县	174311		兖州区	702968
	丰城市	506782		微山县	280410
	樟树市	376312		鱼台县	135993
	高安市	342417		金乡县	200319
	东乡区	186650		嘉祥县	222711
	南城县	107853		汶上县	188098
	广丰区	317287		泗水县	133105
	广信区	365736		梁山县	163440
	玉山县	168371		曲阜市	229288
	铅山县	154091		邹城市	856959
	弋阳县	130466		宁阳县	156029
	余干县	132100		东平县	147969

续表 5

单位：万元

省(区、市)	县(市)	地方一般公共预算收入	省(区、市)	县(市)	地方一般公共预算收入
	新泰市	354368		新密市	382500
	肥城市	469097		新郑市	709625
	文登区	403359		登封市	292999
	荣成市	545175		祥符区	153137
	乳山市	217561		杞　县	233987
	五莲县	147931		通许县	135977
	莒　县	243066		尉氏县	380874
	沂南县	214845		兰考县	371613
	郯城县	170290		偃师区	276437
	沂水县	262033		孟津区	417152
	兰陵县	248010		新安县	288851
	费　县	324573		栾川县	261003
	平邑县	161910		嵩　县	117200
	莒南县	285614		汝阳县	156752
	蒙阴县	116937		宜阳县	158168
	临沭县	191712		洛宁县	147655
	陵城区	130891		伊川县	211604
	宁津县	102551		宝丰县	220993
	临邑县	177854		叶　县	131339
	齐河县	391829		鲁山县	123833
	平原县	120240		郏　县	130915
	乐陵市	148692		舞钢市	175310
	禹城市	231601		汝州市	387566
	茌平区	303993		安阳县	157101
	阳谷县	133687		汤阴县	226100
	莘　县	132305		滑　县	189170
	东阿县	147438		内黄县	135856
	冠　县	128982		林州市	435422
	高唐县	116950		淇　县	113084
	临清市	200041		新乡县	111176
	沾化区	162592		原阳县	218711
	惠民县	167376		卫辉市	143666
	阳信县	131681		辉县市	304212
	无棣县	345793		长垣市	502411
	博兴县	348157		修武县	117335
	邹平市	790854		博爱县	106195
	定陶区	166191		武陟县	163867
	曹　县	260563		温　县	110600
	单　县	255156		沁阳市	190918
	成武县	153146		孟州市	175135
	巨野县	335662		清丰县	112687
	郓城县	373027		范　县	103404
	鄄城县	158893		濮阳县	178669
	东明县	296032		建安区	574373
河南省	中牟县	539516		鄢陵县	168700
	巩义市	529006		襄城县	250617
	荥阳市	502218		禹州市	305066

续表 6

单位：万元

省(区、市)	县(市)	地方一般公共预算收入	省(区、市)	县(市)	地方一般公共预算收入
	长葛市	389070	湖北省	阳新县	352237
	郾城区	100182		大冶市	574025
	舞阳县	185361		郧阳区	135015
	临颍县	243718		房县	133029
	陕州区	243663		丹江口市	158686
	渑池县	259578		夷陵区	282362
	义马市	200241		远安县	100988
	灵宝市	226105		宜都市	225161
	方城县	163421		当阳市	145777
	西峡县	222777		枝江市	210100
	镇平县	134127		襄州区	190289
	内乡县	204718		南漳县	115783
	淅川县	145743		谷城县	121355
	社旗县	100188		老河口市	129506
	唐河县	150113		枣阳市	230477
	新野县	104937		宜城市	129210
	桐柏县	136739		钟祥市	187785
	邓州市	229015		京山市	157783
	民权县	134299		孝昌县	107474
	睢　县	121767		大悟县	109736
	柘城县	111145		云梦县	135831
	虞城县	127372		应城市	167773
	夏邑县	124222		安陆市	121209
	永城市	538699		汉川市	276669
	固始县	208093		公安县	147874
	潢川县	100113		洪湖市	113633
	淮滨县	108702		松滋市	181054
	息　县	100616		监利市	107329
	淮阳区	154655		红安县	144881
	扶沟县	125636		浠水县	112241
	西华县	110265		蕲春县	142318
	商水县	116789		黄梅县	132146
	沈丘县	176896		麻城市	207458
	郸城县	165517		武穴市	181100
	太康县	169691		嘉鱼县	152024
	鹿邑县	182587		赤壁市	207542
	项城市	188843		随　县	120406
	西平县	172156		广水市	151658
	上蔡县	131081		恩施市	183684
	平舆县	147438		利川市	117162
	正阳县	105385		仙桃市	345091
	确山县	175027		潜江市	273227
	泌阳县	179886		天门市	218157
	汝南县	131216	湖南省	望城区	937782
	遂平县	174574		长沙县	1390061
	新蔡县	157910		浏阳市	1011444
	济源市	668416		宁乡市	788666

续表 7　　单位：万元

省(区、市)	县(市)	地方一般公共预算收入	省(区、市)	县(市)	地方一般公共预算收入
	渌口区	109920		顺德区	2656521
	攸　县	135815		三水区	692533
	茶陵县	100896		高明区	440601
	醴陵市	308873		新会区	546809
	湘潭县	161072		台山市	355166
	湘乡市	160000		开平市	307742
	衡阳县	121557		鹤山市	357292
	衡南县	145775		恩平市	134418
	衡山县	109367		廉江市	169956
	衡东县	105315		电白区	277424
	祁东县	115282		高州市	173744
	耒阳市	172787		化州市	152410
	常宁市	146800		信宜市	127238
	隆回县	115117		高要区	281811
	武冈市	106603		封开县	262218
	邵东市	233689		四会市	184301
	湘阴县	258288		惠阳区	684057
	平江县	152598		博罗县	662169
	汨罗市	167499		惠东县	405813
	汉寿县	185407		龙门县	196465
	澧　县	158573		梅县区	132291
	桃源县	174354		五华县	124300
	石门县	140347		海丰县	135867
	桃江县	100062		陆丰市	114400
	安化县	105792		东源县	126830
	沅江市	137099		阳东区	174944
	桂阳县	217478		阳西县	136050
	宜章县	110731		阳春市	168865
	永兴县	188582		清新区	170043
	资兴市	220151		佛冈县	127658
	东安县	119826		英德市	291590
	道　县	147390		潮安区	126791
	宁远县	171430		普宁市	217798
	蓝山县	106333		云安区	218113
	江华瑶族自治县	115468		新兴县	145736
	祁阳市	187174		郁南县	206254
	沅陵县	127998		罗定市	135479
	洪江市	107686	广西壮族自治区	武鸣区	165780
	新化县	139984		临桂区	161379
	吉首市	134116		藤　县	123187
广东省	从化区	272242		合浦县	135340
	增城区	968540		灵山县	110322
	斗门区	230724		平南县	159135
	潮阳区	163077		桂平市	133255
	澄海区	161629		北流市	197966
	禅城区	1140234		靖西市	143872
	南海区	2584057		平果市	219998

续表 8 单位：万元

省(区、市)	县(市)	地方一般公共预算收入	省(区、市)	县(市)	地方一般公共预算收入
	南丹县	100416		盐边县	105131
	兴宾区	107425		泸县	143763
海南省	琼海市	100346		合江县	118030
	文昌市	158999		叙永县	110397
	万宁市	127700		古蔺县	243116
	澄迈县	641693		中江县	115896
	昌江黎族自治县	151871		广汉市	283878
	陵水黎族自治县	203095		什邡市	249359
重庆市	綦江区	289217		绵竹市	290919
	大足区	429830		安州区	111814
	长寿区	504474		三台县	140406
	江津区	676453		江油市	300479
	合川区	531695		射洪市	300038
	永川区	420629		威远县	134629
	南川区	227215		资中县	110091
	璧山区	435598		隆昌市	109676
	铜梁区	401678		犍为县	120781
	潼南区	300332		峨眉山市	220528
	荣昌区	268356		南部县	120127
	开州区	306009		阆中市	105026
	梁平区	301094		彭山区	216896
	武隆区	203228		仁寿县	502683
	丰都县	251883		洪雅县	126867
	垫江县	210634		南溪区	154965
	忠县	225660		叙州区	202215
	云阳县	181430		江安县	176879
	奉节县	169309		珙县	154519
	巫山县	102211		筠连县	105032
	石柱土家族自治县	129278		兴文县	141231
	秀山土家族苗族自治县	170465		屏山县	127442
	酉阳土家族苗族自治县	150858		岳池县	161656
	彭水苗族土家族自治县	167500		武胜县	112457
四川省	新都区	642586		邻水县	154190
	温江区	524433		华蓥市	112407
	双流区	2192374		达川区	196037
	郫都区	541316		宣汉县	350336
	新津区	343253		大竹县	198666
	金堂县	406489		渠县	188410
	大邑县	181467		安岳县	130325
	蒲江县	138125		西昌市	573792
	都江堰市	314930		会理市	130361
	彭州市	413179		盐源县	103265
	邛崃市	310940		会东县	112829
	崇州市	290574		冕宁县	114272
	简阳市	343337		雷波县	101659
	富顺县	141565	贵州省	开阳县	113472
	米易县	134614		清镇市	153282

续表 9　　　　单位：万元

省(区、市)	县(市)	地方一般公共预算收入	省(区、市)	县(市)	地方一般公共预算收入
	水城区	128593		黄陵县	427739
	盘州市	439492		子长市	171093
	播州区	111226		横山区	146066
	习水县	246494		府谷县	490033
	仁怀市	992368		靖边县	175598
	七星关区	230259		定边县	155276
	金沙县	162773		神木市	2370297
	织金县	111721	甘肃省	凉州区	127219
	威宁彝族回族苗族自治县	111259		甘州区	107000
	黔西市	117840		肃州区	121417
	碧江区	135547	青海省	格尔木市	243670
	兴义市	377588	宁夏回族自治区	永宁县	105211
	兴仁市	129193		贺兰县	121563
	贞丰县	107593		灵武市	456069
	安龙县	128395	新疆维吾尔自治区	高昌区	136564
	凯里市	175800		鄯善县	178124
	都匀市	163306		托克逊县	203445
	福泉市	147214		伊州区	383663
	龙里县	149678		巴里坤哈萨克自治县	193714
云南省	呈贡区	204690		伊吾县	316288
	晋宁区	112757		昌吉市	404633
	安宁市	510384		阜康市	197773
	罗平县	110098		呼图壁县	109684
	富源县	171010		玛纳斯县	107192
	会泽县	161860		奇台县	131234
	宣威市	138248		博乐市	168618
	腾冲市	124375		阿拉山口市	103091
	昭阳区	137240		库尔勒市	251300
	镇雄县	115660		轮台县	129173
	楚雄市	334593		若羌县	104808
	个旧市	127106		阿克苏市	287136
	开远市	134833		库车市	460630
	蒙自市	103625		沙雅县	214450
	弥勒市	182309		拜城县	252170
	建水县	123948		喀什市	205097
	泸西县	140435		和田市	126500
	文山市	236067		伊宁市	243195
	大理市	192793		奎屯市	164114
西藏自治区	堆龙德庆区	198941		霍尔果斯市	440044
陕西省	长安区	209800		乌苏市	107640
	高陵区	135500		和布克赛尔蒙古自治县	146616
	麟游县	102569		石河子市	696824
	长武县	106952		阿拉尔市	181690
	彬州市	211322		图木舒克市	107043
	韩城市	336122		五家渠市	301164
	志丹县	134701		可克达拉市	100289
	吴起县	149328			

附录：主要指标解释

主要指标解释

行政区域面积 指辖区内的全部陆地面积和水域面积。包括耕地、荒山、荒地、山林、草原、滩涂、道路和建筑物占地等陆地面积，以及河流、湖泊、水库等水域面积。

乡 指本辖区内经省、自治区、直辖市人民政府批准成立的乡一级行政区划。

镇 指本辖区内经省、自治区、直辖市人民政府批准成立的镇一级行政区划。

户籍人口 指年末户籍在本行政区域内的人口，即公安部门户籍人口。

地区生产总值 指按市场价格计算的一个地区所有常住单位在一定时期内生产活动的最终成果。

三次产业划分 根据《国民经济行业分类》（GB/T 4754—2017），三次产业的划分标准：

第一产业是指农、林、牧、渔业（不含农、林、牧、渔专业及辅助性活动业）。

第二产业是指采矿业（不含开采专业及辅助活动），制造业（不含金属制品、机械和设备修理业），电力、热力、燃气及水生产和供应业，建筑业。

第三产业即服务业，是指除第一产业、第二产业以外的其他行业。第三产业包括：批发和零售业，交通运输、仓储和邮政业，住宿和餐饮业，信息传输、软件和信息技术服务业，金融业，房地产业，租赁和商务服务业，科学研究和技术服务业，水利、环境和公共设施管理业，居民服务、修理和其他服务业，教育，卫生和社会工作，文化、体育和娱乐业，公共管理、社会保障和社会组织，国际组织，以及农、林、牧、渔业中的农、林、牧、渔专业及辅助性活动，采矿业中的开采专业及辅助活动，制造业中的金属制品、机械和设备修理业。

地方一般公共预算收入 属于地方一般公共预算的收入包括城市维护建设税（不含铁道部门、各银行总行、各保险公司总公司集中缴纳的部分），房产税，城镇土地使用税，土地增值税，车船税，耕地占用税，契税，烟叶税，印花税（不含证券交易印花税），增值税 50%部分，纳入共享范围的企业所得税 40%部分，个人所得税 40%部分，海洋石油资源税以外的其他资源税，地方非税收入等。

地方一般公共预算支出 地方一般公共预算支出包括一般公共服务，公共安全支出，地方统筹的各项社会事业支出等。

住户存款余额 指住户在某一时点上,在银行和其他金融机构的本（人民币）、外币储蓄存款总额。不包括住户的手存现金和工矿企业、部队、机关、团体等单位存款。

年末金融机构各项贷款余额 指年终时银行或其他信用机构根据必须归还的原则，按一定利率，为企业、个人等提供资金贷款的总额。

设施农业种植 指利用特定的设施（连栋温室、日光温室），人为创造适用于作物生长的环境，以生产优质、高产、稳产的蔬菜、花卉、水果等农产品的一种环境可控制的种植活动，包括滴灌节水技术农业、现代灌溉设施农业和利用测土配方施肥、先进农业机械从事高技术、精细、科技、高效的农业活动；不包括仅提供大棚，无其他光照、保温、栽培、灌溉、施肥等技术措施的设施种植。

油料产量 指全部油料作物的生产量。包括花生、油菜籽、芝麻、向日葵籽、胡麻籽(亚麻籽)和其他油料。不包括大豆、木本油料和野生油料。花生以带壳干花生计算。

棉花产量 按皮棉计算。3 公斤籽棉折 1 公斤皮棉。不包括木棉。

规模以上工业企业 指年主营业务收入 2000 万元及以上的工业法人企业。

固定电话用户 指在电信运营企业营业网点办理开户登记手续并已接入固定电话网上的全部电话用户。包括普通电话用户、公用电话用户、窄带综合业务数字网（N-ISDN）用户、智能网专用接入终端用户等。

普通中学在校学生 指学年开学后，在普通中学学习具有学籍的学生，包括留级生，不包括复读生和补习生。普通中学在校学生包含初中和高中的学生、九年一贯制学校及十二年一贯制学校初中和高中阶段的在校学生。

小学在校学生 指学年开学后，在小学学习具有学籍的学生，包括留级生，不包括复读生和补习生。小学在校学生包含小学的学生、九年一贯制学校及十二年一贯制学校小学阶段的在校学生。

医疗卫生机构床位 指各级各类医疗卫生机构年底的固定实有床位（非编制床位），包括正规床、简易床、监护床、正在消毒和修理床位、因扩建或大修而停用的床位，不包括产科新生儿床、接产室待产床、库存床、观察床、临时加床和病人家属陪侍床。

提供住宿的民政服务机构 包括：1.养老机构（特困人员供养机构、社会福利院、其他各类养老机构）、2.精神疾病服务机构（社会福利医院）、3.儿童福利和救助保护机构（儿童福利院、未成年人救助保护中心）、4.其他提供住宿机构（流浪乞讨人员救助管理站、其他提供住宿机构）。

提供住宿的民政服务机构床位数 指提供住宿民政服务机构报告期末床位的实际收留抚养能力。对于炕、通铺，以正常可容纳人员数量折算床位数。